《中华人民共和国民法典释义与案例评注丛书》
编委会

本书系教育部人文社会科学重点研究基地重大项目
“中华人民共和国民法典评注”（18JJD820001）的研究成果

杨立新 / 主　编
扈　艳 / 副主编

中华人民共和国民法典释义与案例评注

4 人格权编

撰稿人
杨立新　扈　艳

中国法制出版社
CHINA LEGAL PUBLISHING HOUSE

前　言

《中华人民共和国民法典》的诞生，标志着我国进入民事立法法典化的历史时期。从1949年开始，我国的民事立法经历了非法典化时期和类法典化时期，开启了法典化的进程。2020年5月28日，第十三届全国人民代表大会第三次会议审议通过了《中华人民共和国民法典》，标志着我国正式进入民法的法典化时代。

《中华人民共和国民法典》（以下简称《民法典》）作为新中国成立以来第一部以“法典”命名的法律，是法治思想和法治观念不断发展的结果。改革开放以来，民事主体和民事权利的地位提升，民法之于国家、民族、个体的重要作用也为众人所认识，立法机关也提高了对民事立法的重视程度。尤其是近年来，伴随着依法治国理念的不断深入，民法法典化才得以成为现实。

《民法典》是我们中国自己的民法典，是新时代“中国特色”的法治表达。不论是立法体例还是具体内容，都具有中国自己的鲜明特色。可以看到，我国《民法典》包含了我国民事法律关系调整的全部范围和基本规则，是一本具有中国特色的百科全书。

《民法典》的颁布标志着中国民事立法已经展开全新的一页。在这样一个新时期，民法学研究的重大任务是如何准确理解和适用民法典，让民法典在社会生活中发挥更为充分的调整作用。但是，《民法典》的内容博大精深，规则极其复杂，没有经过系统良好的研究和训练，难以掌握其精髓，无法准确适用其规则，以保护民事主体的民事权利、人的尊严，维护正常的民事生活秩序。

本人研究民法已有四十年，有幸参加了民法典编纂的全过程，对民法典各编条文的内涵有比较透彻的理解，在学习和理解上，算是先行了一步。在《民法典》颁布之际，我和我的研究团队对《民法典》开展深入研究，编撰了这套《中华人民共和国民法典释义与案例评注丛书》，通过条文释义和案例评注的方式，阐释民法典各个条文的深刻含义，有助于读者理解民法典的条文，掌握适用的要求，全面掌握民法典的要点。

本套丛书按照《民法典》的编纂体例分为七册，分别是总则编、物权编、合同编、人格权编、婚姻家庭编、继承编及侵权责任编。在内容方面，本套丛书对《民法典》的每一个条文进行阐释。每一条的阐释分为两部分：一是条文解读，通过理论上的探讨，揭示条文的深刻内涵；二是案例评注，通过选取与特定条文直接相关的案例，解读民法典条文的精神。应当说明的是，《民法典》刚刚通过，很多新规则并无直接适用的典型案例，只能援引已经发生的、适用原来的民法单行法裁判的案例，即用旧案阐释新法，因而恳请热心读者理解。

《民法典》博大精深，作者对民法典的理解也在深入之中。同时，编纂这样一部庞大的丛书，主编、副主编以及作者都有经验欠缺、理论准备不足、对条文理解不深等不尽人意之处。如在阐释和说明中存在不当之处，盼读者批评指正，提出宝贵意见。

中国人民大学民商事法律科学研究中心研究员
中国人民大学法学院教授、博士生导师
杨立新
2020年6月26日

凡　例

为行文方便，本书中除“法院判决”外的其他部分提及法律法规和部分规范性文件时使用简称，具体对应示例如下：

文件名简称	发文号	文件名全称
《宪法》	全国人民代表大会公告第 1 号	《中华人民共和国宪法》
《民法通则》	中华人民共和国主席令第 18 号	《中华人民共和国民法通则》
《民法总则》	中华人民共和国主席令第 66 号	《中华人民共和国民法总则》
《合同法》	中华人民共和国主席令第 15 号	《中华人民共和国合同法》
《物权法》	中华人民共和国主席令第 62 号	《中华人民共和国物权法》
《婚姻法》	中华人民共和国主席令第 51 号	《中华人民共和国婚姻法》
《侵权责任法》	中华人民共和国主席令第 21 号	《中华人民共和国侵权责任法》
《劳动法》	中华人民共和国主席令第 24 号	《中华人民共和国劳动法》
《反家庭暴力法》	中华人民共和国主席令第 37 号	《中华人民共和国反家庭暴力法》
《消费者权益保护法》	中华人民共和国主席令第 7 号	《中华人民共和国消费者权益保护法》
《妇女权益保障法》	中华人民共和国主席令第 16 号	《中华人民共和国妇女权益保障法》
《未成年人保护法》	中华人民共和国主席令第 65 号	《中华人民共和国未成年人保护法》
《网络安全法》	中华人民共和国主席令第 53 号	《中华人民共和国网络安全法》

文件名简称	发文号	文件名全称
《民事诉讼法》	中华人民共和国主席令第 71 号	《中华人民共和国民事诉讼法》
《刑法》	中华人民共和国主席令第 80 号	《中华人民共和国刑法》
《刑事诉讼法》	中华人民共和国主席令第 10 号	《中华人民共和国刑事诉讼法》

目　　录

第一章　一般规定

第九百八十九条　本编调整因人格权的享有和保护产生的民事关系。

【条文释义】

本条是对本编调整范围的规定，即调整人格权的法律关系。以下对人格权相关概念与基础理论作简要解读。

1. 人格与人格权的概念

人格，通常是指做人的资格，也指构成人格的不同人格利益要素。当不同的人格利益要素构成一体，成为一个人时，人就成为民事主体，人格利益就成为人格权的客体。法律上的人格概念最早出现在罗马法中，表示人所具有的某种身份，[①] 代表不同人的不同地位。在近代，基督教的发展推动了人格理念的变迁，平等和尊严的价值要素被引入，使之从本质上区别于差等人格。启蒙运动和自然法理论通过政治运动的形式建立了现代的人格观念，并在康德哲学中得以较为系统地论述。不同时代的社会皆有与之社会结构和时代特点相匹配的人格理念与人格概念。在我国，人格概念亦经历了不断丰富完善的过程，尤其在改革开放之后，我国人格及人格权理论有了长足发展，在法律上对于人格的理解一般包括：第一，具有独立人格意味着具有独立的法律地位，自然人、法人以及其他组织等民事主体都具有独立人格；第二，人格是成为民事主体的必要条件，是成为民事主体的必备资格，具有人格意味着具有民事权利能力；第三，人格利益是人格权的客体，在特定语境下会被简称为人格。

人格权，是指民事主体所享有的，以人格利益为客体，为维护民事主体的独立人格所必备的固有民事权利。简言之，将构成人格的不同人格利益要素用权利

① 周枏：《罗马法原论（上册）》，商务印书馆1994年版，第97页。

的方法予以法律保护的这些民事权利，就是人格权。人格权具有固有性。人格权的固有性是人格权与其他民事权利的基本区别之一，它与民事主体的存在同始共终，且脱离民事主体的个人意志而存在，不论个人是否实际意识到这些权利的存在，人格权都是客观存在的。① 人格权是自然的、人与生俱来的权利，尽管也是法律赋予的，但其并非只有法律规定的人格权才受法律保护。人格权具有专属性，专属于民事主体享有。人格权只能由每个民事主体单独享有，原则上不得转让、抛弃、继承，也不受他人非法限制，不可与民事主体的人身相分离，这使之既区别于原则上可以被处分的一般财产权，也区别于继承权尤其是继承期待权等民事权利。人格权是维护民事主体独立人格的必备权利，民事主体不享有人格权就不可能具有独立的人格，根本不可能作为主体存在，这与人格权的固有性与专属性相契合。人格权是以人格利益为客体的民事权利，这主要将其与身份权相区分。在我国，身份权使具有一定身份关系的公民之间享有平等的权利与义务，互相得到法定的利益。这种身份利益虽然也与人身不可分离，也是民事主体专属的权利，但权利的客体却与人格权的权利客体截然不同。

2. 人格权的定位与体系

人格权法隶属于民法的人身权法。现代民法体系有两大支柱：一是人法，即人身权法；二是财产法。人身权法是规定人身权的概念、种类、内容和对人身权予以法律保护的民事法律规范的总称，包括人格权和身份权，二者关系极为密切，又有显著区别。

一方面，人格权与身份权同为专属权，都与民事主体的人身紧密相联，这种权利原则上只能由民事主体自己享有和行使，具有严格的排他性，不得转让，也不得抛弃或被继承；人格权与身份权均为绝对权、支配权，其体现的人身利益，均由民事主体直接支配，在人格权，支配的是人格利益，在身份权，支配的是身份利益；人格权与身份权均非具有直接的财产性，行使权利不必然关涉财产、产生财产收益，可以单纯为了满足自身精神上、情操上、观念上、意识上的需要，但这并非意味着二者完全没有通过行使权利获取财产性收益的可能。

另一方面，人格权与身份权的法律作用不同，人格权以维护民事主体的法律人格为其基本功能，使之实现人之所以为人的法律效果；身份权的法律作用是维护以血缘关系为主的因特定原因而获得特定身份的民事主体之间因特定身份存在而获得的权利义务关系。人格权与身份权权利的产生原因有所不同，人格权是民事主体固有的权利，与民事主体的存在同始共终；身份权因特定身份关系而获

---

① 王利明等：《人格权法新论》，吉林人民出版社 1994 年版，第 10～11 页。

得，与特定身份关系同始共终，特定身份关系可以基于血缘关系形成，也可以基于特定行为和事实经法律拟制后形成，如养父母子女、继父母子女之间的身份关系是基于收养、抚养的行为和事实而取得。人格权与身份权的权利客体不同，前者是人格利益，后者是身份利益。

以人格利益客体是否已具有社会典型公开性，可将人格权分为一般人格权和具体人格权。

一般人格权是民法典人格权编第990条第2款规定的以其他人格利益为客体的人格权。在20世纪90年代，我国在继受德国法上一般人格权理论学说和实践做法的基础上构建了我国的一般人格权理论学说，① 并在其后成功地将其引进到司法实践领域。② 德国的一般人格权理论是我国构建一般人格权学说理论初始模板的重要参考对象，对于除已具有高度社会典型公开性的人格利益外的其他人格利益的保护具有重要意义。但应注意的是，德国法上的一般人格权理论是基于德国的法律体系从宪法中引申而出的，与我国的一般人格权概念具有不同的含义，亦处于不同的法律概念体系之中。一般人格权是为了保护人格独立、人格自由、人格尊严和以尚不具备社会典型公开性的人格利益为客体的人格权，其作为人格权的一种，与具体人格权共享人格权的基础理论规则，权利主体同样对该人格利益具有支配权。

具体人格权是以具体的人格利益要素作为权利客体构建的人格权，如生命权、身体权、健康权、名誉权等。在我国，有关具体人格权确认与保护的做法与理论体系是从司法实践和学理构建的共同作用中形成的。在民法典人格权编规定的具体人格权中，可进一步分为物质型人格权和精神型人格权，物质型人格权是以物质型人格利益为客体的具体人格权，概括的是生命权、健康权和身体权；精神型人格权是以精神性人格利益为客体的具体人格权，概括的是姓名权、名誉权、肖像权等。在精神型人格权中，学理上可分为标表型人格权，概括的是姓名权、名称权、肖像权、声音权；评价型人格权，概括的是名誉权、荣誉权和信用权；自由型人格权，概括的是人身自由权、隐私权、性自主权和婚姻自主权。

3. 人格权法律关系与人格权的行使

人格权法律关系就是因人格权发生的民事法律关系。人格权是民事主体的必备权利，其关涉的人格利益与宪法基本权利关涉的人格利益类型多有竞合，加之

---

① 杨立新、尹艳：《论一般人格权及其民法保护》，载《河北法学》1995年第2期。姚辉：《论一般人格权》，载《法学家》1995年第5期。

② 见2001年1月10日《最高人民法院关于确定民事侵权精神损害赔偿责任适用法律若干问题的解释》中关于人格尊严和其他人格利益的保护的规定。

我国宪法目前并不具有可诉性、司法实践中关涉公民之间基本权利民事案件多通过人格权尤其是一般人格权规范进行裁判，导致理论和实践中对于宪法人格权与民法人格权的认识容易产生混淆。宪法上的人格权与民法上的人格权存在权利性质上的本质差别，二者并非同种权利。宪法上的人格权隶属于公民基本权利体系，民法上的人格权本质上是一种民事权利。二者性质的差异源于宪法与民法的性质差异。宪法调整公民与国家之间的关系，民法调整平等民事主体之间的关系；宪法调整的公民与国家之间的关系可延伸至民事、刑事、行政等诸多方面，民法调整平等主体之间的人身关系和财产关系；宪法是根本大法，具有最高效力位阶，民法是基本法律，是宪法在民事方面的制度落实。综上，本条所规定的人格权法律关系是在民法框架下展开的法律关系。

人格权法律关系的权利主体是民事主体，即自然人、法人及非法人组织；义务主体是人格权权利主体之外的其他任何不特定的自然人、法人及非法人组织，人格权是绝对权，人格权法律关系是绝对权的法律关系，权利主体特定而义务主体不特定。人格权法律关系的客体，是人格利益，而不是人格。人格权具有支配性，主要体现在人格权主体按照个人意志对人格利益的支配。就特定的人格利益构成的权利义务关系，就是人格权法律关系的内容。具体人格权的类型具有法定性，权利类型需要通过民事法律确认固定。上述这些人格权法律关系，就是人格权法即本编调整的对象。

民法典人格权编调整因人格权享有和保护而产生的民事法律关系，享有和保护是人格权实现的两种基本方式，是关于人格权积极权能和消极权能的表述。与一般民事权利相一致，人格权基础理论可以分为人格权的设定（确认）和人格权的实现（行使）两部分。人格权的设定和确认是通过实证法划定人格权权利边界的过程，在此过程中已具备社会典型公开性的、在实践中已经发展成熟的人格权被确认为具体人格权，尚未发展成熟的、基于人格权尊严应受法律保护的权利被设定在一般人格权的框架下，人格权的设定通过对权利概念的定义表述各人格权的客体与边界。人格权的实现是权利主体行使人格权的过程，实现人格权的方式被称为人格权的权能。人格权的权能分为积极权能和消极权能两类，积极权能是人格权主体通过享有并自主支配人格利益实现人格权的方式，具体可分为保持、发展、利用和有限处分四种权能，实践中常表现为自我决定权与人格权的商业化利用等形式；消极权能是人格权主体在权利受到侵害后寻求法律救济以实现人格权的方式，可依次以人格权请求权与侵权请求权为法律基础寻求救济。

【案例评注】

邓某某诉某速递公司、某劳务公司一般人格权纠纷案①

基本案情

某劳务公司在某同城网站上发布招聘信息，标题为“某速递员三千加计件”，任职资格：男。邓某某遂在线投递简历申请该职位，并于2014年9月25日到某速递公司进行了面试。邓某某主张其面试后在某速递公司酒仙桥营投部试干了两天。邓某某称，根据试干结论，双方达成于10月8日签约的意向，某速递公司酒仙桥营投部主任戴某要求其先做入职体检，因此花费体检费120元。此后，双方一直未能签约，10月19日邓某某给该快递公司人事专员李某打电话询问不能签合同的原因，李某确认因为邓某某是女性所以某速递公司不批准签合同。邓某某称其应聘的快递员一职并不属于不适合妇女的工种或岗位，但某速递公司、某劳务公司仅因为邓某某是女性就表示不予考虑，导致邓某某受到了就业性别歧视。邓某某自从被拒后一直没有找到一份满意的工作，情绪低落、沮丧、失眠，邓某某受歧视、遭排挤的心理阴影难以消除。邓某某遂请求法院判令：某速递公司、某劳务公司向邓某某以书面形式赔礼道歉，连带赔偿邓某某入职体检费用120元、公证费用1000元、精神损害抚慰金50000元、鉴定费6450元。某速递公司辩称：第一，其不存在歧视邓某某就业的客观条件，也无歧视邓某某就业的实际行为。第二，投递员是法律法规禁止女性从事的负重体力劳动。关于女职工劳动保护，《劳动法》《女职工劳动保护特别规定》《女职工禁忌从事的劳动范围》《邮电女职工劳动保护规定实施细则》中均有规定。

法院判决

法院生效裁判认为，戴某作为某速递公司酒仙桥营投部主任，在招录人员上显然能够代表某速递公司。邓某某在某速递公司面试后，戴某已经代表某速递公司表明其有意愿聘用邓某某，虽然聘用形式是直接聘用还是劳务派遣在2014年9月28日的谈话中并未明确，但能够肯定的是某速递公司给予了邓某某获得在某速递公司担任快递员的机会。在邓某某未能如期签约的情形下，戴某告知邓某某联系李某，且李某在电话中亦表明邓某某的应聘资料在其处，故法院认定李某能够

---

① 最高法发布十起弘扬社会主义核心价值观典型案例之九。

代表某速递公司。某速递公司在答辩意见中所援引的相关规定并不能证明快递员属于国家规定的不适合妇女的工种或者岗位。对于邓某某询问丧失应聘机会是否因其为女性时，李某作了肯定的答复，能够证明某速递公司拒绝聘用邓某某的原因在于其为女性，侵犯了邓某某平等就业的权利。某速递公司对其侵权行为给邓某某造成的合理损失应予赔偿。

某速递公司在就业问题上歧视了邓某某，给邓某某造成了一定的精神损害，故法院结合某速递公司在此过程中的过错程度及给邓某某造成的损害后果酌情支持邓某某精神损害抚慰金2000元。邓某某所提某速递公司书面赔礼道歉的请求，依据不足，不予支持。

法院于2015年10月30日作出民事判决：一、某速递公司于本判决生效之日起七日内赔偿邓某某入职体检费用120元、精神损害抚慰金2000元、鉴定费6450元；二、驳回邓某某的其他诉讼请求。宣判后，邓某某及某速递公司向北京市第三中级人民法院提起上诉，北京市第三中级人民法院于2016年2月23日作出判决：驳回上诉，维持原判。

专家点评

本案涉及关于就业中性别歧视的法律适用问题，最高人民法院将该案作为弘扬社会主义核心价值观“社会公德”方面的典型案例予以发布。男女平等是我国的基本国策，是社会主义核心价值观中“平等”价值的具体体现，也是我国女性实现人格权的法律保障。

我国《宪法》《妇女权益保障法》均规定妇女在政治、经济、文化、社会和家庭等生活各方面享有同男子平等的权利，我国《劳动法》《就业促进法》进一步具体规定劳动者就业，不因民族、种族、性别、宗教信仰不同而受歧视，妇女享有与男子平等的就业权利；在录用职工时，除国家规定的不适合妇女的工种或者岗位外，不得以性别为由拒绝录用妇女或者提高对妇女的录用标准。但在社会实践中，仍存在不少用人单位以妇女可能需要生育、哺乳等为由实施就业歧视行为。随着我国对妇女权益保障程度的日益提高，这些歧视行为也在不断“发展”，从之前的明示歧视（例如，在性别不影响实质工作内容、不应成为区别待遇要素的前提下，仍在招聘公告中写明“只限男性”）逐渐转变为以更隐蔽的方式（比如，只接收简历不通知面试，或以专业不对口等非性别原因掩盖核心的性别原因）拒绝录用女性。

遭受就业歧视的女性因女性身份而没有得到本应得到的工作，也没有受到作为公民本应受到的社会尊重，歧视本身就损害了其人格尊严，在个别案件中还涉及损害受歧视女性健康权、身体权、名誉权、肖像权等人格权益的情况。对此类侵害民事主体人格权益的行为，符合行使人格权请求权条件和侵权责任要件的，法院应依法支持权利人诉请保障权利人相应的人格权益。对实施就业性别歧视的单位通过判决使其承担民事责任，不仅是对全体劳动者的保护，有利于营造平等、和谐的就业环境，更是对企图实施就业性别歧视的其他单位予以威慑，让平等就业的法律法规落到实处，起到规范、引导的良好作用。

反就业歧视诉讼是反歧视诉讼的一种，反歧视诉讼处理的是关涉公民的基本权利的案件。但由于我国宪法不具有可诉性，在司法实践中，关涉反歧视、劳动权、生育权、受教育权、环境权等基本权利的纠纷多以一般人格权纠纷为案由进入民事诉讼程序，通过民法对于人格自由、人格尊严等一般人格权的保护切实保障了民事主体的相关权益，是民法落实宪法中国家保障公民民事权利义务的体现。在实践中，应注意对宪法人格权和民法人格权的区分，民法典应适用于裁判民事纠纷、调整民事法律关系的过程中。

第九百九十条　人格权是民事主体享有的生命权、身体权、健康权、姓名权、名称权、肖像权、名誉权、荣誉权、隐私权等权利。

除前款规定的人格权外，自然人享有基于人身自由、人格尊严产生的其他人格权益。

【条文释义】

本条规定了民法人格权的定义和具体内容，第 1 款列举了具体人格权的类型，第 2 款规定了基于人身自由、人格尊严产生的其他人格权益，学理上也称为一般人格权。

在立法中，具体人格权是与一般人格权相对的概念，二者关系密切又有显著差别。一方面，二者关系密切，均是人格权的下位概念，均应符合人格权的法律特征，在权利的确定上均主要以客体性质的差异进行权利类型和权利边界的划分，且原则上共享人格权的权能体系，具体人格权由一般人格权发展成熟而来。另一方面，二者又有显著区别。在权利确认方面，二者主要差别在于权利客体。具体人格权的客体已具有社会典型公开性，是具体的、具有相对明确概念指称的人格利益；一般人格权是基于人身自由、人格尊严产生的应受法律保护的其他人格权益的统称，在确定个案具体应用情形之前，此类人格利益是抽象的、被概括指称的，但在个案和具体应用情形确定后，受到法律调整、被法律保护的人格利益就被具体化了。具体司法适用是一个不断地减少不确定性的过程，权利主体对于具体情形中的尚未被法定固化为具体人格权的人格利益享有人格权。在权利行使方面，具体人格权的权能较为全面且确定，各种具体人格权在司法实践和学理总结的过程中沉淀出了相对确定的权利行使方式；由于一般人格权在个案适用前处于抽象状态，其权利行使方式被类型化的程度较具体人格权低，但这并非意味着一般人格权不具备人格权积极权能，权利主体对于一般人格的行使亦具体化于个案之中。

具体人格权是以具有社会典型公开性的人格利益为客体，通过法律被固定下来的人格权。具体人格权的客体又被称为具体人格利益，具体人格利益是个别人格利益，[①] 是作为人的资格的个别要素所体现的利益。这种人格利益一定是具体的、个别的，而不是一般的、抽象的。人格权法将作为民事主体的资格的各种要素一一分解，分别加以保护。这些要素所体现的利益就是具体人格利益。生命、健康、身体、姓名、名称、肖像、名誉、信用、荣誉、人身自由、隐私等，就是作为民事主体的各个不同具体资格要素，这些具体人格要素所体现的利益，就是具体人格利益。

对具体人格权可以根据权利客体性质的差异分为物质型人格权和精神型人格权。物质型人格权是指以有形人身利益为客体的人格权，在具体人格权中具体指的是生命权、健康权和身体权。物质型人格权直接关涉权利人生命和身体的健康完整，相对精神型人格权更具本质性，也历来受到更多重视。历史上最早产生的具体人格权是生命权和健康权，古代最早出现的同态复仇制度，就是对生命权、健康权的法律保护。在权利确定方面，物质型人格权权利客体更明确，外延相对确定，即生命、身体和健康。在权利行使方面，对物质型人格权的保持和发展应重点保障，并保障权利人对于生命健康自我保持和发展的决定权，这直接关涉权利人的基本人权；对物质型人格权的利用和处分应严格限制，权利人不得通过许可的方式同意他人对自己的物质型人格利益进行商业化利用，消极安乐死只有在符合当事人个人真实意愿且符合法定要件的情况下才应被认可。精神型人格权在理论上分为标表型人格权、评价型人格权和自由型人格权。标表型人格权，概括的是姓名权、名称权、肖像权、形象权、声音权；评价型人格权，概括的是名誉权、荣誉权和信用权；自由型人格权，概括的是人身自由权、隐私权、性自主权

---

① 王利明：《人格权法研究》，中国人民大学出版社 2005 年版，第 15 页。

和婚姻自主权。人格权的实现是不断平衡权利冲突的过程，以具体人格权之间的冲突尤为突出，在人格权的权利体系中，我们一般可以确认理论上的权利位阶：（1）人身权高于财产权；（2）人格权高于身份权；（3）在所有的人格权中，物质型人格权高于精神型人格权；（4）在物质型人格权中，生命权高于健康权，健康权高于身体权；（5）在精神型人格权中，自由型人格权高于评价型人格权，评价型人格权高于标表型人格权。按照这样的权利位阶，当权利发生冲突时，法官应当按照权利位阶确定保护顺序，以妥善处置权利冲突。

近代以来，民法的发展突飞猛进，在确认身体权、健康权、生命权、名誉权等权利为独立的人格权的同时，又有新的权利类型陆续被民法所确认。人格权权利确定的过程是一个动态开放的过程，具体人格权是由一般人格权逐渐发展成熟而来的。一般人格权，是指自然人享有的，概括人格独立、人格自由和人格尊严全部内容的一般人格利益，是对具体人格权不能保护的其他人格利益进行保护的抽象人格权。一般人格权的核心内容是人格尊严（而不是人身自由），具体内容是基于人格尊严而产生的其他人格利益。在《民法典》编纂生效之前，我国实证法中主要通过《宪法》和原《民法通则》及相关单行法、司法解释对一般人格予以规定。《宪法》第 38 条规定："中华人民共和国公民的人格尊严不受侵犯。禁止用任何方法对公民进行侮辱、诽谤和诬告陷害。"这一条文的前段，与德国基本法、日本宪法确认一般人格权的方式是一致的，是宪法人格权的直接法源，也是民法对人格权进行立法的正当性基础。原《民法通则》第 101 条[①]是对名誉权和人格尊严的规定，也揭示了名誉权从一般人格权演进而出的路径，按照客观解释原则将其确认为一般人格权的民法立法依据更为有利。此外，《残疾人保障法》《未成年人保护法》《妇女权益保障法》和《消费者权益保护法》等单行法以及《最高人民法院关于确定民事侵权精神损害赔偿责任若干问题的解释》亦有相关条款对于权利人的人身自由和人格尊严作了规定。

一般人格权与具体人格权相比具有主体普遍性、权利客体高度概括性、权利内容广泛性的特点。在权利行使方面，一般人格权亦具有积极权能，一般人格权的积极行使是以意志决定自由为核心的人格的自我发展，通过对于人针对其人格的意志决定自由的保护，为人格的表现和发展提供了更加周到与细致的保护，也为人格的多层次表现创造了可能，如权利人可以仅将自己对某一问题的看法在某个小范围内（如三两好友之间）予以表达，其他人不得非法知悉，或者将自己的

---

① 原《民法通则》第 101 条规定：公民、法人享有名誉权，公民的人格尊严受法律保护，禁止用侮辱、诽谤等方式损害公民、法人的名誉。

某种人格特性在某一范围内表现，而将另外的人格特性在另一领域表现，从而实现人格的层级式表达。这极大地解放了人的个性，促进了人格的发展。

通常认为，一般人格权有创造功能（创造新的人格权）、解释功能（解释具体人格权的内容）和补充功能（保护具体人格权不能保护的人格利益），但是实际发挥的最重要功能是补充功能，即在具体的人格权之外基于人格尊严产生的其他人格利益，当这些人格利益受到侵害时，一般人格权予以保护。

【案例评注】

彭某某诉重庆某心理咨询中心等侵犯身体权、健康权和一般人格权纠纷案[①]

基本案情

彭某某于2013年12月申请公证机关公证，公证书显示彭某某登录百度网搜索“同性恋治疗”，排列搜索结果第1项为某心理咨询中心的网站链接和电话，有信誉等级的“V”和“百度推广”标志，内容为“专业同性恋治疗，我们了解、关爱、疏导”“同性恋治疗——了解、关爱、疏导、矫正是我们的理念，自愿是你们的态度，成功才是必然”。点击进入该网站，大标题为“××心理咨询同性恋专业矫正中心”，网站显示的相关内容有“同性恋矫正”，其中该中心主任、高级心理咨询师姜某的文章《关于性取向临床矫正报告》中称矫正过程分为五个阶段，其中包括采用“电击厌恶治疗”。公证时输入“淡蓝”进行搜索，亦出现同性恋心理治疗的内容，第一条搜索结果亦为某心理咨询中心网站的链接。彭某某认为百度公司对推广的内容应当尽到谨慎审查义务，企业购买关键词应符合国家法律法规的规定。

2014年2月8日，彭某某到某心理咨询中心咨询治疗事宜，对该过程进行了录音。该中心主任姜某表示同性恋能够成功治愈，并向彭某某介绍催眠和电击治疗方式；经彭某某提出，姜某同意对彭某某进行浅催眠并尝试电击，姜某告知彭某某电击不会对身体造成伤害。双方议价确定咨询费为500元，该中心为彭某某开具项目为“同性恋矫正”的收据。后姜某用治疗仪电击彭某某手臂，彭某某发出惊叫并有身体弹跳反应。姜某称每次治疗需电击三到四次，彭某某表示电击时

① 审理法院：北京市海淀区人民法院，案号：（2014）海民初字第16680号。

有疼痛感且心跳很快。彭某某询问姜某的职业资质，姜某表示只是一般性的心理咨询。彭某某认为某心理咨询中心称可对同性恋进行矫正是对同性恋性取向的侮辱，侵犯其人格权；某心理咨询中心实施的电击行为使其在治疗后经常做噩梦、精力不集中、记忆力减退，对其精神和身体造成损害，侵犯其身体权和健康权。此后，彭某某以侵害其人格权为由起诉某心理咨询公司以及百度公司。

法院判决

法院生效裁判认为：某心理咨询中心在彭某某咨询时，未明确告知彭某某电击可能带来的刺激和伤害，也未签订知情告知书，侵害了彭某某对所接受服务的知情权。该中心违反《中华人民共和国精神卫生法》[①] 中“心理咨询人员不得从事心理治疗或者精神障碍的诊断、治疗”的相关规定，借助相关仪器进行治疗，超出其经营范围，其行为存在过错。现彭某某虽无证据证实某心理咨询中心实施的电击行为对其身体、健康造成损害，但因该中心未事先明示催眠和电击可能给彭某某带来刺激等不利效果，本院认定该行为会对彭某某的精神造成一定程度的损害，虽未达到需要进行精神损害赔偿予以抚慰的程度，但彭某某要求该中心赔礼道歉的诉讼请求，符合相关法律规定，予以支持。

某心理咨询中心在网站宣传使用“专业治疗同性恋”的用语和相关文章，并在百度购买同类搜索关键词以吸引用户。其行为违反消费者权益保护法和侵权责任法的相关规定，属虚假宣传，并致使彭某某作为网络信息服务的消费者的合法权益受到损害，误导其前去治疗，造成诊疗费、交通费等财产损失，某心理咨询中心对此应予赔偿，但彭某某未提交证据证明其存在误工损失，故对此项诉讼请求，不予支持。

某心理咨询中心在其网站宣传“专业治疗同性恋”的行为固然存在不当之处，但相关宣传并非针对彭某某本人，并未对彭某某作为具体个体的人格尊严造成损害。彭某某公证后就诊的行为显示其属自愿就诊，并具有一定目的性，其亦未举证证明在具体诊疗过程中存在人格尊严受到侵犯的情形，故对彭某某的该项权利主张不予支持。

本案证据证实百度公司要求某心理咨询中心提交了营业执照等相关资质材料，上述材料经初步判断为可以开展心理咨询服务，百度公司亦无法对该中心实际的经营行为进行监督。百度推广服务虽具有一定广告性质，但鉴于同性恋是否

---

① 为了体现法院裁判说理的准确性，全书“法院判决”部分引用法律文件的格式与书中其他部分有所区别，保留法院在裁判文书中使用的表述。

为精神疾病、能否被治愈等问题尚需普及和被公众认知，百度公司事前难以认识到该关键词的选取存在不当之处，接到本案诉状后亦停止对该系列关键词的推广使用，可以认定百度公司对某心理咨询中心的审查已尽到了相应的注意义务，亦采取了必要的处理措施。彭某某要求百度公司与某心理咨询中心共同承担侵权责任的诉讼请求没有法律依据，不予支持。

专家点评

改革开放以来，我国人格权理论和规则体系在司法实践和学理研究的共同促进下有了长足发展，逐渐形成了由具体人格权与一般人格权相配套的人格权设权和确权理论。具体人格权的客体是凝聚了高度法律保护共识、具有高度社会典型性的人格利益，根据客体性质的不同可以分为物质型人格权和精神型人格权两种。本案中，某心理咨询中心在未明确告知彭某某电击可能带来的刺激和伤害的情况下对其进行了电击治疗，法院认定该行为本身侵害了彭某某的知情权是妥当的。自然人在接受医疗服务中的知情权，是基于物质型人格权产生的权利，是物质型人格权自主决定权能的体现。

本案中，关于某心理咨询中心将同性恋作为需要被治疗的疾病并推出相关矫正治疗方案的做法是否构成侵害彭某某一般人格权问题，法院以并非针对彭某某本人以及未造成人格尊严损害后果为由未支持彭某某的诉请，我们可以看出法院在此方面相对保守。民法典人格权编第 990 条对人格权的具体类型进行了规定，其中包括了基于人身自由、人格尊严产生的一般人格权。早在 1990 年 5 月 17 日，世界卫生组织在修改后的国际疾病分类手册（ICD－10）之精神与行为障碍分类中将同性恋从原有的成人人格与行为障碍的名单上删除；1996 年 9 月，中华精神科学会设立 CCMD－3 工作组，重新制定中国精神疾病分类与诊断标准，2001 年 4 月，CCMD－3 出版，取消了 CCMD－2 的性变态条目，将同性恋归于新设立的性心理障碍条目中的“性指向障碍”的次条目下，其诊断对象只包括那些自我感觉不好并希望寻求治疗的同性恋者。本案中，某心理咨询中心以专业身份在网络上公开将同性恋病态化、污名化，其行为本身虽然不是针对彭某某一人，但是其行为是对于同性恋群体的歧视和侮辱，如同每一名女性都有权利因歧视女性的行为而感到人格尊严受到损害，同性恋群体亦然。

第九百九十一条 民事主体的人格权受法律保护，任何组织或者个人不得侵害。

【条文释义】

本条规定了人格权法律保护原则，是民法典总则编第 3 条规定的民事权利依法保护原则的组成部分，任何民事权利及合法利益都受法律保护，人格权当然不例外。问题是，人格权是所有的民事权利中最重要的民事权利，是第一位的、关于自己的人格的民事权利，当然更应当加强法律保护。自 20 世纪 40 年代之后，人格权保护的原则就被世界各国所确认，民法典加强对人格权的保护，以维护人的尊严。

对于本条的理解应注意三个方面。第一，对于“民事主体”的理解。这里的民事主体既包括自然人，也包括法人和其他组织，但自然人和法人、其他组织享有的人格权类型有所不同。自然人享有民法典人格权规定的所有人格权类型，法人与其他组织享有名称权、名誉权等部分精神型人格权，不享有生命权、身体权、健康权等物质型人格权。非民事主体在法定情形下人格利益受到法律保护，属于对民事主体人格利益的延伸保护，主要包括对胎儿的人格利益保护和对死者的人格利益保护问题，详见后文。第二，对于“人格权”的理解。本条中的“人格权”既包括具体人格权也包括一般人格权，虽然二者在权利确认上存在差异，但在权利实现的过程中受到同等保护。一般人格权虽然在个案具化前处于抽象状态，但对其个案中的保护力度应与具体人格权相当，具体表现在损害认定、过错认定与因果关系的尺度上。第三，对于“任何组织或个人不得侵害”的理解。此处的任何组织和个人，根据体系解释，原则上应该被理解为民事主体范围内的任何组织和个人，如实施非法侵害的是民事主体以外的主体（例如，尚未成为法人和其他组织的部分团体），应以具备民事主体资格可以承担民事责任的团体作为追诉对象。此处的侵害应被理解为对民事主体人格权的非法侵害。

【案例评注】

张某诉李某一般人格权纠纷案①

基本案情

2007 年 6 月 11 日前，李某曾与孙某发生过两性关系。张某与孙某于 2007 年

---

① 审理法院：一审法院为浙江省慈溪市人民法院，案号：（2009）甬慈民初字第 870 号；二审法院为浙江省宁波市中级人民法院，案号：（2009）浙甬民一终字第 760 号。

6月11日登记结婚，2008年1月14日孙某生下女儿张小某（张小某出生孕周为38周）。经鉴定，张小某与张某无生物学亲子关系，与李某存在亲生血缘关系，孙某、张某为此分别支付鉴定费3000元、2800元。2008年9月24日，张小某向法院起诉，要求李某承担2008年9月至2009年9月的生活费每月1000元。同年12月12日，法院判决李某支付张小某自2008年9月起至2009年9月止的抚养费每月400元，合计5200元。2009年1月13日，孙某向法院提起诉讼，要求将其与李某的非婚生女儿张小某变更为由李某负责抚养。另查明：孙某曾以怀孕为由收受李某给付的3万元，并书面承诺此后与李某再无瓜葛。

法院判决

浙江省慈溪市人民法院认为，一般人格权是指法律未将所要保护的人格特定化、权利的内容尚未定型化的人格权。相对法律明确规定的特别人格权而言，一般人格权指的是公民享有的，以人格独立、人格自由和人格尊严为主要内容的一般人格利益。一般人格权的侵权构成要件除要求权利人的一般人格权受到侵害外，还要求侵权人主观上存在过错、侵权行为的违法性以及侵权行为与损害后果之间具有因果关系。本案中，孙某与张某登记结婚后，其作为张某妻子对张某负有忠实义务，但孙某与张某登记结婚之前，孙某在法律上对张某并无此项义务。李某与孙某发生两性关系致孙某怀孕，孙某于2008年1月14日生育张小某，张小某的出生孕周为38周，以此推算，孙某的受孕时间应在其与张某登记结婚之前。张某误认张小某为其亲生女儿而抚养，并在知悉张小某非己亲生时受到一定的精神痛苦。李某与孙某的行为在客观上对张某的一般人格权造成了一定的损害，但由于两人的行为发生在张某与孙某登记结婚之前，对此，李某在主观上没有侵害张某一般人格权的过错，其行为也未违反法定义务，故不应承担侵权责任。张某认为李某与孙某发生两性关系致孙某怀孕并生育张小某，严重伤害了张某的一般人格利益，要求李某赔偿精神损失抚慰金、鉴定费、交通费等费用，该主张缺乏法律依据，法院难以支持。张某主张的抚养费、生育费等费用，因张某与孙某尚未离婚，其在张小某出生、成长过程中支出的费用本属张某与孙某的夫妻共同财产，应由二人共同主张，且此项费用与本案并非同一法律关系，张某可另行主张。二审维持原判。

专家点评

如同本案一审法院所指出的，在我国司法实践中，对于尚未类型化，但经过司法利益衡量认为仍应受到保护的人格利益通常在一般人格权概念框架下进行保护。一般人格权与具体人格权均是人格权的组成部分，对于一般人格权的救济适用对于人格权保护的相关条款。我国民法典人格权编第 991 条规定民事主体的人格权受法律保护，任何组织或者个人不得侵害，对其侵权责任的构成亦应遵循过错原则。本案中，张某知悉自己在不知情的情况下抚养与自己不存在生物学亲子关系的孩子一事的确对张某造成了精神痛苦。但如同本案审理法院所指出的，于被告李某而言，其与孙某发生关系是在孙某与张某结婚之前，不存在对于张某人格利益或者身份利益的侵害。

根据法律关系客体的性质，本案应属于亲子关系异议及相关身份权益侵权之诉，但因我国对于身份权益的救济之前多在原《婚姻法》等家事部门法和特别法中进行，而其规范又相对较为粗糙，故对于此方面利益的救济司法实践中有部分法院以一般人格权纠纷立案审理。在民法典编纂之后，对人身权益的救济有了更精确的规则指引，针对亲子关系异议之诉，我国民法典婚姻家庭编第 1073 条第 1 款规定“对亲子关系有异议且有正当理由的，父或者母可以向人民法院提起诉讼，请求确认或者否认亲子关系”。于孙某而言，孙某对张某在婚后负有法定的夫妻忠实义务，虽然其在婚后没有再与李某发生关系，但其对张某隐瞒张小某身份关系的行为却客观上侵害了张某的身份利益，主观上也存在故意的过错，若张某以孙某为被告进行诉讼，其救济身份权益的诉请应当被支持。

第九百九十二条　人格权不得放弃、转让或者继承。

【条文释义】

本条是对人格权固有权利属性的规定，即民事主体专属享有，不得放弃、转让和继承。

人格权的固有性特征，是指人格权是自然人生而具有的，而不是后天依据何种原因而取得的。人格权和身份权都是基于出生的事实产生，但是人格权是基于出生而获得的固有权利，身份权却不仅是基于出生的事实而取得的权利。人格权由于具有固有性特征，因而是专属权、必备权，与权利主体不可须臾离开，终身为权利主体所享有，人格权一旦与权利主体分离，人将不成其为人，就丧失了做人的资格。人格权的固有性是现代人格权的特征，是从依附性逐渐演变而来的。早期的人格权具有明显的依附性。由于那时的个人受宗法、家庭、身份、地位的种种束缚，人格权必须依附于一定的身份和地位，既不是独立的，也不是固有的，更不是专属的绝对权，不仅有不享有人格权的人，而且就算享有人格权也会被部分或者全部剥夺。到近现代，人格权成为固有的权利，天赋人权的观念得到承认，人人生而有之，死而消灭，且其人格利益在自然人出生之前和死亡后，依法进行适当保护。依法成立的法人亦享有人格权。人格权这种性质上的变化表明了现代立法确认人既是自己的主宰，也是社会的主宰。

人格权的固有性体现在：首先，人格权的固有性，是人格权与其他民事权利的基本区别之一。债权等权利是相对权，极易与人格权区别。物权等权利与人格权一样都是绝对权，但物权却不是民事主体的固有权，不具有固有性，须民事主体依一定的法律事实才能获得。而人格权虽然也是绝对权，但是人格权的获得是依自然人的出生、法人的成立。其次，人格权的固有性还表现在它与民事主体的存在共始终，公民、法人只要具有法律上的人格，只要还在社会上存在，就享有人格权，既不能因某种事实而丧失，也不能基于某种原因而被剥夺。再次，人格权的固有性表现在它脱离民事主体的个人意志而存在。人格权是法律对个人进入社会的资格的确认，它不需要有独立意志的个人实际享有，不论个人是否实际意识到这些权利的存在，人格权都是客观存在的。[①] 最后，人格权的固有性还表现在所有的民事主体平等地享有这些权利。公民不论其年龄、智力、受教育程度、宗教信仰、社会地位、财产状况等方面存在何种差别，也不论其是否参与民事法律关系，法人不论其规模大小、成员多少、级别高低等，都平等地享有人格权，绝不因此而有差别。那种把公民划为自由人和奴隶[②]，或者划分为婆罗门、刹帝利、吠舍、首陀罗不同种姓[③]，以及我国元朝统治者把国人分成蒙古人、色目人、汉人和南人等不同等级，因而享有不同的人格权，或有的享有人格权，有的根本不享有人格权，如奴隶只是会说话的动物而不具有法律上的人格等，都已经成为历史，现代社会绝不允许再有这种人格差别。

人格权专属于民事主体享有，具有专属性，其主要表现在：人格权由民事主体专属享有，只能由每个民事主体单独享有，不得转让、抛弃、继承，也不受他人非法限制，不可与民事主体的人身相分离。世界各国对此也有相似的认识。例如，《瑞士民法典》第 27 条规定："（1）任何人不得全部或部分地放弃权利能力及行为能力。（2）任何人不得让与其自由，对其自由的限制不得损害法律及善良习俗。"我国台湾地区"民法"第 16 条和第 17 条规定："权利能力及行为能力，不得抛弃。""自由不得抛弃。自由之限制，以不背于公共秩序或善良风俗者为

---

① 王利明等：《人格权法新论》，吉林人民出版社 1994 年版，第 10～11 页。

② 古代奴隶社会只有自由人享有人格权，奴隶没有法律上的人格，对此，查士丁尼《法学总论》中有明确规定。

③ 这是古代印度的极其独特的社会等级制度，不同种姓享有不同的人格权。

限。”不仅如此，对于人格权造成损害所产生的损害赔偿请求权，因其基于人格权而产生，由其专属性所限，亦不得让与或继承。我国台湾地区“民法”第195条规定：“不法侵害他人之身体、健康、名誉或自由者，被害人虽非财产上之损害，亦得请求赔偿相当之金额。其名誉被侵害者，并得请求为恢复名誉之适当处分。前项请求权，不得让与或继承。但以金额赔偿之请求权已依契约承诺，或已起诉者，不在此限。”人格权为民事主体的专属权利，民事主体抛弃、转让、继承人格权的行为，均属无效，非法限制、干涉民事主体行使人格权的，属于侵权行为，应承担相应的民事责任。人格权的这种专属性，使其区别于继承权等民事权利。继承权也由继承人所享有，尤其是继承期待权，公民生而享有。但是，继承权不仅可以抛弃，而且会因某些法律原因而丧失，甚至因某些事实的出现而被依法剥夺，而人格权却不存在这样的特征。

人格权是固有权、专属权、必备权，在人格民事活动中，权利主体不得放弃、转让或继承人格权。但是在现实生活中，会出现人格要素与权利主体有所分离的特殊情形：一是法人或非法人组织可以在转让组织本身时一并转让自己的名称权；二是当权利人死亡，死者的近亲属可以作为当事人请求保护死者人格权，继承死者基于人格权获取的财产利益；三是民法典人格权编第993条所规定的对部分人格要素许可他人使用的情形。这些情形的存在并不妨碍人格权固有的特征存在，除第一种情况外，其本质也不是对人格权的放弃、转让或继承。死者近亲属依法维护死者人格利益，并不意味着其继承了死者的人格利益，而是法律基于对死者人格利益的延伸保护而给予其代为维权的资格。至于民法典人格权编第993条对于部分人格要素可许可他人使用的规定，不仅不与本条相矛盾，而且是在坚持本条严格坚持人格权不可被放弃、转让和继承的基础上，妥当地给予人格权商业化利用以理论基础。

正确理解本条和民法典人格权编第993条，需要认真区分人格权转让和人格要素许可使用。所谓人格权转让，是指权利人将人格权权利本身转让给另一主体，其意味着该权利与权利主体彻底分离。与之相对应，人格要素许可使用是指权利人将自己的特定人格要素许可他人在一定范围内通过一定方式进行使用，并非将人格权转让给对方，针对该人格要素的人格权仍属于权利人自身。在法律效果上，权利的转让意味着实现本权利的相关权能一并转让，权利受让人对权利标的享有与原权利人相同的权利；而权利标的的许可使用并未转让权利。以姓名权为例，若甲许可乙使用自己的姓名用于广告宣传，则乙仅能在约定的时间内通过约定的方式在广告宣传领域使用甲的姓名，甲的姓名权仍属于甲本人。根据甲与乙的约定情况，甲有可能将姓名许可给第三人使用。同时，若出现侵害姓名权的行为，甲有权请求维护自己的姓名权。在理论上，基于人格权固有性、专属性的特征，如果法律允许人格权转让，则为人的异化、手段化、商品化埋下理论隐患，人体组织和器官贩卖等行为将有可能获得生存空间，最终的结果则是使人的奴隶化再次成为可能。所以，理论界长期以来对人格权的转让持否定态度，这甚至一度成为反对人格利益商业化利用的原因之一。本条和第 993 条的衔接有效解决了这一问题，即针对人格权本身是严格禁止被放弃、转让和继承的，但是民事主体可以在法律允许的框架内，许可自身的人格要素被他人使用，以换取相应利益。

【案例评注】

周某某诉梁某计算机网络域名侵权案①

基本案情

鲁迅先生原名周树人，生于 1881 年，卒于 1936 年。鲁迅先生是中国著名文学家、思想家和革命家。周某某系鲁迅先生之子。周某某于 2008 年初发现梁某注册了以“鲁迅”命名或与“鲁迅”形近的中文域名，即“鲁迅 . cn”及“鲁迅 . 中国”“鲁迅·中国”“鲁讯 . cn”“鲁讯·中国”“鲁讯 . 中国”（简称争议域名），并且公开在网上对该域名进行招商买卖。争议域名注册于 2004 年 3 月 26 日，现在梁某名下，有效期至 2010 年 3 月 26 日。2009 年 1 月 16 日，周某某的委托代理人张某在公证员的监督下，启动浏览器上网，在地址栏输入 www. google. cn，进入“谷歌”网站首页，在“搜索栏”内输入“芜湖市金垒电子商务事务所”，页面显示第一个搜索结果为“金垒电子商务 www. IT88. cn”，点击该搜索结果，弹出一个新页面，页面下方显示“安徽金垒电子商务事务所”“E-mail：1949@ vip. 163. corn”“电话：（0）139××××5883”；在地址栏输入鲁迅 . cn，页面显示“域名转让”“最新大量‘××123’型域名全部对外转让，价格 50 元起!!!”“最新大量‘×××123’型域名全部对外转让，价格 5 元起!!!”；点击“域名转让”，出现域名出售或出租的列表，其中包括“鲁迅 . 中国”，页面下方显示“联系方式：1949@ vip. 163. com；（0）139××××5883”。芜湖市金垒电子商务事务所系梁某在个体经营中所使用的字号。周某某认为梁某的行为违反了相关法律法规的规定，并且严重侵害了鲁迅先生的姓名等人格权益，

① 审理法院：一审法院为北京市第一中级人民法院，案号：（2009）一中民初字第 4747 号；二审法院为北京市高级人民法院，案号：（2011）高民终字第 76 号。

对周某某造成了极大的精神损害，在社会上造成了恶劣影响。请求法院：(1) 依法判令梁某立即停止使用争议域名的侵权行为；(2) 依法判令上述域名转移给周某某注册使用；(3) 判令梁某赔偿周某某因本案支出的合理费用6000 元。

法院判决

法院认为，鲁迅先生是我国伟大的文学家、思想家和革命家，被称为中华“民族魂”，受到每个中国人的怀念和敬仰。鲁迅精神是中华民族共同的文化遗产，不能成为谋取商业利益的工具。将鲁迅及其形近姓名注册为域名用于商业用途，或将上述域名标价出售，既会对鲁迅后人包括周某某造成精神痛苦，同时也会对中华民族感情造成伤害，属于《最高人民法院关于确定民事侵权精神损害赔偿责任若干问题的解释》第三条第一项规定的以违反社会公共利益、社会公德的方式侵害死者姓名。因此，梁某将争议域名用于商业用途，以及将部分域名标价出售的行为，均构成侵权行为，依法应当承担停止侵害、赔偿损失的民事责任。周某某要求梁某停止使用争议域名，符合法律规定，予以支持。周某某因本案支出的代理费和公证费，系为制止梁某侵权行为支付的合理费用，依法应当由梁某承担。周某某作为鲁迅先生之子，有权继承鲁迅先生的物质遗产，亦对鲁迅先生的姓名、名誉等享有精神利益，有权维护鲁迅先生的姓名不受侵害，但是姓名权本身作为人格权的一部分，随着自然人死亡而消灭，不发生继承的问题。因此，周某某对于鲁迅先生的姓名并无专有的权利。周某某要求将争议域名转移至自己名下，无任何法律依据，不予支持。一审判决：自本判决生效之日起，梁某立即停止使用争议域名；梁某赔偿周某某诉讼合理支出6000 元，于本判决生效之日起15 日内支付；驳回周某某的其他诉讼请求。二审维持原判。

专家点评

民法典人格权编第 992 条规定：“人格权不得放弃、转让或者继承。”这是对于人格固有权利属性的规定，表明人格权是具有高度人身专属性的权利，其人身性质的权利不随主体变更而转移。但是在人格利益延伸保护的死者人格利益保护案件中，死者的配偶、子女、父母以及没有配偶、子女、父母情况下的近亲属，有权以自己为诉讼主体请求侵权人承担相应的侵权责任。这种规定并不影响人格权的固有性，也不意味着人格权本身可以被继承，应区分人格权被继承与死者人格利益保护。死者人格利益保护是对民事主体人格权的延伸保护，民事主体在其诞生前和死亡后，存在着与人身权利相区别的先期利益和延续利益，先期的人格利益与延续的人格利益与人身权利相互衔接，统一构成民事主体完整的人格利益。民事主体死亡后，其人格利益不受侵害的请求权由其近亲属和法律规定的基于公共利益可以提起诉讼的组织机构享有，这是法律构造上请求权的分配，并非人格利益的转移和继承。本案中，周某某作为鲁迅先生之子，有权利作为适格原告维护其人格利益以及自身的人格利益，但这并不意味着其可以继承鲁迅先生的人格利益。对于周某某申请将包含鲁迅的域名转移至其个人名下的诉请，法院明确指出“姓名权本身作为人格权的一部分，随着自然人死亡而消灭，不发生继承的问题”，未予支持是妥当的，也对后来的相似案件起到一定示范作用。

同时本案还涉及对于死者人格利益商业化利用的问题。死者的肖像和姓名，以及死者的隐私、名誉、荣誉、尸体，具有人格利益因素，应当予以保护。之所以要给予法律上的保护，尤其是给予民法的保护，原因就在于死者的人格利益具有利用的价值。民法保护死者人格利益，除了要保护其中的精神利益之外，还要注重保护其中的财产利益。理论上一般认为，在死者的人格利益产生财产利益时，可能获得这种利益的主体有以下几种：(1) 死者近亲属。死者人格利益中的财产利益，最主要的承受者就是死者的近亲属。自然人死亡后，其遗产由其近亲属继承，其人格利益由其近亲属保护；同样，死者人格利益中的财产利益也当然由其近亲属承受。(2) 公众和国家。在有些时候，死者人格利益是要归属于公众的，公众是这种利益的承受者。例如，在鲁迅姓名使用上，如果使用在公共利益之上，如作为学校命名、设立公益网站等，这种人格利益就归属于公众。对于公众人物，在民法上对其死后的人格利益不应予以保护，其人格利益中的财产利益就归属于公众承受。(3) 开发者。在死者的人格利益不为死者近亲属保护和承受时，这种财富就成为公共资源，对于其中的财产利益因素进行开发的开发者，可以享有其依靠这种公共资源开发所创造的价值。在死者人格利益商业化利用的案件中，亦应遵循以下原则：(1) 死者人格利益中的财产利益归属，由保护死者人格利益的权利人所承受。(2) 公众人物死亡后的人格利益归属于国家和公众，国家和公众使用这种人格利益，应当予以保障。(3) 对于超过保护期限的死者人格利益中的财产利益，他人可以进行开发，以满足社会的需要，创造社会价值。本案中，周某某作为鲁迅先生之子，诉请判令将争议域名移转由其注册使用，其可能认为一方面其作为继承人可以继承鲁迅的姓名权及其产生的利益，另一方面其作为近亲属可以成为鲁迅死后其人格利益商业化利用者，而这两方面认识在法律上都是不正确的。前者，前文已作分析；后者，鲁迅是公众人物，是我国著名的文学家、思想家、革命家，他留给我们的是国家的财富、民族的财富，同时也是世界的财富。因此，鲁迅不属于任何人。从民法上说，鲁迅死后的人格利益，也是国家的、公众的“遗产”，应当归属于国家和公众所有。任何人贬损、侵害他的人格利益，都是对国家和公众利益的侵害，国家有权指定专门机关起诉，追究侵权者的侵权责任。鲁迅死后的人格利益并非为其近亲属享有，而是属于公众的，故没有支持周某某此项诉请的裁判是值得肯定的。

第九百九十三条　民事主体可以将自己的姓名、名称、肖像等许可他人使用，但是依照法律规定或者根据其性质不得许可的除外。

【条文释义】

本条是对自然人享有公开权的规定。

公开权也称为商品化权、人格利益商业利用权、商事人格权等，是指民事主体包括自然人、法人、非法人组织对其具有一定声誉或吸引力的人格标识利益进行商品化利用并享有利益的抽象人格权。

公开权的基本功能是保护具体人格权中所包含的具有财产价值的人格利益。随着社会的发展，新的科学技术提供了增加这种表现的工具，从而实现了更多的人格特性与人格分离的可能，这也是现代社会人格权发展的根本原因。人的人格表征的范围与人格的范围一样难以界定，我们可以大致对人格表征作如下分类：社会公认的典型的人格表征、非典型的人格表征以及能够与主体相分离并获得独立地位、可以予以商业利用的人格表征。这些人格表征一旦应用于商业领域，就会产生价值。这些价值是随着主权利而发生的，并不是基于其他因素而产生，因而必须属于权利人自己，由权利人自己支配。违反这样的规则，非法使用他人的有财产价值的人格利益要素进行商业活动，就属于侵害人格权，对被侵权人负有侵权责任。公开权的主旨，就是权利人可以将自己享有的这种人格利益许可他人使用，并获得相应的收益。因此，公开权的核心价值是某些人格利益的市场价值，基本方法是许可他人使用，所得收益归权利人所有，使用人可以分享。

公开权的主体包括拥有人格标识的自然人、法人或其他组织，以及公开权的受让人、被许可人。

公开权的客体是民事主体对人格标识所享有的人格利益，主要表现为商业利益。可以许可他人使用的人格利益，包括姓名、名称、肖像、声音、个人信息等。具体而言，肖像是以自然人的正面或侧面的面部（即五官）为中心的外貌在物质载体上再现的视觉形象。相对而言，形象是自然人面部之外的身体形象，包括人的形体特征、侧影、背影等。例如，“手形广告”中的手形、“内衣广告”中的形体等，这些形象也是公开权的保护范围，是人格利益商业化利用的延伸形态。姓名包括真实姓名、笔名、别名、绰号，姓名是标表主体身份的重要标识，也是商品化利用的主要对象。法人或其他组织的名称是一定主体的标识，具有将被标识的对象从同类中区别出来和宣传该被标识对象的作用。名称以文字组成。但名称所表达的信息远远多于所组成名称的文字本身所包含的信息。它往往包含了主体的信用、信誉以及一个法人或组织的整体形象。声音是自然人人格标识之一，具有唯一性、稳定性的特征。一个人独特的声音或说话风格，如演唱者独特的歌声、朗诵者诵读的风格也可以指示该演唱者或朗诵者的身份。这些人格利益都能够脱离权利人的本身而独立存在，能够产生声誉和吸引力，具有相当的市场价值，经过使用能够获得经济利益。在人格利益中，凡是具有这类属性的，都是公开权的客体。但并不是所有的人格利益都能成为公开权的客体，因此规定，依照法律规定或者根据其性质不得许可的除外。当法律规定某种人格利益不得许可他人使用时，权利人不得许可他人使用；根据权利性质不得许可他人使用的，也不得许可他人使用，如生命、健康、名誉、人身自由等都不得或者不能许可他人使用。

公开权是权利人实现人格权的主要方式之一，是人格权的积极权能的体现。权利人对各类人格标识有权进行商品化利用。权利人既可以是自己将各种人格标识使用于商业领域之中，依靠人格特质对公众的吸引力而在商品经营中直接获取利益；也可以是转让、许可他人将人格标识用于相关商品和商业活动中，从而收取转让费或许可费。许可他人使用是公开权实现的主要途径。许可使用应对一些重要问题作出约定，如使用人格标识的商品或服务的范围、具体方式，地域、时间、范围以及专有使用或非专有使用。同时，权利人享有排除他人擅自将自己的各类人格标识进行商业化利用的权利。合理使用应受法律保护，如果是利用他人的人格标识和特征，并足以误导社会公众，权利人有权禁止。

公开权保护期限的界定，应与权利人的人身权益相联系。学界关于“民事主体在其诞生前和消灭后，存在着与人身权益相区别的先期法益和延续法益”① 的观点，对阐明民事主体身后人格利益保护问题提供了理论基础。该观点认为：民事主体在取得民事权利能力之前和终止民事权利能力之后，就已经或继续存在某些人身利益，这些人身利益都与该主体在作为主体期间的人身利益相联系。这些先期利益和延续利益，对于维护主体的法律人格具有重要意义；人身法益与人身权利互相衔接，统一构成民事主体完整的人身利益；民事主体人身利益的完整性和人身法益与人身权利的系统性，决定了法律对民事主体人身保护必须以人身权

---

① 杨立新：《人身权法论》，中国检察出版社 1996 年版，第 284～285 页。

利的保护为基础，向前和向后延伸。基于上述理论，我们认为，对形象利益的保护应在权利人死亡后延伸。具体的保护期限，应参照最高人民法院关于保护死者姓名、肖像、名誉、荣誉、隐私利益的规定，由死者的近亲属作为保护人，并界定保护的期限。如果死者没有近亲属的，就不再予以保护。这种做法与规定具体期限的做法相差不多，并且已经有司法解释作为依据，可以采用。

【案例评注】

张艺谋诉某出版社、黄某某名誉侵权案①

基本案情

由被告黄某某所著《印象中国：张艺谋传》一书，于2008年8月经被告某出版社出版发行，该书封面为张艺谋肖像，肖像下方署有“张艺谋”字样的手写签名。该书内容涉及原告张艺谋婚姻家庭、个人情感、事业成就等诸多方面，其中有8处内容直接描述了原告张艺谋的婚姻生活及感情纠葛，且相关内容多以“张艺谋说”的描述方式出现。该书出版发行后，被各大网站转载，同时在网络媒体上出现了网友们在阅读该书后的相关评论，其中既有对原告张艺谋事业成就的褒扬，亦有对原告张艺谋个人情感生活的负面评价。在原告张艺谋就该书内容涉及侵权问题向被告某出版社提出书面函件后，被告某出版社于2008年12月9日向四川新华文轩连锁股份有限公司发出“关于立即停止宣传、销售《印象中国：张艺谋传》”的通知，并于当月16日向全国各地新华书店、各经销网点、各图书销售网站发出“关于立即停止宣传、销售《印象中国：张艺谋传》”的通知。张艺谋认为被告黄某某和某出版社侵犯了其肖像权、姓名权，严重损害了其名誉，诉请：(1) 要求两被告立即停止一切侵权行为，包括该书的再版印刷、发行和销售，封存所有已经出版但尚未发出的书册，收回已发出的书册，并对正在销售的予以下架、封存；(2) 要求两被告在全国性媒体上刊登道歉声明，声明内容需经原告审查；(3) 要求两被告赔偿原告经济损失100万元；(4) 要求两被告赔偿原告精神损失50万元。

庭审中，二被告认可就该书封面上使用原告张艺谋的肖像及姓名未经原告张艺谋同意；二被告未就该书封面中使用的“张艺谋”字样的手写签名系原告张艺

---

① 审理法院：一审法院为北京市第一中级人民法院，案号：(2009) 一中民初字第1030号；二审法院为北京市高级人民法院，案号：(2010) 高民终字第411号。

谋本人所签向法院提交证据。对于原告张艺谋指出的《印象中国：张艺谋传》一书中的部分内容，被告黄某某认可在该书出版发行前未就该部分内容向原告张艺谋本人核实。就该书的出版发行情况，某出版社认可该书定价为38元，印刷册数为25000册，已售出15214册，尚有9786册未售出。

法院判决

人格权是民事主体依法享有的、以人格利益为客体并为维护民事主体的独立人格所必备的权利。在现代文明社会，人格权是自然人生存与发展所必备的条件。自然人依据法律的确认对人格独立、自由、平等、尊严、生命、健康和名誉等享有人格利益，并在人格利益受到侵害之时，有权通过诉讼的方式寻求救济，以维护其独立人格。

关于肖像权侵权是否构成的问题，根据《中华人民共和国民法通则》的相关规定，公民享有肖像权，未经本人同意，不得以营利为目的使用公民的肖像。肖像权，是公民以在自己的肖像上所体现的利益为内容的具体人格权。是否构成侵权，应以是否存在使用肖像的行为、是否经肖像权人同意为主要的构成要件。本案中，《印象中国：张艺谋传》一书封面上印有大幅张艺谋的肖像，对于该肖像的使用，被告某出版社及黄某某均认可未经原告张艺谋同意，由此可见上述两个要件均已具备，且该肖像被用作《印象中国：张艺谋传》一书的封面，对于该书的营销无疑起到了宣传作用。因此，本院认定被告某出版社、黄某某在《印象中国：张艺谋传》一书封面上使用原告张艺谋的肖像，已构成对原告张艺谋肖像权的侵犯。

关于姓名权侵权是否构成的问题，根据《中华人民共和国民法通则》的相关规定，公民享有姓名权，有权决定、使用自己的姓名，禁止他人盗用、冒用。是否构成侵害姓名权，主要看行为人是否具有使用针对特定人姓名的行为，以及是否存在盗用、冒用的主观故意。本案中，在《印象中国：张艺谋传》一书封面印有的张艺谋肖像下方，署有“张艺谋”字样的手写签名。该签名作为封面的一部分，按一般生活经验及社会常理判断，足以使阅览该书封面的读者产生该书封面签字即为张艺谋本人所签的认识；而对于该姓名的使用，被告某出版社及黄某某均认可未经原告张艺谋同意，且均未提供证据证实该手写的“张艺谋”签名系原告张艺谋本人所签，故本院认定二被告的上述行为已构成对原告张艺谋姓名权的侵犯。

关于名誉权侵权是否构成的问题，根据《中华人民共和国民法通则》的相关规定，侵害名誉权是指用侮辱或诽谤等方式损害公民的名誉，使公民的社会评价降低的行为。侵害名誉权的情形包含侮辱、诽谤这两种常见方式，但却并不限于这两种方式。是否构成侵犯名誉权，应当结合本案中是否具有构成侵权行为的要件事实等情形予以综合认定。就本案而言，从原告张艺谋所指出的相应部分内容来看，绝大部分来源于《往事悠悠》这本书，该书为与原告张艺谋有过婚姻关系的肖华所著，是否属于客观事实，由于原告张艺谋本人对该部分内容并不认同，本院无从核实。从该部分内容的描述及用语来看，没有出现刻意贬损或侮辱等一些负面感情色彩强烈的词句，与《往事悠悠》一书的相关内容相比，整体行文亦无过度渲染感情纠葛的倾向。但是，本院需要特别指出的是，对于私人领域的生活信息，自然人有权决定是否公之于众以及以何种方式公之于众。在向公众透露私人生活信息的情况下，当事人本人应有权选择、决定以什么形象出现在社会公众面前，从而使其人格形象能够免受歪曲和丑化。虽然较之普通的社会公民而言，公众人物承担着更多的社会责任与义务，其必然会受到社会舆论的关注、监督甚至是批评，其自身所享有的权利也会因此受到一定程度的影响，对此，公众人物应该负有一定程度的容忍义务。但是，尽管如此，仍应对公众人物的私人生活信息给予必要的保护，无论是社会媒体还是普通公民，在公开传播公众人物相关信息时仍应秉持谨慎、客观的态度，同时应当说明信息的合法来源，以免错误地描述了公众人物的人格形象，进而使社会公众产生误读。从本案来看，《印象中国：张艺谋传》一书的封面设计采用了张艺谋的肖像并辅之以“张艺谋”签名的形式，这在客观上会使读者误以为该书是经过张艺谋授权或许可而出版，加之书中关于张艺谋情感部分的内容多采用“张艺谋说”的形式进行行文和叙述，而并未标注其素材来源，亦未指明其合理的出处，这无疑又使读者加深了上述误解。原告张艺谋本人并无透露个人感情生活的意愿，亦无意针对私人生活中的某些细节进行澄清和回应，但二被告的上述行为却让人产生了相反的理解，所以，二被告的不当行为干涉了原告张艺谋对于自身感情生活表达的意志自由，侵害了原告张艺谋基于自身品行而希望拥有的良好社会评价之预期，不可避免地会使社会公众对其人格形象产生歪曲的理解，进而对原告张艺谋的人格作出否定性评价。故本院认为，二被告的上述行为侵犯了原告张艺谋的名誉权。

专家点评

本案是关于自然人合法商业化利用自身人格权益受法律保护的典型案例，明确了未经人格权人许可擅自使用权利人姓名肖像、公开他人隐私与相关个人信息属于侵权行为，为自然人人格权保护积累了良好的司法实践经验。自 20 世纪 90 年代始，我国逐渐出现了关涉自然人商业化利用自身人格权益的纠纷，司法裁判所固化的规则对理论研究和本次人格权立法影响深远。本案是人格利益商业化利用纠纷中的经典案例，裁判文书逻辑清晰、说理明了，清晰地展示了对自然人合法商业化利用个人人格利益的保护思路。

就目前的理论与实践而言，包括姓名、肖像以及声音在内的标表型人格权是商业化利用的主要人格利益。与此同时，如本案判决所指出的“私人领域的生活信息，自然人有权决定是否公之于众以及以何种方式公之于众”，实践中已经出现了对于隐私商业化利用的案件，即通过公开个人的部分隐私以获取经济利益。本案反映了人格权商业化利用的实践在不断发展，随着商业模式的发展和人格利益可被分离的类型增加，可被商业化利用的人格利益客体也在不断增加，对人格利益商业化利用的本质是将人格利益通过许可使用等方式发掘并转化成经济价值的过程，除了根据法律规定和人格利益属性不可以被商业化利用的人格利益，人格权主体对自己的各项人格利益具有利用的权能。例如，在供应链金融领域，已经出现了以信用作为交易对象和结算单位的商业模式，这意味着信用中的财产价值逐渐得到了开发，进入了被商业化利用的领域。目前这些方面的理论研究和立法规范都相对薄弱，需要司法实践根据既有人格权理论进行规则续造。

第九百九十四条 死者的姓名、肖像、名誉、荣誉、隐私、遗体等受到侵害的，其配偶、子女、父母有权依法请求行为人承担民事责任；死者没有配偶、子女且父母已经死亡的，其他近亲属有权依法请求行为人承担民事责任。

【条文释义】

本条是对死者人格利益保护及方法的规定。

自然人死亡，其民事权利能力消灭，因而主体消灭。不过，一个人死亡后，虽然主体消灭了，但并不是其人格利益一并都予以消灭，这些依然存在的死者人格利益仍须依法进行保护。否则，社会秩序将会出现混乱，道德风尚将会受到损害，故对死者的这些人格利益必须予以保护。对死者人格利益保护的理论基础来源于人格权延伸保护理论。民事主体人格权延伸保护，是指法律在保护民事主体人格权的同时，对于其在诞生前或消灭后所依法享有的人格利益，所给予的延伸至其诞生前和消灭后的民法保护。人格权延伸保护的民事主体包括公民、法人和其他组织，但以公民为主；人格权延伸保护的客体是人格利益而非权利本身；人格权延伸保护的界限为民事主体民事权利能力取得前和终止后。民事主体人格权延伸保护理论的立论根据，是在现代人权思想指导下，以维护民事主体统一、完整的人格利益为基本目的，追求创造、保护社会利益与个人利益的和谐、统一。

人格权延伸保护的范围是对民事主体部分人格权的延伸保护，并非对民事主体所有人格权利都予以延伸保护，而且对同一种人格权利的延伸保护也不都包括向前、向后的两种延伸保护；同时因民事主体的性质不同，人格权利延伸保护的权利范围也不相同。死者人格利益的保护属于延续人格利益的延伸保护。在民法典制定前，《最高人民法院关于确定民事侵权精神损害赔偿责任若干问题的解释》中，已经对死者的姓名、肖像、名誉、荣誉、隐私、身体（遗体、遗骨）的延续利益的司法保护作出了规定，在实践中一般依照这一司法解释指导审判实践。本条的制定吸收了该司法解释积累的司法审判经验，本条列举的死者姓名、肖像、名誉、荣誉、遗体等受到侵害的，死者的近亲属有权进行保护。不过，这一条文中列举的范围较窄，如死者的隐私、个人信息等，也都需要依法保护，可以概括在"等"字中。

本条规定的对死者人格利益的保护，采取死者近亲属保护的方式进行。对于延续人格利益的延伸保护，各国采取的办法均为由死亡人亲属和遗嘱受益人提起诉讼，但对近亲属范围的确定有不同做法。对此，我国原《民法通则》没有规定。《最高人民法院关于审理名誉权案件若干问题的解答》第5条规定："死者名誉受到损害的，其近亲属有权向人民法院起诉。近亲属包括：配偶、父母、子女、兄弟姐妹、祖父母、外祖父母、孙子女、外孙子女。"这一司法解释虽仅为延续名誉利益的延伸保护而规定，但可扩张适用于人格权延伸保护的一般场合。《最高人民法院关于确定民事侵权精神损害赔偿责任若干问题的解释》第7条规定："自然人因侵权行为致死，或者自然人死亡后其人格或者遗体遭受侵害，死者的配偶、父母和子女向人民法院起诉请求赔偿精神损害的，列其配偶、父母和子女为原告；没有配偶、父母和子女的，可以由其他近亲属提起诉讼，列其他近亲属为原告。"这一规定完整地说明了死者人格利益的保护方法。本条规定在此司法解释的基础上演进而来，当死者的人格利益受到侵害时，死者的第一顺位的近亲属，即配偶、子女、父母有权向法院起诉，请求行为人承担民事责任，保护死者的人格利益。死者如果没有第一顺位的近亲属，其他近亲属即第二顺位的近亲属有权行使这种保护的权利。

关于保护死者的人格利益的请求权是否有期限的限制，本条采用我国司法习惯，不规定期限，而是以死者的近亲属健在为限，死者不再有近亲属的，法律不再予以保护。

死者的人格利益需要保护，但其没有近亲属的，可以根据实际情况，如存在公共利益的原因，可以采用公益诉讼的方法进行保护。侵害英雄烈士的人格利益，即使死者没有近亲属，有关组织也可以提出保护的诉讼请求，由人民法院依法裁判。

【案例评注】

葛某某、宋某某分别诉洪某某名誉权侵权纠纷系列案①

基本案情

1941年9月25日，在易县狼牙山发生的狼牙山战斗，是被大量事实证明的著名战斗。在这场战斗中，狼牙山五壮士英勇抗敌的基本事实和舍生取义的伟大精神，赢得了全中国人民高度认同和广泛赞扬，是五壮士获得“狼牙山五壮士”崇高名誉和荣誉的基础。葛振林、宋学义分别曾系八路军晋察冀军区第一军分区一团二营七连六班副班长和战士，是狼牙山五壮士中的两位。葛振林先后获得“民族英雄勋章”“解放勋章”和“红星功勋荣誉章”。

2013年8月27日，新浪微博网民张某发布信息称：“狼牙山五壮士实际上是几个土八路，当年逃到狼牙山一带后，用手中的枪欺压当地村民，致当地村民不满。后来村民将这5个人的行踪告诉日军，又引导这5个人向绝路方向逃跑……”张某被抓获后，承认自己虚构信息、散布谣言的违法事实，被警方依法行政拘留7日。

2013年9月9日，时任《炎黄春秋》杂志社执行主编的洪某某在财经网发表《小学课本〈狼牙山五壮士〉有多处不实》一文。文中写道：据《南方都市报》2013年8月31日报道，广州越秀警方于8月29日晚间将一位在新浪微博上“污蔑狼牙山五壮士”的网民抓获，以虚构信息、散布谣言的罪名予以行政拘留7日。据媒体报道，该网友实际上是传播了2011年12月14日百度贴吧里一篇名为《狼牙山五壮士真相原来是这样!》的帖子的内容，该帖子说五壮士“5个人中有3个是当场被打死的，后来清理战场把尸体丢下悬崖。另2个当场被活捉，只是后来不知道什么原因又从日本人手上逃了出来”。

2013年11月8日，洪某某在《炎黄春秋》杂志上发表了其本人撰写的《“狼牙山五壮士”的细节分歧》一文。该文分为几个部分，分别为“在何处跳

① 审理法院：一审法院为北京市西城区人民法院，案号：(2015) 西民初字第27841号；二审法院为北京市第二中级人民法院，案号：(2016) 京02民终6272号。

崖”“跳崖是怎么跳的”“敌我双方战斗伤亡”“‘五壮士’是否拔了群众的萝卜”。文章通过援引不同来源、不同内容、不同时期的报刊资料等，对狼牙山五壮士事迹中的细节提出质疑。

葛振林与葛某某系父子关系，其认为张姓网民在网络公开发表歪曲狼牙山五壮士的言论，造成不良的社会影响；洪某某引用不同信息来源细节表述上的微小差异，以断章取义、主观推断和故意误导等方式，污蔑、抹黑狼牙山五壮士，二者均侵害了包括葛振林在内的狼牙山五壮士的名誉和人格尊严。故向法院起诉，请求：(1) 判令洪某某立即停止侮辱、诽谤、侵犯葛振林等狼牙山五壮士的民族英雄名誉；(2) 判令洪某某在其新浪微博上公开道歉，并在《人民日报》、《解放军报》、《中国日报》、人民网、新浪网、搜狐网、财经网公开向葛某某赔礼道歉，消除影响，并向葛振林等狼牙山五壮士在天英灵登报谢罪。

法院判决

我国法律规定，公民享有名誉权、荣誉权，禁止用侮辱、诽谤等方式损害公民的名誉、荣誉等民事权益。公民的姓名、肖像、名誉、荣誉受到侵害的，相关当事人有权要求侵权人停止侵害、排除妨碍、消除危险、消除影响、恢复名誉、赔礼道歉，并可以要求赔偿损失。

关于葛某某是不是本案适格原告的问题，《中华人民共和国民事诉讼法》第一百一十九条第一项规定，原告应当是与本案有利害关系的公民、法人和其他组织。《最高人民法院关于确定民事侵权精神损害赔偿责任若干问题的解释》第三条规定，自然人死亡后，其近亲属因侮辱、诽谤、贬损、丑化或者违反社会公共利益、社会公德的其他方式侵害死者姓名、肖像、名誉、荣誉的，有权向人民法院提起诉讼。《最高人民法院关于适用〈中华人民共和国民事诉讼法〉的解释》第六十九条规定，对侵害死者遗体、遗骨以及姓名、肖像、名誉、荣誉、隐私等行为提起诉讼的，死者的近亲属为当事人。由此可知，死者的近亲属有权就侵害死者名誉、荣誉等行为提起民事诉讼，死者的近亲属是正当当事人。具体到本案，根据中国人民解放军湖南省衡阳警备区离职干部休养所提供的证明材料以及公证书等证据可以认定，葛振林与葛某某系父子关系，葛振林系狼牙山五壮士之一，其已去世，葛某某作为近亲属有权就侵害葛振林名誉、荣誉的行为提起民事诉讼，葛某某作为本案原告适格。因此，洪某某对本案原告葛某某主体资格提出的异议不能成立。

关于洪某某发表的案涉文章是否构成名誉侵权的问题，《中华人民共和国民法通则》第一百零六条第二款规定，公民、法人由于过错侵害国家的、集体的财产，侵害他人财产、人身的，应当承担民事责任。《中华人民共和国侵权责任法》第二条第一款规定，侵害民事权益，应当承担侵权责任。从上述法律规定来看，我国现行法关于侵权的客体范围包含了权利和利益。《最高人民法院关于确定民事侵权精神损害赔偿责任若干问题的解释》第三条规定，自然人死亡后，他人仍不得以侮辱、诽谤、贬损、丑化或者违反社会公共利益、社会公德的方式，侵害死者的姓名、肖像、名誉、荣誉。由此可知，自然人死亡后，其生前人格利益仍然受法律的保护。

从本案涉及的事实来看，案涉文章涉及的人物之一是葛某某的父亲葛振林。"狼牙山五壮士"的英雄称号，既是国家及公众对他们作为中华民族的优秀儿女在反抗侵略、保家卫国时作出巨大牺牲的褒奖，也是他们应当获得的个人名誉和个人荣誉。"狼牙山五壮士"是八路军在抵抗日本帝国主义侵略伟大斗争中涌现出来的英雄群体，是中华民族全民抗战并取得最终胜利的重要事件载体。这一系列英雄人物及其事迹，经由广泛传播，在抗日战争时期，成为激励无数中华儿女反抗侵略、英勇抗敌的精神动力之一，成为人民军队誓死捍卫国家利益、保障国家安全的军魂来源之一；在和平年代，狼牙山五壮士的精神，仍然是我国公众不畏艰辛、不怕困难、为国为民奋斗终生的精神指引。这些英雄人物及其精神，已经获得全民族的广泛认同，是中华民族共同记忆的一部分，是中华民族精神的内核之一，也是社会主义核心价值观的重要内容。而民族的共同记忆、民族精神乃至社会主义核心价值观，无论是从我国的历史看，还是从现行法上看，都已经是社会公共利益的一部分。在此意义上，案涉文章侵害的不仅是葛振林个人的名誉和荣誉，还有由英雄人物的名誉、荣誉构成的社会公共利益。

洪某某发表的《小学课本〈狼牙山五壮士〉有多处不实》《"狼牙山五壮士"的细节分歧》两篇文章，其所描述的主要内容是对我国抗日战争史中的狼牙山五壮士英雄事迹的解构。法院认为，尽管案涉文章无明显侮辱性的语言，但洪某某采取的行为方式却是通过强调与基本事实无关或者关联不大的细节，引导读者对"狼牙山五壮士"这一英雄人物群体的英勇抗敌事迹和舍生取义精神产生怀疑，从而否定基本事实的真实性，进而降低他们的英勇形象和精神价值。洪某某的行为方式符合以贬损、丑化的方式损害他人名誉和荣誉权益的特征。在损害后果上，案涉文章经由互联网传播，已经在全国范围内产生了较大的影响。这一点，从案涉文章所引发的后果即可明知，它们不仅损害了葛某某之父葛振林的名誉及荣誉，而且伤害了葛某某的个人感情，在一定范围和程度上伤害了社会公众的民族和历史情感。除此之外，洪某某在主观方面存在过错。通常情形下，侵害名誉或者名誉权案件中的过错，是指明知或应当预见到其行为造成他人社会评价降低的后果而仍然为之或认为仍可避免的主观状态。在侵害名誉或者名誉权的案件中，对行为人主观过错的认定往往依据通常人的认知并辅以社会常识、行为人的职业或专业及控制危险的成本等客观因素加以判断。作为具有一定研究能力和能够熟练使用互联网工具的人，更应当认识到案涉文章的发表及其传播将会损害到“狼牙山五壮士”的名誉及荣誉，也会对其近亲属造成感情上和精神上的伤害，更会损害到社会公共利益。在此情形下，洪某某有能力控制文章所可能产生的损害后果而未控制，仍以既有的状态发表，在主观上显然具有过错。

一审法院也注意到，除了前述构成要件之外，本案的裁判结果尚涉及洪某某的言论自由问题，这也是洪某某在本案中提出的主要抗辩理由。依法保护当事人的言论自由是我国现行法律的明确规定，也是本案裁判需要考虑的重要因素之一。从民法的角度看，表达自由已经成为民事主体一般人格尊严的重要内容。案涉文章在形式上表现为学术文章，判断其是否构成侵权将涉及洪某某的言论自由。但是，也要看到，言论自由并非没有边界，如果超出合理的限度，则会侵害他人的合法权益以及更为重要的社会公共利益。学术自由、言论自由以不侵害他人合法权益、社会公共利益和国家利益为前提。这是《中华人民共和国宪法》所确立的关于自由的一般原则，是为言论自由和学术自由所划定的边界。任何公民在行使言论自由、学术自由及其他自由时，都负有不得超过自由界限的法定义务。这是法治国家和法治社会对公民的基本要求，也是任何一个公民应当承担的社会责任。本案中，“狼牙山五壮士”及其事迹所凝聚的民族感情和历史记忆以及所展现的民族精神，是当代中国社会主义核心价值观的重要来源和组成部分，具有巨大的精神价值，也是我国作为一个民族国家所不可或缺的精神内核。对“狼牙山五壮士”名誉的损害，既是对葛某某之父葛振林的名誉、荣誉的损害，也是对中华民族的精神价值的损害。洪某某完全可以在不损害五壮士名誉、荣誉和社会公共利益的前提下，自由地进行学术研究和自由发表言论，包括对狼牙山战斗的某些细节进行研究，但洪某某却未采用这种方式，而是通过所谓的细节研究，质疑五壮士英勇抗敌、舍生取义的基本事实，颠覆五壮士的英勇形象，贬损、降低五壮士的人格评价，甚至与网民张某对狼牙山五壮士的污蔑性谣言相呼应。这种“学术研究”“言论自由”不可避免地会侵害五壮士的名誉、荣誉，以及融入了这种名誉、荣誉的社会公共利益。

洪某某的行为侵害了葛某某之父葛振林的名誉和荣誉，应当承担相应的侵权责任。现葛某某要求洪某某立即停止侵犯葛振林等狼牙山五壮士的民族英雄名誉，及要求洪某某在网站、媒体公开向葛某某赔礼道歉、消除影响等诉讼请求于法有据，根据《中华人民共和国侵权责任法》第十五条的规定，应予支持。关于赔礼道歉及消除影响的范围和持续时间，由法院根据侵权言论造成不良影响的范围予以认定。二审维持原判。

专家点评

本案是最高人民法院公布的四起保护英雄人物人格权益典型案例之一，也是我国司法实践保护死者人格利益的又一典型案例。对于死者人格利益的延伸保护，自20世纪90年代的吉文贞荷花女案开始，我国司法实践就进行了有益的探索，后通过《最高人民法院关于确定民事侵权精神损害赔偿责任若干问题的解释》《最高人民法院关于适用〈中华人民共和国民事诉讼法〉的解释》等司法解释固化，并被我国原《侵权责任法》、原《民法总则》所吸收，最终被我国民法典人格权编第994条所固定。对于英雄烈士的死者人格利益保护是对于自然人的死者人格利益保护的缩影，体现了我国立法对于自然人人格利益延伸保护、充分保障人权的态度。本案判决逻辑清晰，论证严密，严格按照侵权行为构成要件主义论述，尤其是对于公共利益认定的分析颇为精妙，为如何认定是否损害公共利益提供了良好的论证裁判思路。最高人民法院虽然将对英雄烈士的死后人格利益予以保护的案例作为典型案例予以发布，但是一般自然人的死后人格利益也应受到平等保护。

在司法实践中，一般认为死者的姓名、肖像、名誉、荣誉、隐私、遗体是保护共识度较高的人格利益。在请求主体方面，分为两个顺位，第一顺位是死者的配偶、子女和父母；如果死者没有配偶、子女并且父母已经死亡的，则为第二顺位，即其其他近亲属，这里的近亲属概念应遵循民法典婚姻家庭编第1045条的规定，即配偶、父母、子女、兄弟姐妹、祖父母、外祖父母、孙子女、外孙子女为近亲属，这里的“其他近亲属”即指死者的兄弟姐妹、祖父母、外祖父母、孙子女、外孙子女。

第九百九十五条 人格权受到侵害的，受害人有权依照本法和其他法律的规定请求行为人承担民事责任。受害人的停止侵害、排除妨碍、消除危险、消除影响、恢复名誉、赔礼道歉请求权，不适用诉讼时效的规定。

【条文释义】

本条是对人格权的民法保护和人格权请求权的规定。

人格权的民法保护，就是通过人格权请求权和侵权请求权的方法，赋予人格权的权利主体在其人格权和人格利益受到侵害之后，依法行使人格权请求权或者侵权请求权，救济损害，恢复权利，使其人格权受到保护。而人格权请求权和侵权请求权加在一起，叫作民事权利保护请求权，是民法请求权体系中的一个重要组成部分。对于人格权的法律保护，除了可以适用侵权请求权的方法进行之外，还可以适用人格权请求权的方法进行，这正像对物权的保护存在侵权请求权的保护方法和物权请求权的保护方法一样。

民法的请求权体系包括三种不同的请求权：一是本权请求权，二是原权请求权，三是次生请求权。

本权请求权是权利本身的请求权，包括本身就是请求权的债权，以及绝对权中属于本权请求权的权利内容。在绝对权中，有的绝对权并不存在本权请求权，可以叫作无本权请求权的绝对权，如人格权、一般的物权、知识产权。有的绝对权包含本权请求权，例如：（1）身份权，其中的抚养、扶养、赡养等权利，是本权请求权；（2）继承权，实现其继承权的权利，属于本权请求权；（3）在物权中的共有权，共有人之间享有的请求权，为本权请求权，以及其他类似的物权。这类有本权请求权的绝对权，一般是具有相对性的绝对权，即在权利主体中，尽管权利主体享有的是绝对权，但由于权利主体是二人以上，在权利主体之间具有相对性，权利主体之间基于相对性的关系，产生了具有请求权性质的权利内容，形成绝对权中包含的本权请求权。

每一种民事权利的本身，都有一个固有的、保护自己的请求权，随着原权利的产生而产生、原权利的消灭而消灭，因此也叫作原权利的保护请求权，简称原权请求权。原权请求权主要有物权请求权、人格权请求权、知识产权请求权、身份权请求权、继承权请求权和债权保护请求权。这些请求权都依附在自己的本权之中，成为实体民事权利的固有内容，作为保护自己的民法方法和措施。一旦自己的本权遭受损害，原权请求权可以立即发挥作用，保护自己，使受到损害的民事权利得到恢复。这就是原权请求权的基本功能。

基于权利被侵害而新发生的侵权请求权，不是本权自身的权利内容，而是基于侵权责任法的规定而产生的新的请求权，是基于原权利受到侵害而新发生的请求权，因此称作次生的权利保护请求权，简称为次生请求权。次生请求权只有侵权请求权，它是专门为了救济民事权利受到侵害的后果而设立的请求权系统，是侵权责任法的基本手段。当民事权利受到侵权行为侵害时，侵权责任法赋予受害人以侵权请求权的手段，在民事权利和诉讼权利之间发生请求权，使受害人即权利人可以依据侵权请求权，依法行使诉权，向法院起诉，寻求法律保护。

从系统上说，三种请求权的不同搭配，却表现为两套不同的系统，这就是固有请求权与次生请求权系统和本权请求权与权利保护请求权系统，两个系统之间表现为交叉关系。以权利是固有的还是新生的为标准，三种请求权可以分为固有请求权和次生请求权。固有请求权是权利本身就存在的请求权，包括本权请求权和原权请求权。本权请求权本身就是固有的请求权；原权请求权是本权中原来就存在的请求权。在这个请求权系统中，固有请求权包括两个，即本权请求权和原权请求权。新生的请求权只有一个，即侵权请求权。在这个角度上划分，对研究人格权的法律保护意义不大。从另一个角度分析，即以请求权的基本作用作为标准划分，请求权的系统还有另外一种表现形式，这就是本权请求权与权利保护请求权系统。本权请求权就是民事权利本身就是请求权的请求权，是具有请求权性质的民事权利，如债权，以及其他民事权利中所包括的请求权内容，如身份权中的扶养请求权等对外、对内的请求权。[①] 这是民事权利的本身。从这个意义上分析，本权请求权其实就是权利的类型，而不是一个方法。以权利相互之间的关系为标准，民事权利可分为原权（又称原权利，即本权）与救济权（即权利保护请求权）。权利保护请求权系统是十分完备的，其构造分为两个部分：一是原权请求权，二是次生请求权。两个请求权结合在一起，构成了严密的民事权利保护系统，共同担负着民事权利的保护职责。这两个系统缺一不可，必须同时共存才能够担负起保护民事权利的重任。

在人格权保护的请求权体系中，人格权请求权的作用极为突出和必要。它最大的价值就在于弥补侵权请求权保护民事权利包括人格权的缺憾和不足，因而使人格权的保护系统更为完善和完备。具体表现在以下几个方面：第一，人格权请求权的行使不以过错为构成要件，只要人格权受到侵害就可以行使，有利于保护权利人的权利完满状态。第二，人格权请求权对原权利保护的期限长、力度大，有利于对人格权的长期保护。人格权请求权不受时效的限制，是民法学界的共识。第三，人格权请求权也是请求权体系中的重要内容之一，缺乏其存在，请求权体系将不完整。第四，侵权损害赔偿请求权的局限性，要求人格权请求权予以弥补，以更好地保护受害人的利益。

人格权请求权是指民事主体在其人格权的圆满状态受到妨害或者有妨害之虞时，得向加害人或者人民法院请求加害人为一定行为或者不为一定行为，以回复人格权的圆满状态或者防止妨害的权利。人格权请求权是人格权本身包含的保护自己的请求权。这正像人体内包含着保护自己、防御疾病的抵抗力一样，人格权

---

① 杨立新：《侵权责任法专论》，高等教育出版社 2005 年版，第 132 页。

请求权就是人格权自己所包含着的保护自己的救济权利。而保护人格权的外部力量，则是侵权请求权，是用外部的请求权保护人格权，就像感冒采取吃药或打针的方法治疗一样。

人格权请求权是一种手段性的权利，是基于人格权而产生的权利，但它不是人格权的本身，而是一种手段性权利。它的功能是预防、保全母体权利即人格权不受非法妨害。行使人格权请求权的前提是人格权受到妨害。这里需要区分妨害、损害和侵害三个概念。妨害和损害适用于不同的救济制度，妨害是行使人格权请求权的要件，损害是提起侵权损害赔偿之诉的要件。从人格权请求权的角度出发，可以概括为：妨害是没有构成损害的侵害。而侵害一词可以涵盖妨害和损害的内容，侵害是二者的上位概念。人格权请求权的基本性质是请求权。人格权请求权是对于相对应的民事主体的请求为一定行为或者不为一定行为的请求权。所谓相对应的民事主体，不是相对权的意思，而是指人格权请求权的义务人。义务人对于特定的人格权人实施妨害行为，或者有妨害行为之虞，这个义务主体即确定，与权利人从绝对的关系变为相对应的关系，因而产生了请求权。义务人的义务也就特定化，从绝对的义务转变为相对的义务，需要对权利人承担为一定行为或者不为一定行为的义务。

人格权请求权的来源是人格权。人格权是民事主体生而固有的权利，是必备的权利，那么人格权请求权也是附随于人格权的发生而产生的权利，性质应该属于非独立性请求权。人格权请求权的功能和目的，就是通过人格权行使过程中的排除妨害和停止妨害，起到预防和保全权利人的人格利益的作用。

人格权请求权的具体方法，应当是除了损害赔偿方法之外的救济人格权被侵害的方式，如停止侵害、排除妨碍、消除危险、消除影响、恢复名誉、赔礼道歉请求权。人格权请求权的基本类型，按照人格权请求权的方式划分，可以分为停止妨害请求权和排除妨害请求权，恢复名誉、消除影响、赔礼道歉是恢复原状的措施，将其归入人格权请求权是立法技术考量的结果。排除妨害请求权是人格权请求权的基本权利，是指民事主体的人格权有受到不法妨害之虞时，得向加害人或者人民法院请求加害人为或者不为一定行为以防止妨害的权利。排除妨害请求权的行使要件是：第一，民事主体的人格权有受到妨害之虞；第二，加害人的妨害行为具有违法性；第三，加害人的违法行为和妨害事实之间具有因果关系。停止妨害请求权也是人格权请求权的基本权利，是指民事主体的人格权受到不法妨害时，得向加害人或者人民法院请求加害人为或者不为一定行为以回复人格权的圆满状态的权利。停止妨害请求权的行使要件是：第一，民事主体的人格权受到不法妨害，该不法妨害可以是持续行为，也可以是重复发生的行为。第二，加害人的妨害行为具有违法性。第三，加害人的违法行为和妨害事实之间具有因果关系。二者的抗辩事由相似：第一，妨害情节轻微。权利人应该忍受适当的不舒适的感觉，轻微的损害不能够获得司法的救济。[①] 第二，受害人自己有不当行为。第三，受害人允诺。第四，与公共利益相冲突。当民事主体的人格权请求权的行使有碍于公共利益时，法律不允许人格权请求权的行使。第五，其他依据法律规定可以提供正当事由的。如果存在第四种和第五种抗辩事由的话，就发生了人格权请求权之诉向侵权请求权之诉的转化。人格权请求权损害赔偿是侵权责任法救济损害的一般方法，不属于人格权请求权的内容。

精神损害赔偿不应该作为人格权请求权的内容规定。理由如下：首先，人格权请求权本质上是预防保全措施，而不是赔偿措施，其针对的是妨害行为，而不是损害结果。而精神损害赔偿本身是对应精神损害这种结果的一种赔偿措施，其针对的是损害后果，而不是妨害行为本身。因此，精神损害赔偿不符合人格权请求权的预防保全功能的本质，不应该作为人格权请求权的内容。其次，精神损害赔偿制度在性质上更符合侵权法的本质。侵权法本质上是赔偿法律制度，赔偿制度是侵权法构成的核心要素。[②] 而精神损害赔偿制度恰恰符合侵权法这一本质属性。[③] 因此，精神损害赔偿应该作为侵权法的重要内容规定，而不应该作为人格权请求权的内容规定。没有精神损害赔偿制度，侵权法就不能构成一个完整的赔偿体系。

正是由于人格权请求权是人格权本身包含的原有救济权利，因此人格权请求权不受诉讼时效的限制，因而规定“停止侵害、排除妨碍、消除危险、消除影响、恢复名誉、赔礼道歉请求权，不适用诉讼时效的规定”。而侵权请求权救济人格权的损害，则受诉讼时效的拘束。

---

① [德] 克雷斯蒂安·冯·巴尔：《欧洲比较侵权行为法》下卷，焦美华译，张新宝校，法律出版社2001年版，第84页。曾世雄：《损害赔偿法原理》，中国政法大学出版社2001年版，第6~8页。

② 参见 [德] 克雷斯蒂安·冯·巴尔：《欧洲比较侵权行为法》上卷，张新宝译，法律出版社2001年版，第1页。

③ 除了传统的民法典，这方面新的证据是2002年新修订的魁北克民法典，其明确规定了民事损害包括财产损害、人身损害和精神损害。例如，其具有侵权行为法一般条款性质的第1457条规定：“Ⅰ每个人都有义务遵守依据具体情况、习惯、法律设定的约束自己行为的规则，并不得对他人实施加害行为。Ⅱ具有识别能力而没有尽到其义务，造成他人损害的，不论该损害在性质上是人身的、精神的，还是财产的，均应承担损害赔偿责任。Ⅲ在一定条件下，一个人也有责任赔偿由于他人的行为或者过错或者其监护下的物件造成的损害。”

【案例评注】

卢某某诉曹某相邻关系纠纷案[①]

基本案情

卢某某、曹某系左右邻居关系，卢某某系上海市杨浦区延吉中路×××弄×××号×××室业主，曹某系上海市杨浦区延吉中路×××弄×××号×××室业主。双方因琐事曾发生口角及冲突。2017 年 8 月 12 日，曹某在六楼的楼道内安装摄像设备，并在其阳台外面的雨棚边上挂上一块深色的布。此后，经交涉未果，2017 年 10 月 27 日，上海延吉物业有限公司出具调解不成证明。卢某某认为，曹某在六楼的楼道内安装摄像头，监控卢某某的生活，对卢某某的人身安全和个人信息构成重大威胁，向法院诉请：(1) 请求法院依法判令被告曹某拆除安装在上海市杨浦区延吉中路×××弄×××号六楼楼道上的摄像探头；(2) 依法判令被告删除摄像头内自 2017 年 8 月 12 日至今的有关原告家行踪的摄像内容，并赔礼道歉；(3) 依法判令被告拆除挂在其南面房间阳台外面的雨棚边上的一块深色的布；(4) 判令被告支付原告精神损失 1000 元。

法院判决

不动产的相邻各方，应当按照方便生活、团结互助的精神，正确处理安全等方面的相邻关系，给相邻方造成妨碍的，应当停止侵害，排除妨碍、恢复原状。本案卢某某和曹某系左右邻居关系。现曹某在其六楼的公共楼道内安装了摄像设备，将公共走廊置于摄像监控范围内，与卢某某日常生活有密切联系，曹某的行为已侵害到卢某某的隐私权，对卢某某的生活造成了一定的妨碍，故卢某某以隐私权受到侵害为由，要求曹某拆除系争摄像设备，符合事实及法律规定，应予支持。卢某某未举证证明因曹某的侵害行为造成其严重精神损害，故其主张精神损失费，不予支持。曹某就摄像设备的抗辩意见，缺乏依据，不予采纳。另曹某在其自己的阳台外面的雨棚边上挂上布，系曹某家的私事，并未影响到卢某某的通风采光及视野，其诉请不予支持。综上，根据《中华人民共和国物权法》第三十五条、第八十四条之规定，判决：一、曹某应于本判决生效之日起 10 日内拆除位于上海市杨浦区延吉中路×××弄×××号六楼楼道内的摄像设备，排除妨碍；

---

① 审理法院：上海市杨浦区人民法院，案号：(2018) 沪 0110 民初 25 号。

二、曹某应于本判决生效之日起10日内删除位于上海市杨浦区延吉中路×××弄×××号六楼楼道内的摄像设备内有关卢某某及其家人行踪的摄像内容；三、卢某某的其他诉请不予支持。

专家点评

我国民法典人格权编第995条规定的人格权请求权条款使得人格权请求权理论被立法所接纳，再次确认了人格权的绝对权属性。在我国民法理论中，人格权与物权、知识产权等具有权利性质上的相似性，即都属于绝对权，具有对世性，在权利被侵害后直接触发原权请求权，在原权请求权行使不能时，再触发第二位的侵权请求权。人格权请求权的具体责任形式是停止侵害、排除妨碍、消除危险、消除影响、恢复名誉、赔礼道歉，人格权请求权的行使不受诉讼时效影响。除此之外，根据绝对权回复请求权的属性，经过该权利行使认定民事责任的过程中，并不需要过错作为要件，即无论行为人对于人格权益侵害的行为是否具有过错，只要行为人的行为造成了损害后果或有造成损害后果之虞，且行为和后果之间存在法律上的因果关系，权利人就有权利请求行为人承担由人格权请求权触发的停止侵害、排除妨碍、消除危险、消除影响、恢复名誉、赔礼道歉的民事责任。本案发生在2017年，我国民法典尚未颁布生效，法院虽然已经认定“曹某行为已侵害到卢某某的隐私权”，但是仍然需要将其解释为“对卢某某的生活造成了一定的妨碍”，将原《物权法》有关物权请求权和相邻关系的条款作为请求权基础进行救济。在民法典生效后，这一情况将有所改变。本案中，曹某和卢某某是邻居关系，曹某未经卢某某允许，在卢某某门口的公共楼道安装摄像设备的行为，属于侵害卢某某隐私权的行为，无论曹某是否存在主观过错，卢某某均可以隐私权受到侵害为由，直接根据人格权请求权，请求曹某停止侵害、排除妨碍，无需间接通过物权请求权维护自身权益。

第九百九十六条 因当事人一方的违约行为，损害对方人格权并造成严重精神损害，受损害方选择请求其承担违约责任的，不影响受损害方请求精神损害赔偿。

【条文释义】

本条是对违约行为造成精神损害可以直接适用精神损害赔偿责任救济的规定。

违约行为能够造成债权人的人格利益损害进而造成严重精神损害。例如，旅行社组织的旅行团混进严重传染病病人，其他团员面临感染疾病的威胁，就会造成严重精神损害。

长期以来，我国采取违约行为不得请求适用精神损害赔偿责任的做法，当事人如果坚持主张，则应通过民事责任竞合的方法，选择侵权诉讼方可获得支持。具体而言，关于是否可以在违约之诉中提起精神损害赔偿的问题，在《民法典》颁布施行前，我国的立法体系呈现无明确肯定、在部分领域明确否定的状态，传统学说中以违约中不应包括精神损害赔偿为通说。具体而言，原《侵权责任法》第 22 条、《最高人民法院关于审理人身损害赔偿案件适用法律若干问题的解释》、《最高人民法院关于确定民事侵权精神损害赔偿责任若干问题的解释》以及原《合同法》第 107 条关于违约责任的条款和第 113 条关于违约责任中损失范围条款均未明确当事人是否可以在违约之诉中提出精神损害赔偿，客观上也为可以在违约之诉中提起精神损害赔偿留有一定余地。但最高人民法院于 2010 年 9 月 13 日出台的《关于审理旅游纠纷案件适用法律若干问题的规定》第 21 条规定："旅游者提起违约之诉，主张精神损害赔偿的，人民法院应告知其变更为侵权之诉；旅游者仍坚持提起违约之诉的，对于其精神损害赔偿的主张，人民法院不予支持。"这意味着最高人民法院在旅游合同领域明确否定了违约中的精神损害赔偿。这样的做法虽然有其道理，但是对当事人却形成讼累。本条规定违约造成严重精神损害的，受害人可以直接起诉精神损害赔偿责任，就可以解决这个问题。《最高人民法院关于审理旅游纠纷案件适用法律若干问题的规定》第 21 条的规定与本条相冲突，在本条生效之后，该规定应被废止。

在理论上，反对可在违约之诉中申请精神损害的理由主要有：（1）提供精神损害赔偿是违约责任和侵权责任的根本区别；（2）精神损害不符合合同法上的等价交换原则；（3）精神损害是当事人在订立合同时难以预见的；（4）对精神损害当事人可以通过侵权寻求救济，而没有必要主张违约精神损害赔偿；（5）精神损害赔偿难以确定数额，对此不宜赋予法官过大的自由裁量权。[①] 但我们认为，"提供精神损害赔偿，是违约责任和侵权责任的根本区别"，这是对此问题的论证结果，而非论证理由，以此为理由将有循环论证之嫌。"精神损害赔偿难以确定数额，对此不宜赋予法官过大的自由裁量权"，该理由是对精神损害赔偿本身的质疑，与在何种条件和情形下进行精神损害赔偿并无关联。换言之，在侵权责任中，精神损害赔偿依然存在出现以上问题的可能。"精神损害不符合合同法上的

---

① 参见王利明：《合同法研究》（第 2 卷），中国人民大学出版社 2003 年版，第 670 ~ 673 页。王利明：《违约责任和侵权责任的区分标准》，载《法学》2002 年第 5 期。王利明：《侵权责任法与合同法的界分——以侵权责任法的扩张为视野》，载《中国法学》2011 年第 3 期。

等价交换原则”，其原因在于其认为如果在违约中进行精神损害赔偿则会使受害方获得合同之外的利益，尤其是针对受害方的固有利益。该理由与“精神损害是当事人在订立合同时难以预见的”都是关于违约责任的救济范围，尤其是对固有利益保护分工问题的讨论。“对精神损害当事人可以通过侵权寻求救济，而没有必要主张违约精神损害赔偿”的观点，是对精神损害救济方式的讨论，将涉及损害救济的便利程度与多元性的问题。以上正是发现在违约中设置精神损害赔偿制度意义之重要路径。

本条规定在补全违约责任救济范围、拓展人格权保护救济方式和促进人格权积极权能实现方面具有制度正当性。具体而言，第一，本条在补全违约责任救济范围上的作用主要体现在特定情况下承认合同可对固有利益进行保护和在只成立违约、不成立（或难以成立）侵权的情形下对受害人精神损害进行赔偿两个方面。本条规定有利于扭转合同中不可能出现保护固有利益之情形的误区，使民众认识到当固有利益通过合同转化为履行利益甚至是期待利益之时，应纳入合同保护之范围。同时，扭转本身也支持了违约责任中包括精神损害赔偿的合理性。也正是因为固有利益通过合同转化为了合同义务，其当然进入了合同的可预见范围，所谓与意思自治的冲突也得到了消解。在本条生效前，当行为人行为既构成违约又构成侵权，可根据民法典总则编第 186 条在违约和侵权中择一进行请求。在通说违约责任不包括精神损害的赔偿情形下，如果当事人选择违约责任即意味着需要放弃对于精神损害的赔偿，而选择侵权责任则需要面临证明过错存在的举证责任。所以，如果说在行为人可以被显而易见地证明既构成违约又构成侵权的情况下，认为违约责任中包含精神损害赔偿意义有限，那么在当事人行为构成违约但证明侵权存在一定困难或根本不成立侵权责任的情形下，若仍使违约责任中不能包含精神损害赔偿，则受害人所遭受的精神损失将无法得到赔偿。第二，根据传统理论，人格权作为绝对权，通过侵权法对其进行保护救济是顺理成章，此之理所当然就有可能造成人格权只能通过侵权法进行保护和救济的假象，这种假象就有可能造成当事人在人格权保护中耗费不必要的成本。本条规定了请求承担违约责任不影响精神损害赔偿，在一个侧面也揭示出人格权在合同法中的保护救济途径，拓展了人格权保护救济方式。第三，规定了人格权在合同法中的救济方式，通过合同的方式实现人格权，正是人格权积极权能的重要实现路径。人格权的积极权能是相对于人格权消极权能而言的，是指由权利主体根据个人意思主动行使权利从而使权利得以实现的权能，主要表现为对于人格利益的享有与支配。人格权的积极权能在现实生活中已经客观存在。而这种积极权能的行使，在实践中多数需要通过订立合同的方式进行。民事主体通过自由意志将自己对于人格利益的支配转化到合同之中，通过合同的方式和他人形成彼此具有可预见性的共同行动方案。在此意义上，本条规定了违约中的精神损害赔偿，完善了合同本身对于人格利益的保护范围与救济方式，有利于塑造民事主体的正面心理预期，塑造其对通过合同行使人格权、发挥人格权积极权能以及最终更充分地实现人格权的信赖，进一步促进人格权积极权能的发展与人格权的全面实现。

对民法典人格权编第996条进行法律解释时，应以合同义务转化范围为限落实可预见性规则，以合同义务类型为线索进行类型化分析，此亦违约中的精神损害赔偿与侵权中的精神损害赔偿解释路径上的差异。适用本条的要件是：（1）双方当事人存在合同等债的关系；（2）一方当事人违反合同构成违约行为；（3）在侵害了债权人债权的同时，还侵害了债权人的人格权造成严重精神损害。具备上述要件，受损害一方请求其承担违约责任，并不影响其一并请求精神损害赔偿。

本条与民法典侵权责任编第1183条的关系是：第1183条是普通规定，本条是特别规定，在违约责任领域，本条具有优先适用的效力。

【案例评注】

郑某某、陈某某诉人民医院医疗服务合同纠纷案[①]

基本案情

郑某某、陈某某系夫妻关系，因生育障碍到人民医院就医。2002年9月9日，郑某某、陈某某与人民医院签订了“试管婴儿辅助生育治疗协议和须知”（以下简称“协议和须知”）。人工辅助生育存在多种治疗技术，IVF和ICSI都是人工辅助生育的技术手段，“协议和须知”中没有明确约定人民医院将采取哪一种技术为郑某某、陈某某进行治疗。但郑某某缴纳的检查费为5400元，与人民医院举证的ICSI技术的收费标准中前三项相加的数额相符，而郑某某交费时ICSI技术的收费项目中最后一项相应的医疗措施尚未进行。人民医院的诉讼代理人在庭审中亦认可人民医院按照ICSI技术的收费标准收取了医疗费。人民医院举证的2002年9月9日“IVF促排卵治疗记录单”中也记载了“拟行治疗”为“ICSI”。因此，虽然郑某某、陈某某与人民医院双方没有书面约定采取何种技术进行治疗，但是综合分析以上证据可以认定，郑某某、陈某某已知悉存在两种不同的治疗技术手段，其交费的行为应当认为是对治疗技术方案做出的选择，人民医院收

① 《最高人民法院公报》2004年第8期案例。

费的行为应当认为是对郑某某、陈某某选择的确认。由此亦可以推定，原告、人民医院之间已经就采取ICSI技术进行人工辅助生育治疗达成合意，人民医院有义务按照ICSI技术为郑某某、陈某某进行治疗。

2002年9月25日，郑某某向人民医院缴纳了检查费5400元，同日人民医院对郑某某进行了采卵手术并采集了陈某某的精子。医务人员在观察了陈某某的精子后，认为适宜按照IVF技术进行治疗，遂按照IVF技术操作，但是最终治疗未获成功。另查明，郑某某、陈某某向人民医院支付检查费、医药费等共计6072元（包括上述5400元），为促进排卵，郑某某、陈某某在院外购买药品支出5362.05元，两项合计11434.05元。

郑某某、陈某某认为，人民医院擅自改变治疗技术方案，实际采取了IVF技术并导致治疗失败。故请求判令人民医院双倍赔偿医药费2.5万元、误工费1392.50元、精神抚慰金1万元并公开赔礼道歉。

法院判决

本案郑某某、陈某某提起违约之诉，应该先确定双方之间是否存在合同关系及合同是否生效。医疗服务合同在患者向医院提出进行诊查、治疗的请求，并经医方作出承诺时成立。本案人民医院已经收取了郑某某、陈某某缴纳的医疗费，郑某某、陈某某与人民医院签订了“协议和须知”，人民医院也对郑某某、陈某某进行了治疗，应当认定双方之间的医疗服务合同已经成立并生效。

医疗服务合同以为患者治疗疾病为目的，医院一方应当以足够的勤勉和高度的注意谨慎行事，又由于医疗行为具有高度的专业性，因此医院在履约中具有较高的裁量权。但医院与患者在医疗服务合同关系中是彼此平等的民事主体，且医疗行为的实施结果会对患者的身体造成直接影响，若完全不考虑患者的选择权明显有失公平。在医疗服务合同中，医院负有对医疗方案的说明义务，而患者享有对医疗方案一定的选择权。在实施医疗方案之前，除非在紧急情况下，医院有义务就该医疗方案向患者或其代理人进行充分的说明。患者有权充分了解医疗方案可能给自己带来的后果，有权对医疗方案进行选择。对患者选择权的尊重应体现于存在两个以上治疗方案的场合，医院应该就几种不同治疗方案的利弊对患者进行充分说明，并以患者的决定为准选择治疗方案。本案中人工辅助生育存在ICSI、IVF等多种治疗技术。原告、人民医院已经约定采取ICSI技术，如果医务人员在治疗过程中认为郑某某、陈某某的状况更适合采取IVF技术，在条件允许的情况下，应当向郑某某、陈某某予以说明，并就治疗技术方案的改动征求郑某某、陈某某的意见。但人民医院的举证只能证明郑某某、陈某某知悉治疗技术的改动，不能证明人民医院已经就该改动取得了郑某某、陈某某的同意，故应当认定其行为构成违约，应当承担相应的责任。

关于郑某某、陈某某要求人民医院给予精神损害赔偿的诉讼请求，因本案为合同违约之诉，依据《中华人民共和国合同法》第一百零七条、第一百一十三条第一款的规定，合同当事人未适当履行合同义务的，应当承担赔偿损失等违约责任。损失赔偿的数额应当相当于因违约所造成的损失，包括合同履行后可以获得的利益，但不得超过违反合同一方订立合同时预见到或者应当预见到的因违反合同可能造成的损失，亦不包括精神损害赔偿，故本案对要求人民医院承担精神损害赔偿不予支持，亦不支持要求人民医院公开赔礼道歉的请求。

据此，依照《中华人民共和国合同法》第十条第一款、第四十四条第一款、第六十条、第一百零七条、第一百一十三条第一款、《中华人民共和国民事诉讼法》第六十四条第一款的规定，一审法院于 2003 年 7 月 18 日判决：一、人民医院自本判决生效之日起 5 日内一次性向郑某某、陈某某赔偿医疗费 11434.05 元；二、驳回郑某某、陈某某的其他诉讼请求。二审维持原判。

专家点评

本案中，法院认为“本案为合同违约之诉”，所以“损失赔偿的数额应当相当于因违约所造成的损失，包括合同履行后可以获得的利益，但不得超过违反合同一方订立合同时预见到或者应当预见到的因违反合同可能造成的损失，亦不包括精神损害赔偿”，没有支持郑某某和陈某某的精神损害赔偿请求。根据现行违约、侵权择一起诉的原则，本案中郑某某和陈某某的确遭受了应受赔偿的精神损害，但因起诉事由选择了违约，在结果上就无法得到精神损害赔偿救济，然而精神损害又是现实存在的，这样的裁判结果显然是不合理的，而民法典人格权编第 996 条的规定恰恰解决了这个问题。本案判决于民法典人格权编第 996 条生效之前，根据之前的理论认识和相关法律规定，对于是否可以在违约之诉中支持当事人精神损害诉求的裁判尺度并不统一，在医疗服务合同纠纷和旅游合同纠纷中，裁判多偏向不支持，而在客运合同纠纷中，有部分案例对违约精神损害持支持态度。在如同本案不支持违约精神损害的案件中，当事人的精神损害最终处于无法受偿的状态，对于权利人人格利益保障不全面，案件裁判的社会效果也不尽如人意。在民法典人格权编第 996 条生效后，对于本案的处理将有质的转变。一般而言，本条的适用应符合双方当事人存在合同等债的关系、一方当事人违反合同构成违约行为和在侵害了债权人债权的同时，还侵害了债权人的人格权、造成严重精神损害三个要件。在本案中，原告与医院之间存在合同，医院一方擅自更改方案的行为构成违约，原告因为违约行为以及最终导致的手术失败受到了严重的精神损害，故可以使用本条，即在违约之诉中原告对于精神损害赔偿的请求，应予一定程度的支持。

第九百九十七条 民事主体有证据证明行为人正在实施或者即将实施侵害其人格权的违法行为，不及时制止将使其合法权益受到难以弥补的损害的，有权依法向人民法院申请采取责令行为人停止有关行为的措施。

【条文释义】

本条是对侵害人格权禁令的规定。

禁令就是禁止实施某种行为的命令。侵害人格权的禁令，是人民法院发出的禁止行为人实施有可能侵害他人人格权的行为的命令。这种命令有强制性，受禁令禁止的行为人，必须遵从禁令的要求，不实施被禁令禁止的行为。违反者，应当承担民事责任。

对行为人发出人格权禁令的要件是：（1）民事主体有证据证明行为人正在实施，或者即将实施某种违法行为；（2）该种行为能够侵害受害人的人格权；（3）不及时制止将会使受害人的合法权益受到难以弥补的损害；（4）受害人须向人民法院请求发布禁令。符合上述要件的要求的，人民法院应当对行为人发布禁令，行为人受到该禁令的拘束。

请求权从诞生的那天开始，就是一个连接实体法和程序法的桥梁，人格权请求权也不例外。在具体的诉讼过程中，各国一般都是通过保护令状、预防措施或者禁止令状，而不是通过普通审判程序来实现人格权请求权的运作。在英美法上，对于人格权已经受到妨害或者有妨害之虞的情况，一般采取禁令的保护方法。禁令是一种和损害赔偿（damage）、自力救济（self－help）相对应的救济方法。英美法上的禁令（或者禁制令、禁止令、禁止命令）都是 injunction，学者认为，禁止命令是禁止实行或持续违法作为的法院命令。禁令的分类包括中间禁令和终局禁令、禁止的禁令和强制的禁令等。① 本条规定的禁令具有特殊性。第一，

① 参见望月礼二郎：《英美法》，五南图书出版公司 1997 年版，第 255 页、第 262 页以下。实际上禁令制度发挥了大陆法系请求权制度的功能。此外，世界贸易组织的《与贸易有关的知识产权协议》第 44 条也是有关禁令的规定。

本条禁令只适用于人格权案件中，对于侵害物权、知识产权等其他权利的案件，即使符合本条规定的其他要件，如有侵权行为或侵权之虞、侵害行为具有现实紧迫性等，受害人也不能通过本条申请禁令进行权利保护。第二，本条所规定的禁令应被理解为诉前禁令。主要理由是，其一，本条规定的禁令针对的是行为人正在实施或者即将实施的不及时制止将使受害人合法权益受到难以弥补的损害的侵害人格权的行为，这个过程一般发生在诉讼产生前，这是由事件发生的时间客观先后顺序决定的。其二，如果将本条所规定的禁令理解为兼具诉前禁令和诉后禁止令的性质，会与停止侵害、排除妨碍、消除危险的责任形式发生重复。诉后的禁止令本质上是一种民事责任的承担方式，在我国的侵权法理论中，禁止令所起到的责令特定人禁止从事某行为的功能已经被停止侵害、排除妨碍、消除危险的责任形式所涵盖，另行规定并无必要，且容易引起理论上的混乱。这也是本条规定人格权诉前禁令的独特价值所在。其三，本条规定的人格权禁令既可以基于人格权请求权提出，也可以基于侵权请求权提出。基于侵权请求权在符合本条规定的情形下提出人格权禁令自无需赘言；可基于人格权请求权提出人格权禁令意味着对于禁令的申请不需要以行为人的过错为前提，民事主体申请禁令的过程中也无需提供证明行为人存在过错的证据。在此意义上，民法典人格权编第 997 条规定的禁令制度也是对民法典人格权编第 995 条人格权请求权理论的有效对接。此外，人格利益的商业化利用领域是禁令的主要适用领域之一，对于那些损害数额不大的情况，禁令是一种有效的救济方法，应当更多地采用，以制止侵权行为，保护当事人的民事权益。

本条没有规定的有两个问题：(1) 申请发布禁令的请求人对禁令应当提供担保，一旦请求禁令错误，使受禁令禁止的行为人受到损害的，应当承担侵权责任；未提供担保的，人民法院可以拒绝发布禁令。(2) 被禁令禁止的行为人违反禁令，继续实施被禁止的行为的，应当承担造成损害的赔偿责任，违反禁令的行为也应当同时受到民事诉讼强制措施的制裁。

本条生效后必然涉及与民事诉讼程序中先予执行的关系以及与《民事诉讼法》进行妥当对接的问题。根据《民事诉讼法》第 100 条第 1 款的规定，人民法院对于可能因当事人一方的行为或者其他原因，使判决难以执行或者造成当事人其他损害的案件，根据对方当事人的申请，可以裁定对其财产进行保全、责令其作出一定行为或者禁止其作出一定行为；当事人没有提出申请的，人民法院在必要时也可以裁定采取保全措施。其中，法院对于当事人一方的行为或者其他原因，使判决难以执行或者造成当事人其他损害的案件，责令其作出一定行为或者禁止其作出一定行为的措施是先予执行。根据《民事诉讼法》第 106 条的规定，先予执行只适用于3类案件，即追索赡养费、扶养费、抚育费、抚恤金、医疗费用的案件，追索劳动报酬的案件和因情况紧急需要先予执行的案件。所谓情况紧急，根据《最高人民法院关于适用〈中华人民共和国民事诉讼法〉的解释》第170条的规定，包括需要立即停止侵害、排除妨碍的；需要立即制止某项行为的；追索恢复生产、经营急需的保险理赔费的；需要立即返还社会保险金、社会救助资金的；不立即返还款项，将严重影响权利人生活和生产经营的5种情形。根据《民事诉讼法》第107条的规定，采取先予执行的条件为：第一，当事人之间权利义务关系明确，不先予执行将严重影响申请人的生活或者生产经营的；第二，被申请人有履行能力。

由此可见，先予执行措施与本条规定的人格权诉前禁令联系密切又有所区别。二者的联系在于，本条规定的禁令针对的是行为人正在实施或者即将实施的不及时制止将使受害人合法权益受到难以弥补的损害的侵害人格权的行为，而这些行为也在需要立即停止侵害、排除妨碍和需要立即制止某项行为的先予执行案件的范围内。但二者还是有以下区别：第一，人格权诉前禁令仅适用于人格权受到侵害的案件；先予执行不限于人格案件。第二，人格权诉前禁令是实体法规则，是权利人申请禁令的实体法基础；先予执行是程序法规范，是一种法定的民事诉讼程序措施。第三，人格权诉前禁令是基于人格权请求权或侵权请求权的权利保护手段；先予执行是可能或大概率可能产生的民事责任的提前执行。综上，人格权诉前禁令规则和民事诉讼法的先予执行规则的对接方式应该是，当权利人有证据证明，行为人正在实施或者即将实施不及时制止将使其合法权益受到难以弥补的损害的侵害其人格权的行为时，可以基于本条，向法院申请先予执行，法院审核符合诉前禁令发布条件的，发布禁令。

【案例评注】

杨季康（笔名杨绛）与某国际拍卖有限公司、李某某诉前禁令案[①]

基本案情

钱钟书（已故）与杨季康系夫妻，二人育有一女钱瑗（已故）。钱钟书、杨

① 最高人民法院公布七起保障民生典型案例之二、《最高人民法院公报》2014年第10期案例。

季康、钱瑗与李某某系朋友关系，三人曾先后致李某某私人书信百余封，该信件本由李某某收存，但是2013年5月间，某公司发布公告表示其将于2013年6月21日举行“钱钟书书信手稿”公开拍卖活动，公开拍卖上述私人信件。为进行该拍卖活动，某公司还将于2013年6月8日举行相关研讨会，2013年6月18日至20日举行预展活动。杨季康认为，钱钟书、杨季康、钱瑗分别对各自创作的书信作品享有著作权。钱瑗、钱钟书先后于1997年3月4日、1998年12月19日病故。钱钟书去世后，其著作权中的财产权由杨季康继承，其著作权中的署名权、修改权和保护作品完整权由杨季康保护，发表权由杨季康行使。钱瑗去世后，其著作权中的财产权由杨季康与其配偶杨伟成共同继承，其著作权中的署名权、修改权和保护作品完整权由杨季康与杨伟成保护，发表权由杨季康与杨伟成共同行使；鉴于杨伟成明确表示在本案中不主张权利，故杨季康依法有权主张相关权利。杨季康主张，某公司及李某某即将实施的私人信件公开拍卖活动，以及其正在实施的公开展览、宣传等活动，将侵害杨季康所享有和继承的著作权，如不及时制止上述行为，将会使杨季康的合法权益受到难以弥补的损害，故向法院提出申请，请求法院责令某公司及李某某立即停止公开拍卖、公开展览、公开宣传杨季康享有著作权的私人信件。

法院判决

北京市第二中级人民法院依据《中华人民共和国民事诉讼法》关于行为保全的规定作出了禁令裁决：某公司在拍卖、预展及宣传等活动中不得以公开发表、展览、复制、发行、信息网络传播等方式实施侵害钱钟书、杨季康、钱瑗写给李某某的涉案书信手稿著作权的行为。裁定送达后，被申请人某公司随即发表声明：“决定停止2013年6月21日‘钱钟书书信手稿’的公开拍卖。”

专家点评

禁令制度是民法典人格权编的新增制度之一，无论是否承认人格权概念，亦无论在成文法国家还是在判例法国家，禁令制度在人格利益保护中的运用几乎是广泛的。这与人格权的无形性、一定意义上的损害不可逆性有一定关联，也符合人格利益保护的客观需求。本案裁判于2013年，我国民法典尚未生效，是人民法院作出的首例涉及著作人格权的临时禁令，也是2012年《民事诉讼法》修订实施后针对侵害著作权行为作出的首例临时禁令，是诉讼行为保全的一种。本案涉及我国已故著名作家、文学研究家钱钟书先生及我国著名作家、翻译家、外国文学研究家杨绛女士，案件处理受到了社会的广泛关注。在本案中，若某公司对钱钟书书信手稿进行拍卖，手稿中所涉及的前后综述及其家人的相关隐私将不可避免地被公布于众，该行为对于其隐私权可能造成无可挽回的损害，符合人格权禁令申请的条件。在民法典生效后，类似案件的行为人可以根据民法典人格权编第997条申请人格权诉前禁令。

第九百九十八条 认定行为人承担侵害除生命权、身体权和健康权外的人格权的民事责任，应当考虑行为人和受害人的职业、影响范围、过错程度，以及行为的目的、方式、后果等因素。

【条文释义】

本条是对侵害生命权、身体权、健康权以外的人格权承担民事责任的规定。

在人格权中，通常分为物质型人格权和精神型人格权，前者如生命权、身体权和健康权，后者如姓名权、名称权、肖像权、声音权、名誉权、荣誉权、隐私权和个人信息权等。侵害人格权后产生人格权请求权，由于侵害的人格权的类型不同，因此有人身损害赔偿的人格权请求权和精神损害赔偿的人格权请求权之分。行为人承担侵害除生命权、身体权和健康权外的人格权的民事责任，就是指权利人享有的侵害精神型人格权的精神损害赔偿责任。

确定侵害精神型人格权的精神损害赔偿责任，应当考虑的因素是：（1）行为人和受害人的职业、影响范围、过错程度；（2）行为人的行为目的、方式、后果等。例如，恶意诽谤他人的侵害名誉权的行为，与记者进行新闻报道因过失造成失实而侵害名誉权，虽然都是侵害名誉权，但是在职业、影响范围、过错程度以及行为人的行为目的、方式和后果等方面都有不同，应当斟酌这些不同情节，确定适当的损害赔偿责任，而不能一概而论。

具体而言，以行为人和受害人的职业作为侵权责任认定的要素之一，其典型就是对于公众人物特殊性的考量。公众人物是美国最高法院通过沙利文诉《纽约时报》案确立的概念，后来成为诽谤法的一个重要规则。一般而言，公众人物应当包括：一是国家机关领导人及其他国家公务人员；二是被社会广泛关注的艺术家、社会活动家以及影视、体育明星。应当明确的是，公众人物毕竟还是人，是民法规定的民事主体中的自然人。公众人物的人格没有缺陷，具有完全的民事主体资格，应当享有一般的民事主体所享有的全部民事权利。但是，公众人物与其他一般的自然人的不同之处在于，他们的知名度超过常人，或者承担的职责涉及公共利益或者国家利益，人们对他们的关注和观察就远远地超出对一般自然人的程度。因此，公众人物涉及两个问题：一是社会公共利益，二是公众知情权。前者表明，如果公众人物的行为关系到了国家利益或者公共利益，那么这种行为无论多么隐私，也是一定要让公众知道的，一定要让人民能够监督，否则就会损害社会公共利益。后者则是为了满足公众知情权，因而牺牲公众人物的部分权利内容。不论前者还是后者，都是为了满足或者实现更大的利益，而牺牲作为极少数的公众人物的某些权利中的利益。这是法律在利益冲突面前不得不作出的一种权衡和选择，不得已决定由公众人物做出一些牺牲，让他们对自己的一些权利内容造成的损害予以适当容忍。但并不是对公众人物进行的一切报道和评论都是免责的，应当有必要的界限，超出必要界限就构成侵权，即使是公众人物也是如此。

于影响范围、过错程度而言，一般情况下，影响范围越大、损害事实的存在越确定，损害范围就越大，损害程度也越深，根据客观主义、外观主义的认定模式，过错程度相应也越高。过错程度越高，一般意味着其未尽的注意义务越多，损害程度也会越深，在精神损害酌定赔偿金额的过程中，赔偿额也会酌定越高。

于行为的目的、方式、后果等因素而言，对于这些因素的判断，均可进一步服务于侵权要件的判断，如通过行为人的目的和行为方式判断是否具有过错，通过后果判断损害程度等，这些要素是对现有侵权构成要件的再次细化。

同时，本条规定可以看作动态系统论在精神型人格权侵权责任中的应用，与民法典侵权责任编第 1165 条规定的侵权行为一般条款的模式相协调。行为人因过错侵害他人民事权益，应当承担侵权责任，这是一种松散的、具有弹性的、给予司法裁判更大自由裁量空间的立法模式，也是动态系统论得以适用的理论前提。动态系统论是一种立法的指导思想，它具有可以避免固定规定的僵化和一般条款的宽泛与不确定的优点。根据动态系统论的指导思想，法律制度的构建应在明确具体的价值判断基础之上，确定相关的决定因素。法院在审判过程中，应在考量各个因素的权重及其相互作用的基础上进行综合判断，以期实现对立各方利益的最大化满足，并由此获得解决纠纷的最佳途径。[①] 动态系统论的理论核心在于通过多种因素的综合考量在价值判断的基础上得出最终结论，这区别于将论证步骤固定化、责任认定要件化的论证方式，更强调论证过程的综合性、有机性与最终结论的公平性。

所有设立适当行为的规则和所有关于特定行为的法律后果的规定，都要求对相互冲突的利益予以权衡。[②] 动态系统论应用的背后依旧是对于权利和价值冲突

---

① 参见海尔穆特·库齐奥：《动态系统论导论》，张玉东译，载《甘肃政法学院学报》2013 年第 4 期。
② 海尔穆特·库齐奥：《动态系统论导论》，张玉东译，载《甘肃政法学院学报》2013 年第 4 期。

的平衡，是权利冲突之后基于不同因素和角度进行利益衡量的诸多结论的有机结合，这也是我国人格权侵权责任认定司法实践中的常见方式。权利冲突是市民社会的普遍现象，有市民社会就有权利冲突，这不是当代社会才有的问题。在市民社会，法律从各个方面赋予民事主体以民事权利，使民事主体在各个方面充分地享有各种不同的民事权利。在这样的情况下，个体民事主体的民事权利行使，无疑要涉及其他个体民事主体的权利问题，甚至涉及其他主体的公权利问题，发生权利冲突乃至人格权冲突是不可避免的，因此从权利冲突的角度看待并解决问题是具有现实可操作性的。权利的冲突本质是利益的冲突也是价值的冲突，人格权冲突就是人格利益冲突和人格利益所反映的价值的冲突，利益衡量和价值位阶排列是解决权利冲突的方法。

在价值方面，一般而言民法的价值选择基准包括以下三个方面：第一，突出人的价值，确立人本主义的基本观念。民法在人格权冲突的利益和价值选择基准上，也必须体现人本主义思想，坚持以人为本，突出人的最高地位，突出人的价值，突出人格的价值，以人作为最高价值选择基准。在那些财产权和人格权发生冲突的场合，无疑要突出人格的价值，突出人的价值，把人和人格的价值作为最高的价值。第二，突出权利的地位，确立权利本位的基本观念。坚持权利本位，要特别注意以保护国家利益、社会公共利益为借口，损害人的民事权利。第三，突出利益衡量，确立两利相衡取其重的权衡立场。在冲突的权利面前，衡量两种冲突的权利究竟哪种权利的利益更有价值，选择利益更大的一种权利进行保护，舍弃利益较小的权利的保护。对人格权冲突中的利益衡量是必须重视的，绝不可以牺牲大的利益、保护小的利益。增强理性思维，防止意气用事，反对政治图解法律。

在具体的人格权冲突协调中，一般应遵循以下原则：

第一，权利绝对性原则与权利相对化原则。权利绝对性原则，就是坚持权利本位观念，对法律确认的权利都予以保护，不允许对权利进行侵害。权利的行使应当遵守权利相对化原则，即权利人在行使自己的权利时，不得以损害他人的权利为代价。

第二，权利位阶原则。权利位阶，一是指权利的重要程度，二是指权利保护的先后顺序。权利位阶分为两种，一种是法律规定的权利位阶，一种是法理上的权利位阶。当法律明确规定了权利位阶，各种权利的类型不可能得到均衡保护时，法官在没有充足理由的情况下，不能改变法定的权利位阶来解决权利冲突。[①] 当法律没有明文规定权利位阶，但在理论上认为权利的重要程度和保护顺序有所

① 王利明：《人格权法研究》，中国人民大学出版社2005年版，第211页。

区别的时候，就是理论上的权利位阶。在人格权体系中，可以确认理论上的权利位阶，这就是：(1) 人身权高于财产权；(2) 人格权高于身份权；(3) 在所有的人格权中，物质型人格权高于精神型人格权；(4) 在物质型人格权中，生命权高于健康权，健康权高于身体权；(5) 在精神型人格权中，自由型人格权高于评价型人格权，评价型人格权高于标表型人格权。按照这样的权利位阶，当权利发生冲突时，法官应当按照权利位阶确定保护顺序，妥善处置权利冲突。

第三，利益最大化原则。权利冲突的实质是利益冲突，正是利益冲突的存在才使权利冲突得以发生。因此，解决人格权冲突、重新确定和明晰人格权的权利边界，就是法律寻求冲突的权利之间的利益最大化的选择。利益最大化意味着该利益具有与公众相关的属性，体现了决策者最大的利益追求和价值追求。

第四，适当限制原则。人格权行使的适当限制原则表现在：(1) 公共利益原则，受益范围原则上为不特定多数人。(2) 法律保留原则，在对人格权进行限制的时候，必须通过一定的立法程序。(3) 比例原则，被称为公法中的帝王原则，旨在衡量限制目的与限制手段之间的轻重，表现在妥当性原则、必要性原则和均衡原则三个方面。[①] (4) 权利人对于确有理由的轻微侵害有容忍的义务。对于他权利人正当行使权利的行为不可避免造成的轻微损害，应当予以容忍。超越国民生活上的容忍界限，造成人格权侵害，为侵权行为，而容忍界限以内的小侵害，不足为请求损害赔偿或抚慰金的理由。[②]

【案例评注】

黄某、洪某某诉梅某某名誉权侵权纠纷案[③]

基本案情

2013 年第 11 期《炎黄春秋》杂志刊发洪某某撰写、黄某任责任编辑的《“狼牙山五壮士”的细节分歧》(以下简称《细节》) 一文。载明：当我们深入“狼牙山五壮士”有关叙述的细节时，就发现上述人员在不同时间、不同场合下的陈述存在诸多矛盾之处。而对于同一时间，相互矛盾的描述可能都不符合事实，也可能有一个符合事实，但不可能同时都符合事实。因此，对于“狼牙山五

① 参见马特、袁雪石：《人格权法教程》，中国人民大学出版社 2007 年版，第 66 页。
② 龙显铭：《私法上人格权之保护》，中华书局 1949 年版，第 15 ~ 16 页。
③ 最高人民法院公布四起保护英雄人物人格权益典型案例之一。

壮士”的真相，还有待历史学家的深入研究和探讨。该文共分“在何处跳崖”“跳崖是怎么跳的”“敌我双方战斗伤亡”及“‘五壮士’是否拔了群众的萝卜”等四部分，对狼牙山五壮士英雄事迹的细节问题提出质疑。其中，“‘五壮士’是否拔了群众的萝卜”部分载明：葛振林说：“刚才忙着打仗倒不觉得，这会歇下来，才觉得又饿又渴……正巧山地里有些散种的萝卜，我们顾不得了，每人拔个吃着。”上述文章发表后，2013 年 11 月 23 日，梅某某在经认证的新浪微博上发表博文：“《炎黄春秋》的这些编辑和作者是些什么心肠啊？打仗的时候都不能拔个萝卜吃？说这样的作者和编辑 ×× 是不是太客气了？”该博文被转发 360 次，被评论 32 次。2014 年 3 月，黄某、洪某某以梅某某前述言论侵犯其名誉权为由诉至北京市丰台区人民法院，请求判令梅某某停止侵权、删除相关侵权言论、公开道歉，并赔偿精神损害赔偿金 5000 元等。

法院判决

北京市丰台区人民法院一审认为，评价梅某某对《细节》一文的言论是否构成侵权，应当通过评价双方言论的背景及其内容、言论是否超过必要限度、因果关系以及损害后果等方面综合判断。首先，《细节》一文是对抗日战争时期出现的英雄人物“狼牙山五壮士”及其英雄事迹具体细节的分析。该文的作者和编辑应当认识到，抗日战争是中国各族人民推翻帝国主义统治并取得新民主主义革命伟大胜利的重要组成部分，这已经成为全民族的共识。以“狼牙山五壮士”为代表的英雄人物和英雄事迹，已经成为中华民族不畏强敌、不惧牺牲精神的典型代表，他们的精神气质，已经成为中华民族精神世界和民族感情的重要内容。对这些英雄人物和英雄事迹的不当评论和评价，都将会伤害社会公众的民族感情，将会引发社会公众的批评。《细节》一文从形式上虽然是在讨论细节问题，但全文意在质疑甚至颠覆“狼牙山五壮士”的英雄形象，甚至是对该英雄事迹所代表的中国共产党的抗日民族统一战线的历史地位和历史作用的再评价。在此意义上，黄某、洪某某对该文引发的激烈批评及负面评价应当有所预见，也应当承担较高程度的容忍义务。其次，梅某某微博的内容并未直接指出“这样的编辑和作者”的姓名，公众需点击所转发的微博链接才能知晓该文的编辑和作者，此种方式限制了该条微博的影响。且公众作出的评论并未针对黄某、洪某某，而是主要针对《炎黄春秋》杂志。从损害后果看，不能认定被告行为降低了原告的社会评价。最后，梅某某的微博内容是带有感情色彩的评价和评论，虽然使用不文明语言显属不当，但却是社会公众普遍民族感情的直观反映，出于维护“狼牙山五壮士”英雄形象的目的，主旨和主观动机符合社会主义核心价值观，应予肯定。综上，判决：驳回黄某、洪某某的诉讼请求。黄某、洪某某不服，提起上诉，北京市第二中级人民法院判决：驳回上诉，维持原判。

专家点评

本案是微博评价他人文章所引发的名誉权侵权的典型案例，也是人民法院通过综合考量各类因素最终确定侵权责任的典型案件。认定行为人承担侵害除生命权、身体权和健康权外的人格权的民事责任的过程一般而言是利益平衡的过程，应综合行为人和受害人的职业、影响范围、过错程度以及行为的目的、方式、后果等因素考虑，本案就在此方面在说理和论证上作出了示范。一般情况下，就行为人和受害人的职业而言，公众人物作为拥有特殊身份的人会被默认其行为相对一般人具有更大的影响力并对他人的言论评价负有更高的容忍义务；影响范围越大、过错程度越大，则侵权行为程度越大，相应的精神损害赔偿也应越多。在本案中，被告的言论系对原告所发表的关于“狼牙山五壮士”这一历史英雄人物及其历史事件的文章作出的评价和批评，而其言论是否超出必要的限度、其妥当性以及是否侵害他人人格，涉及原告所发表文章涉及的事项、原告对于所发表文章所引发他人批评或评价的预见程度和应当负有的相应的容忍义务，以及被告所发表言论的主观状态、其言论是否导致原告社会评价降低等，均为被告是否构成侵权的重要考量因素，也是名誉权侵权案件中的重点和难点问题。本案中，法院从原告所发表文章的内容以及其涉及的历史人物及其历史事件的重大历史意义分析，认为原告对于该文所引发的言论具有较高的容忍义务，较为准确地界定了原告对于自己言论的注意义务；从被告发表言论的主观动机以及其言论所批评的对象、受众从其言论中获得信息的方式以及受众由此对原告所作出的社会评价等方面，认定被告并未构成侵权的同时，指出其言论亦有不当之处，在准确、全面适用法律的同时，更是贯彻了侵权法平衡行为人的行为自由与保护他人合法权益的原则。

第九百九十九条　为公共利益实施新闻报道、舆论监督等行为的，可以合理使用民事主体的姓名、名称、肖像、个人信息等；使用不合理侵害民事主体人格权的，应当依法承担民事责任。

【条文释义】

本条是对合理使用他人人格要素及不当使用责任的规定。

因正当事由合理使用他人人格要素的行为，不构成侵害人格权。其要件是：(1)具有的正当事由是实施新闻报道、舆论监督等行为；(2)使用的是民事主体的姓名、名称、肖像、个人信息等人格要素；(3)须符合正当使用的范围，即为时事新闻报道、舆论监督的目的，不得超出该范围。符合上述要件要求的，使用人对他人人格要素的使用，为正当使用，不承担民事责任。

行为人对他人的人格要素进行不合理使用，侵害民事主体人格权的，应当依法承担民事责任。不合理使用的行为包括：(1)没有正当事由而使用；(2)使用的人格要素超出了法律规定的范围，如揭露个人隐私；(3)超出了正当使用的范围，在正当使用范围之外进行使用。这些对他人人格要素的使用，都是非法使用，构成侵害人格权的民事责任。

本条规定部分参考了立法实践中我国《著作权法》中的合理使用制度。根据我国《著作权法》第22条规定，在下列12种情况下使用作品，可以不经著作权人许可，不向其支付报酬，但应当指明作者姓名、作品名称，并且不得侵犯著作权人依照本法享有的其他权利，这12种情形是：(1)为个人学习、研究或者欣赏，使用他人已经发表的作品；(2)为介绍、评论某一作品或者说明某一问题，在作品中适当引用他人已经发表的作品；(3)为报道时事新闻，在报纸、期刊、广播电台、电视台等媒体中不可避免地再现或者引用已经发表的作品；(4)报纸、期刊、广播电台、电视台等媒体刊登或者播放其他报纸、期刊、广播电台、电视台等媒体已经发表的关于政治、经济、宗教问题的时事性文章，但作者声明不许刊登、播放的除外；(5)报纸、期刊、广播电台、电视台等媒体刊登或者播放在公众集会上发表的讲话，但作者声明不许刊登、播放的除外；(6)为学校课堂教学或者科学研究，翻译或者少量复制已经发表的作品，供教学或者科研人员使用，但不得出版发行；(7)国家机关为执行公务在合理范围内使用已经发表的作品；(8)图书馆、档案馆、纪念馆、博物馆、美术馆等为陈列或者保存版本的需要，复制本馆收藏的作品；(9)免费表演已经发表的作品，该表演未向公众收取费用，也未向表演者支付报酬；(10)对设置或者陈列在室外公共场所的艺术作品进行临摹、绘画、摄影、录像；(11)将中国公民、法人或者其他组织已经发表的以汉语言文字创作的作品翻译成少数民族语言文字作品在国内出版发行；(12)将已经发表的作品改成盲文出版。其中第二项至第五项的规定，可以成为人格利益合理使用的有益参考。

具体而言，本条规定服务于判断新闻媒体及相关个人为公共利益实施新闻报道、舆论监督的行为是否构成侵权的问题，对于合理使用的认定与部分新闻侵权抗辩事由的认定一致。媒体侵害人格权，简称媒体侵权，原是指报纸、杂志等媒体故意或者过失地登载诽谤他人的新闻，或者以其他方法实施侵权行为，造成受害人名誉权等人格权损害的侵权行为。媒体侵权构成侵权法律关系。在互联网时代，我们对媒体和新闻业以及新闻报道的理解均应适当扩大，报社、杂志社、新闻社以及具有新闻报告功能的网站、手机报等，都属于新闻业；在自媒体时代，每一个公民都可以通过撰写新闻作品向新闻单位投稿而成为新闻单位的业余通讯员。舆论监督是媒体以及其他舆论主体通过发表新闻、评论等，对社会的政治生活、经济生活、文化生活等方面进行批评，实行监督的权利和功能。舆论监督并非一个准确的法律概念。原本意义上的舆论监督，涵括在权力监督体系之中。舆论监督被进一步扩展，其含义已经超出了对权力监督的职能，几乎成了无所不能的权利和功能。舆论监督属于新闻自由的范畴，就是新闻批评的自由和权利，媒体通过行使新闻批评的自由和权利，实现对社会生活的监督功能。

对于媒体侵权的抗辩事由，本条规定的合理使用是抗辩事由中的主要代表，但在司法实践中，其拥有丰富的现实形态，我们可以总结出的媒体侵权抗辩事由有 20 余种，以完全抗辩和不完全抗辩进行分类，可以构建成一个相对完整的媒体侵权抗辩事由的体系。媒体侵权的完全抗辩，是指能够完全对抗原告的媒体侵权请求权，免除自己的媒体侵权责任的媒体侵权抗辩事由。媒体侵权抗辩事由中的完全抗辩事由包括以下 15 种：（1）事实基本真实；（2）消息来源权威；（3）连续报道；（4）报道特许发言；（5）公正评论；（6）满足公众知情权；（7）公众人物；（8）批评公权力机关；（9）公共利益目的；（10）新闻性；（11）受害人承诺；（12）为本人利益或者第三人利益；（13）“对号入座”；（14）报道、批评的对象不特定；（15）配图与内容无关和配图与内容有关。媒体侵权的不完全抗辩，是指须具备特别理由或者具体条件才能成立并能够完全对抗媒体侵权请求权，或者仅能对抗部分媒体侵权请求权以减轻被告侵权责任的媒体侵权抗辩事由。不完全抗辩事由包括以下 7 种：（1）已尽审查义务；（2）已经更正、道歉；（3）如实报道；（4）转载；（5）推测事实与传闻；（6）读者来信、来电和直播；（7）文责自负。以上 22 种具体抗辩事由，部分可以归入是否构成合理使用的标准之中或者可以成为判断是否构成合理使用的要素之一，以下择要者加以说明。

第一，事实基本真实。这是最高人民法院司法解释确立的媒体侵权抗辩事由。如果媒体报道的事实是基本真实的，那么新闻媒体的报道就不存在侵权问题，不应当承担侵权责任。① 确定事实基本真实，涉及新闻真实、法律真实和客

① 《最高人民法院关于审理名誉权案件若干问题的解答》第 8 条第 2 款规定：“文章反映的问题基本真实，没有侮辱他人人格的内容的，不应认定为侵害他人名誉权。”

观真实三个概念的关系问题。事实基本真实就是新闻真实，新闻媒体在报道消息的时候，应当承担合理核实义务。履行该义务应当达到的程度，就是事实基本真实，新闻报道如果达到了事实基本真实的程度，应当认为新闻媒体已经尽到了合理核实义务，就不存在侵权问题。客观真实则是事实的本来状态，存在于已经流逝的历史之中，是不会再复原的事实。因此，客观真实不是在法律上追求的真实，不是证据所能够证明的真实，更不是新闻真实所应当达到的标准。法律真实就是当事人的证明达到了法官的内心确信、能够使法官达到内心确信的真实。符合事实基本真实的报道，是新闻报道不构成侵权的首要抗辩事由，合理使用亦需要符合事实基本真实的要求。

第二，公众知情权。是指公民享有的对社会发生的感兴趣的事情及其发生、发展、变化予以了解和知悉的权利。[①] 该权利属于公权利，其相对的义务人就是公共媒体。构成满足公众知情权需要具备以下三个要件：（1）报道的须是一个新闻事件或者与新闻事件有关的背景。（2）报道的事项须为不特定的多数人对此抱有兴趣，想知道事件的发生、发展、结果以及与该新闻事件有关的背景。不特定的多数人，就是公众的含义。（3）媒体进行报道须符合媒体的职责要求，不违反公共利益和善良风俗，不具有侵权的恶意。满足公众知情权是判断构成合理使用的理由之一。

第三，公众利益。它是媒体侵权抗辩的一个重要事由，能够全面对抗媒体侵权请求权，是完全抗辩。特别是在批评性的新闻报道中，公共利益目的完全可以对抗媒体侵权请求权，免除新闻媒体的侵权责任。它要求媒体行为具有公益性，如媒体发布新闻报道、进行时事评论，在此过程中使用具有著作权的照片等。符合公众利益是判断构成合理使用的一个方面。

第四，新闻性。如果一个人物的形象处于一个具有新闻性的事件中，即使媒体使用该新闻照片没有经过肖像权人的同意，也不得主张侵害肖像权或者隐私权。对于新闻图片的侵权诉求，确定是否构成新闻性的抗辩，应当具备的条件是：（1）人物须出现在具有新闻价值的公众视野之中。公众视野就是公众都能够自然看到的范围。新闻记者可以拍摄处于公众视野内具有新闻价值的人和物体，而无需顾忌侵犯肖像权等权利。（2）媒体采制和使用图片的目的须为进行新闻报道或者新闻批评，而不是以营利为目的。凡是以营利为目的而使用他人的图片，即使具有新闻性，也不得对抗媒体侵权诉求。（3）通过图片报道的新闻须事实基本真实，虚假的事实即使具有新闻性，也不得对抗媒体侵权诉讼请求。（4）使用

---

① 参见杨立新：《人身权法论》，人民法院出版社 2006 年版，第 694 页。

的新闻图片及配发的文字不得有侮辱、诽谤的内容。不具备上述要件，不构成新闻性，不能免除新闻媒体的侵权责任。新闻性作为抗辩事由，主要在于两个方面：第一，在公众视野中具有新闻性的人物，如元首、政治家等，凡具有新闻性的人皆不得主张肖像权和姓名权。[1] 第二，具有新闻性的事件，如在公众视野中参加集会、游行、仪式、庆典或者其他活动的人，由于这类活动具有新闻报道价值，任何人在参加这些社会活动时，都允许将其肖像和姓名、名称用于宣传报道，[2] 不得主张肖像权和姓名权、名称权。新闻性的抗辩事由与合理使用的内涵最为相似。

媒体侵权抗辩滥用，就是权利滥用。禁止权利滥用是民法的基本原则，确定媒体侵权抗辩滥用，应当具备以下要件：（1）新闻媒体实施了具有媒体侵权抗辩事由的新闻行为。（2）新闻媒体在实施主张媒体侵权抗辩的新闻行为时超过了法律规定的必要界限。（3）新闻媒体在实施主张媒体侵权抗辩的新闻行为时具有侵权的故意或者重大过失。在现实中有以下具体表现：明知事实虚假或者不查证事实是否真实、公布诽谤性谣言、不具有媒体侵权抗辩目的或者违反媒体侵权抗辩目的、超过媒体侵权抗辩的必要界限、同时公布不具有媒体侵权抗辩事由的相关诽谤等。对于民事主体的姓名、名称、肖像、个人信息的不合理使用也是滥用新闻侵权抗辩的行为，应当承担相应的法律责任。

【案例评注】

刘甲等诉江苏教育电视台转播含有隐私内容的新闻侵犯名誉权案[3]

基本案情

原告刘甲与原告刘乙（未成年人）系姐妹关系。2005 年 5 月，刘甲的丈夫因犯强奸罪被判刑，刘乙是该强奸案的受害人。刘甲的丈夫被判刑后，刘甲、刘乙及其母亲王某就此事接受了中央电视台的有关采访，但未接受被告江苏教育电视台采访。中央电视台有关采访的内容于同年 7 月下旬播出。其后，江苏教育电视台在《新闻地理》节目里以《姑息养奸》为题就两原告的上述家庭隐私进行了专

---

① 史尚宽：《债法总论》，台北荣泰印书馆 1978 年版，第 150 页。
② 王利明主编：《人格权与媒体侵权》，中国方正出版社 2000 年版，第 680 页。
③ 审理法院：江苏省南京市鼓楼区人民法院，案号：（2005）鼓民三初字第 366 号。

题报道，并在不同时间数次播出。原告提供的证人证明数次在江苏教育电视台播放的节目里看到原告刘甲、刘乙及其母亲王某坐在客厅里讲述有关女婿强奸的事情。刘甲及其母亲均有正面镜头，刘乙也在片中出现。江苏教育电视台对两原告的画面未作技术处理。审理中，被告提供了该节目的复制件，亦证明被告未对原告的画面作有效的“马赛克”处理。

原告诉称，原告方同意了中央电视台采访及对有关画面进行技术处理后播放，但未同意江苏教育电视台播放。被告江苏教育电视台未经原告同意，未作任何技术处理，毫不掩饰地将强奸犯罪的受害者刘乙的形象和原告刘甲及其母亲的形象多次公布于电视屏幕上，向社会公众披露两原告的家庭和个人隐私，致原告方的身心遭受极大伤害。要求被告承担消除影响、赔礼道歉的民事责任，并赔偿两原告精神损害抚慰金 20000 元及经济损失 366.3 元。

法院判决

江苏省南京市鼓楼区人民法院经审理认为，未经他人同意，擅自公布他人的隐私，致使他人人格权益受到损害的行为，构成侵权。被告江苏教育电视台播放的《姑息养奸》内容涉及原告方的隐私，而披露隐私应取得当事人的同意。虽然原告方同意了中央电视台的采访，但原告同意中央电视台采访及播放附有一定的条件，即要求播出时对人物形象作技术处理，以防止原告的真实形象被公众知悉。被告抗辩其播放的影像来源于中央电视台，全部为中央电视台原来播放的影像，被告的证据不能证明其播放的内容在人物画面的技术处理上与中央电视台播放的内容一致。而证人证言则证明其已从被告播放的影像内容中知悉原告家中发生的事件。被告提供的节目复制件则直接证明其对有关人物面部未作有效的技术处理，从片中能直接判断出被告播放的内容涉及原告方的隐私。另外，被告的播放行为是否合法并不取决于其他媒体已经播放，公民的隐私不因曾被公开过而当然允许他人再次向社会传播。因此，被告对涉及两原告隐私的内容再次进行编辑后播出的行为侵害了原告的人格权益，构成侵权，应承担民事责任。对原告主张的医疗费等经济损失计 366.3 元予以支持。法院根据被告的过错程度、侵权手段、后果等酌情确定原告的精神损害抚慰金，判决被告江苏教育电视台于判决生效之日起七日内赔偿原告刘甲、刘乙医疗费 366.3 元及精神损害抚慰金 10000 元。

专家点评

一般而言，电视台对新闻事件的当事人进行报道、采访并播出相关采访视频属于新闻报道和舆论监督的范围，但在此过程中仍应注意对当事人隐私权的保护和尊重，本案中被告制作纪实类专题节目的行为属于新闻报道和舆论监督的范围。自然人享有隐私权，未经当事人同意，任何人不得公开其隐私。本案中，电视台的新闻报道未作适当处理，导致原告的受害人信息容易被社会一般公众所知悉，其不愿为他人知悉的受害过程被公布于众，属于民法典人格权编第 999 条所规定的“使用不合理的”情形，侵害了当事人的隐私权，应当依法承担民事责任。此外，根据《未成年人保护法》《妇女权益保障法》等弱势群体保护特别法，对于特殊群体的相关利益应着重进行保护。尤其是在关涉性骚扰、家庭暴力、性别歧视等涉及当事人隐私、公开事件会对当事人造成二次伤害的案件中，新闻媒体在报道前应充分征求当事人同意，对当事人可被识别个人身份的信息作可被当事人接受的相关处理，否则易构成对新闻当事人隐私权或人格尊严的侵害。在此类案件中，在判令侵权人承担民事责任时，应考虑公开赔礼道歉、消除影响等民事责任可能会在客观上对受害人造成进一步的损害，因此侵权人应当承担对受害人给予经济损失及精神损害抚慰金赔偿的民事责任。

第一千条　行为人因侵害人格权承担消除影响、恢复名誉、赔礼道歉等民事责任的，应当与行为的具体方式和造成的影响范围相当。

行为人拒不承担前款规定的民事责任的，人民法院可以采取在报刊、网络等媒体上发布公告或者公布生效裁判文书等方式执行，产生的费用由行为人负担。

【条文释义】

本条是对人格权请求权可以请求行为人承担民事责任的规定。

与人格权请求权相对应的是民事责任，消除影响、恢复名誉、赔礼道歉等，都是人格权请求权的内容。这里提到的几种民事责任，也都是精神性的民事责任。当精神型人格权受到侵害后，救济该种精神损害的民事责任，就是侵害精神型人格权请求权的具体内容。具体而言，恢复名誉、消除影响、赔礼道歉是恢复原状的措施。恢复名誉、消除影响、赔礼道歉针对的是损害结果而非妨害行为，是事后的救济措施而非事前的预防措施，因此，其本质上是恢复原状的措施。尽管人格权本身一旦受到损害就不可能恢复原状，但是，我们仍然可以认定恢复名誉、消除影响、赔礼道歉是法律明知不可为而为之的一种无奈的立法技术考虑，这也正是人格权请求权本身所具有的请求权，与物权请求权中的恢复原状相类似。

消除影响、恢复名誉、赔礼道歉的责任方式在我国具有相当的实践历史。原《民法通则》第134条第1款正式规定承担民事责任的方式主要有：停止侵害；排除妨碍；消除危险；返还财产；恢复原状；修理、重作、更换；赔偿损失；支付违约金；消除影响、恢复名誉；赔礼道歉，第120条再次明确，在公民的姓名权、肖像权、名誉权、荣誉权或者法人的名称权、名誉权、荣誉权受到侵害时，有权要求停止侵害，恢复名誉，消除影响，赔礼道歉。这是我国民法中对于恢复名誉、消除影响、赔礼道歉责任方式的较早确认。原《侵权责任法》第15条第1款规定：承担侵权责任的方式主要有：停止侵害；排除妨碍；消除危险；返还财产；恢复原状；赔偿损失；赔礼道歉；消除影响、恢复名誉。继续将赔礼道歉作为单独的民事责任承担形式。由于此前我国在人格权请求权立法方面相对薄弱，此处的消除影响、恢复名誉、赔礼道歉是侵权责任方式之一。此后，赔礼道歉不仅在法律地位上得以确认，其履行方式也得到了细化。《最高人民法院关于审理名誉权案件若干问题的解答》第10条、第11条规定："人民法院依照《中华人民共和国民法通则》第一百二十条和第一百三十四条的规定，可以责令侵权人停止侵害、恢复名誉、消除影响、赔礼道歉、赔偿损失。恢复名誉、消除影响、赔礼道歉可以书面或者口头的方式进行，内容须事先经人民法院审查……""侵权人拒不执行生效判决，不为对方恢复名誉、消除影响的，人民法院可以采取公告、登报等方式，将判决的主要内容和有关情况公布于众，费用由被执行人负担，并可依照民事诉讼法第一百零二条第六项的规定处理。"本条规定正是在以上规则的基础上沉淀而来的。

确定消除影响、恢复名誉、赔礼道歉等精神性民事责任方式的具体方法，一是与行为的具体方式相当，二是与行为造成的影响范围相当。前者要求承担消除影响、恢复名誉、赔礼道歉责任，与行为人的行为方式不相适应，如在互联网上造成的损害，不能要求到传统媒体上消除影响。可以口头方式，也可以书面方式进行，其内容不得违反法律规定和社会公德，书面材料需要公布的，必须经人民法院审核同意。后者要求与行为造成的影响范围相当，不能扩大范围进行消除影响等，如在本地报刊上进行诽谤，不能责令行为人在全国性传统媒体上进行消除影响等。不相适应的消除影响、恢复名誉、赔礼道歉，将会扩大损害后果，给人格权造成新的侵害。适当的消除影响、恢复名誉、赔礼道歉对多方面均有重要意义。首先，赔礼道歉一般作用于人格利益受到侵害的场合，提出赔礼道歉请求的受害人或多或少都经历了来自侵权人的精神上的压迫和伤害。受害人通过侵权人的赔礼道歉，可以在一定程度上消除内心的愤恨，通过侵权人的低姿态获得一定程度上的弥补。其次，对于侵权人而言，赔礼道歉的作用则主要体现于自我救赎和自我形象重塑的内心和社会需要，该阐述来源于高夫曼的补救性交换理论，简言之可理解为由于错误的行为会在侵权人内心深处留下悔恨感与负罪感，若没有及时地发泄则会在侵权人心里沉淀为莫名的压力，通过赔礼道歉的方式，可以让侵权人在心里“把自我一分为二或者劈成两半”，通过自我审视与外化道歉来疏导自己的压力，从而以一个崭新的面貌回归社会。最后，于社会而言，法律责任的重要功能之一为预防，即通过对行为人行为的否定和制裁，为社会其他成员提供警示的范本，从而规范其他社会成员的行为，以形成良好的社会秩序。赔礼道歉可以修补被破坏的道德原则秩序，也表达了侵权人对法律的再次尊重，有利于树立法律的权威。[①]

对行为确定了上述民事责任，责任人拒不承担民事责任的，人民法院可以对这些民事责任方式进行强制履行，方法是，人民法院可以采取在报刊、网络等媒体上发布公告或者公布生效裁判文书等方式执行，产生的费用由行为人负担。这也是一种制裁方式。

【案例评注】

××大学诉邹某某名誉权纠纷案[②]

基本案情

邹某某曾系××大学教授，现为某大学中国经济与管理研究院院长，新浪微博加“V”，截至2012年8月22日上午，邹某某的微博粉丝量为117395人，截至2012年8月30日上午，邹某某的微博粉丝量增至189595人。2012年8月21日9点19分，邹某某在其新浪微博上发表如下内容：“×大院长在梦桃源吃饭时只要看到漂亮服务员就必然下手把她们奸淫。×大教授也不例外。所以，梦桃源生意火爆。除了邹某某，×大淫棍太多。”截至2012年8月24日保全证据公证时，该侵权内容已被转发69601次，评论17812条。邹某某在同一天的21点22分，在其新浪微博上又发表了如下内容：“这种院长主任教授总在梦桃源直隶大膳舫吃喝跟漂亮女服务员发展淫荡关系。至于在外面歌厅舞厅娱乐桑拿会所吃喝

① 张力：《信用社会的软法治理——以赔礼道歉的法制化为视角》，载《河北法学》2013年第2期。
② 审理法院：一审法院为北京市海淀区人民法院，案号：（2012）海民初字第20880号；二审法院为北京市第一中级人民法院，案号：（2014）一中民终字第9328号。

嫖娼的院长主任教授就更多了。此等事情在中国高校很普遍。国外很多来中国讲课访问的也把饭后去歌厅舞厅娱乐桑拿洗脚按摩当作必需节目。”截至2012年8月24日保全证据公证时，该侵权内容已被转发10121次，评论1566条。××大学系在海内外有着巨大的社会影响力和知名度的百年学府，邹某某以侮辱、诽谤方式公然损害××大学名誉的行为一经出现，立即引发了国内外媒体和公众的高度关注和大量评论，事件持续发酵。××大学的社会形象因此遭受严重损害，社会评价在短时间内明显降低，邹某某的上述行为已经构成对××大学名誉权的严重侵害，给××大学造成了非常恶劣的社会影响。××大学起诉请求：(1)判令邹某某立即停止对××大学名誉权的侵害，立即在其微博中删除侵权文字；(2)判令邹某某以公开、书面形式在其微博中、在其侵害××大学名誉权行为所影响的相应媒体范围内为××大学消除影响、给××大学恢复名誉、向××大学赔礼道歉，具体范围为搜狐网、网易网、新浪网、人民网、腾讯网、雅虎网门户网站，平面媒体包括北京青年报、新京报、京华时报、法制晚报，全国媒体包括光明日报、中国青年报，请求判令其在上述媒体以书面公开方式赔礼道歉；(3)诉讼费由邹某某承担。

法院判决

法人享有名誉权，禁止用侮辱、诽谤等方式损害法人的名誉。网络用户利用网络侵害他人名誉权的，应当承担侵权责任。法人的名誉权受到侵害的，有权要求停止侵害、消除影响、恢复名誉、赔礼道歉。《最高人民法院关于审理名誉权案件若干问题的解答》第七条第二款规定，以书面或口头形式侮辱或者诽谤他人，损害他人名誉的，应认定为侵害他人名誉权。在判断邹某某的涉诉微博言论是否构成侵权时，需要着重考虑以下因素：第一，邹某某发表涉诉微博言论是否构成对××大学进行诽谤或侮辱的加害行为；第二，邹某某发表微博言论是否存在主观过错；第三，邹某某的微博言论是否对××大学造成了社会评价降低；第四，邹某某发表微博言论是否构成公民合法行使批评监督权的免责事由。

1. 邹某某发表涉诉微博言论是否构成对××大学进行诽谤或侮辱的加害行为

首先，邹某某发表涉诉微博言论是否属于对××大学进行诽谤的行为。诽谤行为是向第三人传播不利于特定人或特定人群名誉的虚假事实或者以他人传播的虚假事实为依据进行不利于特定人或特定人群名誉的不当评论而足以致使该特定人或特定人群社会评价降低的民事侵权行为。传播的内容可以是“事实陈述”或“意见表达”，传播的方式可以是口头或书面形式。本案中，被告邹某某分别于2012年8月21日9时19分和2012年8月21日21时22分在其实名认证的新浪微博中，向该微博平台可及的传播范围以书面形式公开发表了两篇涉及××大学院长、系主任及教授与北京梦桃源餐饮有限公司女服务员之间存在不正当关系及相应评论的博文，但是邹某某未向法庭提交证明该两篇博文所披露的不正当关系存在的事实依据，其行为符合诽谤行为的构成要件，故邹某某在涉诉微博言论中虚假陈述构成对××大学进行诽谤的行为。其次，邹某某发表涉诉微博言论是否属于对××大学进行侮辱的行为。侮辱行为是指采用暴力或言语等方式欺辱特定人或特定人群，足以贬损该特定人或特定人群人格或尊严的民事侵权行为。本案中，被告邹某某分别于2012年8月21日9时19分和2012年8月21日21时22分在其实名认证的新浪微博中公开发表两篇涉诉微博，其中使用了“淫棍”“淫荡”等羞辱性文字，发表该文字属于以言语方式贬损××大学的尊严，其行为符合侮辱行为的构成要件，故邹某某在涉诉微博言论中使用羞辱性语言构成对××大学进行侮辱的行为。

2. 邹某某发表涉诉微博言论是否存在主观过错

本院认为，判断加害人是否具有主观过错，应当以一个“诚信谨慎之人”在相同情况下须尽到的注意义务为主要标准并结合加害人的身份地位、发布内容、认知能力、事后表现等自身因素进行综合判断。

首先，不侵害他人合法权益及对不当言论造成的侵害积极减损是一个“诚信谨慎之人”在发表微博言论时的一般注意义务。微博作为一种新兴的“自媒体”，属于社交媒体的范畴，其特点在于网络用户以个人的视角和碎片化的语言，即时表达自己的所见所闻、所感所想，根据自行设置让特定或不特定的第三人即时查阅、获悉自己的经历与言论，并得以在虚拟网络上迅速传播或扩散。个人微博是个人社交的重要方式，相比正式场合的言论，微博上的言论随意性更强，主观色彩更加浓厚。但是，自由既是一种权利，也是一种责任，自由的界限就是不得侵犯他人的合法权利。网络是现实社会的投影和延伸。因此，在微博中自由发表言论也不例外。“诚信谨慎之人”在公开发表微博言论时，应尽到以下四个层次的一般注意义务：（1）“事实陈述”时，所述事实应当基本或大致属实；（2）“意见表达”时，评论内容应当大致客观公正；（3）陈述或评论时，不得使用侮辱性言辞攻击他人；（4）当微博言论涉嫌侵害他人合法权益，所致不利影响迅速扩散时，应当积极配合查证并消除不利影响。否则，可以认定发表微博言论的网络用户未尽到一般注意义务，其主观方面具有过错。本案中，邹某某在未有相应依据的情况下，在个人微博上向不特定的第三人传播××大学院长、系主任及教授与北京梦桃源餐饮有限公司女服务员之间存在不正当关系的陈述并作出“除了邹某某，×大淫棍太多”的评论，违反了“事实陈述”时应保证所述事实基本或大致属实及“意见表达”时应做到评论内容大致客观公正的一般注意义务；邹某某在微博言论中使用“淫棍”“淫荡”等侮辱性言辞攻击××大学，违反了不得使用侮辱性言辞攻击他人的一般注意义务；邹某某在涉诉微博言论迅速传播之后，未积极协助××大学相关部门查证其发表的事实陈述或向法庭提交相应证据证明其事实陈述基本属实，也未及时删除不实陈述的微博言论，且至法庭辩论终结前仍未删除，其未尽到事后积极配合及减损的一般注意义务，故邹某某未尽到网络用户前述的一般注意义务，其主观上存在明显过错。

其次，具有特殊身份地位之人发表公开言论时应当尽到更高的注意义务。邹某某曾经是××大学的教授，具有内部人的特殊身份，而且是微博上被新浪加“V”实名认证、拥有十几万粉丝的知名经济学家、国家首批长江教授及首批千人计划人才，故邹某某在发表涉诉微博言论时应当注意自身的特殊身份。正是由于邹某某曾经系××大学教授，与××大学及××大学院长、系主任及教授群体之间存在特定的利害关系，其言论容易产生“内部人爆料”的效应，使公众更加容易相信“内部人爆料”的真实性，更加容易误导公众。因此，邹某某在作出对自己曾经所在单位的特定人员群体的负面事实陈述及意见表达时，更应尽到相应的谨慎和注意义务。加之，邹某某在现实社会中具有较高的社会地位，面对多达十几万的粉丝，其微博言论自然拥有更大的社会影响力，理应承担高于普通网络用户的注意义务。但是，邹某某在涉诉微博上发表言论显然未尽到更高的谨慎和注意义务，故本院认定邹某某发表涉诉微博言论存在主观过错，进而对邹某某辩称其并无主观过错的意见不予采信。

3. 邹某某的涉诉微博言论是否造成××大学社会评价的降低

本案中，邹某某在自己实名认证的微博平台上对所有粉丝及公众发布涉诉微博内容，特定的或不特定的公众人群都能直接或间接知悉其具有诽谤及侮辱意义的内容。从网络用户的微博留言上看，网络用户是理解邹某某涉诉微博言论的基本意义的，即邹某某在爆料××大学院长、系主任及教授与北京梦桃源餐饮有限公司女服务员之间存在不正当关系的情况；同时，网络用户也理解邹某某的传播行为是指向代表××大学的院长、系主任、教授及××大学的。针对邹某某在新浪微博中发布××大学院长、系主任及教授与北京梦桃源餐饮有限公司女服务员之间存在不正当关系这一事实陈述而言，本院已在前文中论证了其具有的诽谤及侮辱意义，因此，邹某某的诽谤及侮辱言论足以让第三人降低或者可能降低对××大学在此事上的一般社会评价。事实上，从2012年8月27日腾讯网评论频道的《今日话题》栏目第2165期制作的《“×大淫棍门”谁来证清白》的专题网络用户投票结果中可以看出，关于“你相信邹某某的爆料吗?”这一话题，投票表示相信的为15112票，投票表示不相信的为276票，这表明绝大多数网络用户是相信“邹某某的爆料”的，已经使××大学的一般社会评价现实地、严重地降低，故本院认定邹某某涉诉微博言论已经对××大学产生了社会评价明显降低的损害后果，对邹某某辩称其涉诉微博言论并未对××大学的社会评价造成明显降低的意见不予采信。

4. 邹某某发表涉诉微博言论是否构成公民行使对公共事业的批评监督权的免责事由

公民有批评、监督、申诉、控告、检举等权利，但应当以不得捏造或者歪曲事实为前提。言论可以分为事实陈述和意见表达，其中，言论表达的核心意思可以分为批评、建议、申诉、控告、检举等。本案中，邹某某的涉诉微博言论同时包括事实陈述和意见表达两部分。就其发布的事实陈述部分而言，实质上是一种对××大学及××大学院长、系主任及教授存在所谓“非道德行为”的检举揭发，那么，其检举揭发的行为也应当以不得捏造或歪曲事实为前提，但是，邹某某涉诉微博言论的所谓“批评监督”所依据的事实陈述并未证真，其行为构成捏造事实，故其发表涉诉微博言论的行为当然不能适用公民行使合法批评监督权利的免责事由，本院对邹某某辩称其发表涉诉微博言论属于公民行使批评监督的权利应当免责的意见不予采信。

综上，邹某某未尽到对微博言论负有的注意义务，利用新浪微博平台发表针对××大学及××大学院长、系主任及教授群体的诽谤、侮辱言论，使公众对××大学产生一定误解，造成××大学就此事上的社会评价明显降低，该言论不构成公民合法行使批评监督权利的免责事由，其行为已构成侵犯名誉权，故邹某某应就此承担停止侵权、删除侵权言论、消除影响、恢复名誉、赔礼道歉的侵权责任。对于消除影响、恢复名誉、赔礼道歉的范围和持续时间，由本院根据侵权言论造成不良影响的范围予以判定。

北京市海淀区人民法院依照《中华人民共和国民法通则》第一百零一条、第一百二十条，《最高人民法院关于审理名誉权案件若干问题的解答》第七条、第八条、第十条、第十一条，《中华人民共和国侵权责任法》第十五条、第三十六条第一款之规定，判决：一、自本判决生效之日起，被告邹某某停止侵权，并删除分别于2012年8月21日9时19分和2012年8月21日21时22分在实名认证为“邹某某V”的新浪微博中公开发表的两篇涉诉微博内容；二、自本判决生效之日起10日内，被告邹某某在其实名认证新浪微博首页公开发表致歉声明，向原告××大学赔礼道歉、消除影响、恢复名誉，持续时间为7天（声明内容需经本院核准，如被告邹某某拒不履行该义务，本院将在全国公开发行的媒体上公布本判决的主要内容，费用由被告邹某某负担）。二审维持原判。

专家点评

本案裁判于我国民法典生效之前，但是其对于赔礼道歉民事责任的运用非常规范，对于删除信息的载体、内容、时间以及赔礼道歉的时间、范围、方式都作了具体要求，具有很强的可操作性和裁判参考性。自原《民法通则》1986 年颁布实施以来，赔礼道歉正式成为民事责任的承担方式，其具体承担方式在《最高人民法院关于审理名誉权案件若干问题的解答》中得以细化，在原《侵权责任法》、《消费者权益保护法》、《著作权法》等法律中被再次确认，至今其在我国已经历了 30 余年的实践洗礼，民法典人格权编第 1000 条对其具体承担方式在之前立法基础上予以再次确认。赔礼道歉在民法中的法律化在我国具有历史和现实的双重立法实践，具有弥补受害人精神损害和惩罚侵权人的双重制度功能，其责任发生效用机理决定了侵权人在承担该项民事责任的过程中应当与行为的具体方式和造成的影响范围相当，不然无法实现对受害人填补损害的功能。在之前的理论讨论中，有个别学者指出，强制赔礼道歉可能有违宪风险，民法典人格权编第 1000 条第 2 款的规定有效化解了这一风险。本案在裁判中表明“声明内容需经本院核准，如被告邹某某拒不履行该义务，本院将在全国公开发行的媒体上公布本判决的主要内容，费用由被告邹某某负担”，可以视作与民法典人格权编第 1000 条第 2 款规定一致的做法，化解了所谓的违宪风险。我们应看到，当侵权人选择进行侵权行为之时，就意味着其自愿选择了承担相应后果。考虑法律责任时，不能将其与引起法律责任的原因割裂来看。在某种程度上，每一条法律都是对自由的限缩与践踏，没有一种法律责任形式使得责任主体在客观上完全自愿地进行承担。如果说强制赔礼道歉侵害了责任主体的不表意自由，那么其他责任形式也在不同程度上侵害了责任人的不同固有权利，所以本案中法院裁判的道歉方式，即民法典人格权编第 1000 条第 2 款的强制道歉方式，并不是涉及违反当事人表意自由的情况，相反，是顺应我国有益司法实践经验的体现。

第一千零一条 对自然人因婚姻家庭关系等产生的身份权利的保护，适用本法第一编、第五编和其他法律的相关规定；没有规定的，可以根据其性质参照适用本编人格权保护的有关规定。

【条文释义】

本条是对身份权请求权的规定。

身份权请求权，是身份权本身包含的保护自己的请求权，在配偶权、亲权、亲属权受到侵害后，为救济身份权的损害，请求行为人承担民事责任以恢复身份权完满状态的请求权。

本条规定的重大意义是：（1）确认身份权的概念，在以往的民事法律中，没有明确使用过身份权的概念，原《民法总则》第112条也仅使用的是“自然人因婚姻、家庭关系等产生的人身权利”的概念，这是第一次使用身份权概念。（2）确认身份权请求权的概念，在以往的民事法律中，将身份权请求权与侵权请求权相混淆，未加严格区分。（3）对于身份权请求权的具体规则，适用人格权请求权的具体规则，不再具体规定相类似的身份权请求权的具体规则。

对于私法中“身份”的概念认知，学理上有不同认识。其主要观点大致有从小到大三派观点：其一，亲属关系论。持该论的学者认为，作为民法调整对象的身份关系，其含义并不在于表达人与人之间的某种身份区别，而在于表达民事生活中特定的人与人之间基于特定的非财产原因如血缘、婚姻等所产生的相互利益关系。故作为民法调整的身份关系应当仅指基于亲属、家庭而产生的身份关系。[①]其二，民事身份论。持该论的学者认为，我国民法中的身份不限于亲属身份，法律上的身份还应当包括基于知识产权获得的地位。例如，自然人和法人通过智力创作活动取得的著作权、专利权、商标权而享有的人身权，自然人享有的发现权和发明权中的人身权，以及在其他社会关系中产生的身份权，如荣誉权。[②] 其三，社会身份体论。持该论的学者主张，法律上的身份是个人在市民社会关系中具有私法意义的定位与相应的利益份额。私法上的身份应体现为身份差异个人与市民社会的中间环节——“身份体”。这些身份体包括家庭、社团、社区等，并在此基础上形成家庭成员身份、社员身份、居民或者村民身份等。[③] 本条规定采用的

---

① 参见尹田：《民法典总则之理论与立法研究》，法律出版社2010年版，第82页。史尚宽先生、梁慧星教授也持同样的观点，参见史尚宽：《亲属法论》，中国政法大学出版社2000年版，第4页。梁慧星：《民法总论》，法律出版社2004年版，第9～10页。

② 参见王利明：《人格权法研究》，中国人民大学出版社2005年版，第51页；余延满：《亲属法论》，法律出版社2008年版，第112～115页。

③ 参见马俊驹、童列春：《私法中身份的再发现》，载《法学研究》2008年第5期；马俊驹、童列春：《身份制度的私法构造》，载《法学研究》2010年第2期；童列春：《私法中的身份调整》，西南财经大学2011年博士学位论文；易继明：《民法法典化及其限制》，载《中外法学》2002年第4期。

表述为“因婚姻家庭关系等产生的身份权利”，“等”字为除基于婚姻家庭外的身份权益保障留下了可解释空间。

因特定身份关系而产生的身份权益之所以可以在没有具体特别规定的情况下适用人格权编的有关规定，是因为人格权与身份权同属于人身权，对人身关系予以调整的法律是人身权法，其是规定人身权的概念、种类、内容和对人身权予以法律保护的民事法律规范的总称，是与财产法相对的概念。人格权与身份权同属于人身权，具有极为密切的关系，既有联系又有区别。

身份权与人格权的共性有：(1) 身份权与人格权同为专属权。它们都与民事主体的人身紧密相联，具有专属性和排他性。身份权和人格权存在于民事主体自身，由其自身享有，是民事主体的人身不可缺少的内容。这种权利只能由民事主体自己享有和行使，具有严格的排他性，不得转让，也不得抛弃或由他人继承。(2) 身份权与人格权同为支配权。人身权均为绝对权，其体现的人身利益，均由民事主体直接支配。这种支配，在人格权，支配的是人格利益；在身份权，支配的是身份利益。那种认为身份权的客体是具有身份关系的对方当事人的观点，是封建时代民法的身份权理念。身份权与人格权对其权利客体所享有的权利是绝对的、支配性的，其他任何人均须承担义务。(3) 身份权与人格权均非具有直接的财产性。人身与财产不同，不具有直接的财产内容。民事主体行使身份权和人格权，其目的主要是满足自身精神上、情操上、观念上、意识上的需要，而不是取得财产。但人身权并非毫无财产因素。需要说明的是，身份权中的具体权利，如抚养、扶养、赡养的请求权，财产因素至为明显，但这种权利与财产权不同，是为维持民事主体自身生存所必需的权利，而不是以财产的占有、使用、收益、处分为目的。

人格权与身份权的区别主要有：(1) 法律作用不同。人格权以维护公民、法人的法律人格为其基本功能，使之实现人之所以为人的法律效果。身份权的法律作用是维护以血缘关系等组成的团体中人的特定地位及相互之间的权利义务关系，维护自然人、法人对某种身份关系的支配关系。根据人格权与身份权法律作用的不同，在人身权体系中人格权与身份权的地位并不相同。人格权是人身权中主导的权利，是基本权利；而身份权在事实上以人格权的存在为前提。人的第一需要乃是生存的需要，人格权就是人的生存需要的法律表现，身份权则是自然人在生活中及其相互之间关系的法律表现。从根本上说，身份权是人格权的扩展和延伸。(2) 权利的产生有所不同。人格权是民事主体的固有权利，生而享有，死而消灭。身份权并不是民事主体生而固有的权利，而是就自然人的出生而取得的权利。自然人一经出生，就与其父母、姐妹兄弟、祖父母、外祖父母产生了亲属法上的身份权，但这种身份权不是生来固有，是依其出生构成的亲属关系而取得的。此外，养父母子女、继父母子女之间的身份关系更是基于收养、抚养的行为和事实而取得。(3) 权利属性有所不同。人格权是民事主体的必备权利。民事主体不享有人格权，就“没有做人的权利，也就没有进入社会的资格，让渡基本权无异于把人复归于兽类”[1]。而身份权具有非必备性，主要表现在民事主体不享有身份权，依然可以生存，可以进行民事活动，乃至以独立的人格进入社会从事所有的民事活动。(4) 权利客体不同。人格权的客体是人格利益，表现为人之所以为人的资格。身份权的客体不是人格利益，而是身份利益。

有些意见认为，这个条文应当放在婚姻家庭编中规定，其实规定在哪里并不重要，关键是一定要规定。即使在人格权编中规定身份权请求权，其性质也不会改变，不会发生逻辑的混乱。

【案例评注】

张某、孔某1等诉大连市妇幼保健院人格权纠纷案[2]

基本案情

孔某2、张某系夫妻关系，原告孔某1系原告孔某2、张某女儿。1975年7月7日，原告张某在被告大连市妇幼保健院生产一女，取名孔某1。2014年，因原告孔某2、张某夫妻对女儿即原告孔某1是否为亲生产生疑虑，决定做亲子鉴定，鉴定结论排除张某和孔某1具有生物学亲子关系且排除孔某2和孔某1具有生物学亲子关系，原告花费鉴定费2400元。

原告孔某2、张某于2016年1月通过大连电视台、大连《半岛晨报》寻亲，希望市民中有人在1975年7月7日（或该日期前后以及相关日期）出生，出生地在一二九街老妇产医院，血型可能是A型或O型，对自己身世有所怀疑，与现父母差异较大的，可与其联系。大连《半岛晨报》于2016年1月11日、1月12日、2月19日分别刊登了“女儿40岁发现非亲生怀疑当年被抱错”“同年同月同日同地生女子：可能是我！”“DNA鉴定结果：女儿果然是她”的系列寻亲报道。2016年1月11日下午，原告孔某2、张某通过《半岛晨报》与一位上述时间、

---

① 徐显明主编：《公民权利主务通论》，群众出版社1991年版，第133页。

② 审理法院：一审法院为大连市沙河口区人民法院，案号：（2018）辽0204民初220号；二审法院为辽宁省大连市中级人民法院，案号：（2018）辽02民终5346号。

地点出生的女子即另案原告陈某取得了联系，见面后，觉得其为原告孔某2、张某亲生女儿的可能性非常大，于是决定立即进行鉴定，鉴定意见为：根据检测结果分析，在排除同卵多胞胎、近亲等情况下，支持孔某2、张某是陈某的生物学父母，原告花费鉴定费800元。原告孔某1于2016年2月29日与陈某的母亲王某某（王某某的丈夫已去世）进行了司法鉴定，鉴定意见为：根据检测结果分析，在排除同卵多胞胎、近亲等情况下，支持王某某是孔某1的生物学母亲。另查，原被告均确认原告张某生产时，被告采取的是母婴分离的生产和护理模式，产妇出院时，孩子再交给父母。原告认为被告错抱婴儿的行为对其造成严重精神损害，向一审法院起诉请求：1. 被告向原告支付精神损害赔偿金共计80万元；2. 被告向原告支付鉴定费4000元。

法院判决

法院经审理认为，原告提供的上述证据已形成证据链条，能够证明原告张某在被告处生产，发生孩子抱错的事实。《中华人民共和国民法总则》第一百一十二条规定“自然人因婚姻、家庭关系等产生的人身权利受法律保护”，被告的行为侵犯了原告因家庭关系产生的人身权利，这种基于家庭关系产生的身份权对每一个公民的重要性是不言而喻的，被告对此应承担相应的民事责任。原告张某在被告处生产，被告当时实行产后母婴分离的模式，因工作疏忽致原告张某与另案原告王某某出院时两家抱错孩子，被告具有过错。被告的过错行为，使原告受到了极大的精神上的痛苦和感情上的创伤，给原告造成了精神损害，三原告请求被告给予精神损害赔偿，有事实和法律依据，法院予以支持。二审维持原判。

关于诉讼时效的问题，根据《中华人民共和国民法总则》第一百八十八条第二款规定，最长诉讼时效经权利人申请可以延长。诉讼时效的立法目的在于督促权利人行使权利、维护社会关系的稳定。本案的客观事实是2014年5月原告通过鉴定才得知孔某2、张某夫妻与女儿孔某1不存在生物学亲子关系，2016年1月11日通过报刊寻亲与另案原告王某某、陈某取得联系并进行了亲子鉴定，才发现两家孩子抱错的事实，原告遂于2016年12月向被告主张权利。现本案原告已向一审法院提交了延长诉讼时效的申请，故本案诉讼时效属于《中华人民共和国民法总则》第一百八十八条第二款规定中最长诉讼时效的特殊情况，应予延长。被告以本案已超过诉讼时效进行抗辩的意见，一审法院不予支持。

专家点评

本案是侵害自然人身份权的典型案件。在民法典人格权编第1001条生效前，我国司法实践中一直没有明确的身份权概念，原《民法总则》第112条规定“自然人因婚姻、家庭关系等产生的人身权利受法律保护”，民法典人格权编第1001条正式对该条进行落实。本案在裁判时适用原《民法总则》的规定是妥当的。民法上的身份权是民事主体基于某一特定身份而享有的权利，其关涉的权利义务分配模式与财产法因意思表示发生权利义务分配的模式有所不同。民法上的身份通说指基于婚姻、家庭关系产生的身份，但在知识产权领域、社员权领域以及少数身份权领域，也存在基于特定身份产生的特定权利，其与基于婚姻家庭产生的身份权益的内在逻辑是一致的。民法典人格权编第1001条表明了立法对于人格权与身份权同质性的肯定，明确了人格权与身份权的关系，进而确认了对于身份关系法律适用的顺序，即“适用本法第一编、第五编和其他法律的相关规定；没有规定的，可以根据其性质参照适用本编人格权保护的有关规定”。这意味着，基于身份权请求权请求侵权人承担消除影响、赔礼道歉等民事责任的，同样不适用诉讼时效的限制，这与诉讼时效主要作用于交易领域的制度辐射范围是相一致的。

第二章　生命权、身体权和健康权

第一千零二条　自然人享有生命权。自然人的生命安全和生命尊严受法律保护。任何组织或者个人不得侵害他人的生命权。

【条文释义】

本条是对生命权和生命权内容的规定。

生命权，是自然人享有的以维持其生命存在，保证其生命安全和生命尊严为基本内容的具体人格权。本条规定，生命权的基本内容，一是生命安全受法律保护，二是生命尊严受法律保护。

生命权的客体是人的生命。生命原本是生物学的概念。在自然界中，由物质构成并具有生长、发育、繁殖等能力的物体，是生物。生物能通过新陈代谢作用跟周围的环境进行物质交换而维持其生命。法律意义上的生命，并不是泛指一切生物的生命，而仅指自然人的生命。因此，生命是指自然人的人体维持其生存的基本的物质活动能力，是维持其民事主体地位的最高人格利益。其最高价值在于：第一，生命是人具有民事权利能力的基础；第二，生命具有不可替代性；第三，生命不仅对于人的本身具有价值，而且对于整个社会具有价值，人能够制造工具、改造自然，创造物质财富和精神财富，系以其具有生命为前提。人享有生命而创造财富，对他人、对社会均具重要的意义。生命开始于出生，终止于死亡。胎儿（包括成功受孕的孕卵、胚胎）在客观上具有生命的形式，具有准人格，是不可否认的事实。但是，这种生命形式还不是生命权的客体，而是一种先期的生命利益。对于胎儿和死者人格利益的保护属于人格利益的延伸保护。

在本条生效之前，我国原《民法通则》和原《侵权责任法》明文规定了生命健康权，包含生命权、健康权和身体权，认生命权为独立的人格权。这是我国民法学的通说，并有法律确认。同时应当看到，生命权是一项具有普世性的基本人权。1948 年《世界人权公约》第 3 条规定："人人都有权享有生命、自由和人身安全。"《公民权利及政治权利国际公约》第 6 条第 1 款规定："一、人人有固有的生命权。这个权利应受法律保护。不得任意剥夺任何人的生命。”这些规定表明，生命权对于自然人而言，具有极为重要的地位和价值，是重要的民事权利。生命权为独立的人格权，因而有别于身体权、健康权，也有别于劳动能力。生命权与身体权为相互依赖的人格权。生命存在于身体之内，身体依赖于生命的存在而存在。无身体，生命无所依存；无生命，身体则不复为身体。尽管如此，生命权与身体权并非一个权利，各有不同的权利客体。身体权的客体是人体的整体构造，以及维护该种构造的完整性的利益。身体权受侵害，表现为身体完整性的破坏；生命权受侵害，必须以生命不可逆转的丧失为标准。二者的区别极为鲜明。

维护生命安全，是权利人保持其生命，防止他人危害其生命的权利内容。人可以依据维护生命安全的权利，防止他人非法侵害自己的生命，在环境对生命构成危险时，可以要求改变生命危险环境，保护生命安全。维护生命安全要求维护人体生命活动的延续，防止人为地将其终止。生命权与健康权相互依赖，人体生命活动的延续依赖于人的健康状况，人的健康状况又以人体生命活动的存在为前提。尽管如此，这两种不同的人格权也有本质的区别。健康权维护的是人体机能的完善性，保持其正常运作，而生命权维护的是人的生命活动的延续。违法行为侵害健康权，破坏了人体机能的完善性，但经过治疗，可以完全恢复健康和部分恢复健康，即使是受到破坏的健康状况不能恢复，但终无生命丧失的危险。而违法行为侵害生命权，则使人的生命活动不能继续延续，其必然后果是死亡。

维护生命尊严，是人格尊严的组成部分，人格尊严主要维护的是自然人主体资格存续期间的尊严，当然也包括生的尊严和死的尊严，而生的尊严和死的尊严就是生命尊严，其中死的尊严同样应被法律所关注，包括选择尊严死、生前预嘱和临终关怀等内容。当自然人的生命濒临终结或患病不可治愈且采取延命措施会有巨大痛苦时，权利人有权采取生前预嘱等方式，选择尊严死，实行临终关怀，给予减轻痛苦的医疗措施。维护生命尊严是否包括可以采取安乐死，是一个有争论的问题。从原则上说，生命尊严是安乐死的上位概念，但是本条并未明确规定积极安乐死，消极安乐死应当包括在其中。不过，规定了生命尊严，将会给安乐死立法设定法律依据，有利于安乐死的立法。

生命权作为自然人享有的具体人格权，具有完整的人格权能。其主要体现在：

1. 生命的享有权、保持权和发展权

生命的享有权是权利人有权享有自己的生命利益，维护自己的生命延续而享受生命、享受生活。自然人只有享有生命，才能够作为一个民事主体，享有民事权利，承担民事义务，参与市民社会活动。因此，生命是自然人第一位的人格利益。生命的享有，一方面是保持自然人的生命存在，另一方面是保持人的生命延续。生命延续是人体的正常功能，是自然的因素，人可以通过锻炼和增加营养等方式提高健康水平，使人的生命适当延长，但不可以改变其必然死亡的客观规律。自然人享有生命，就是有权保持自己生命的存在和延续。

生命维护权，是指自然人维护生命安全的权利。生命权请求权的首要内容是维护生命的安全延续。生命是人的最高利益，是人的最基本人格。法律保护人的生命延续，不是通过提高健康程度而延长生命，因为这是健康权的内容，而是保护人的生命不因受外来非法侵害而丧失，保护的是人的生命安全利益。生命维护权的实质，是禁止他人非法剥夺生命，而使人的生命按照自然界的客观规律延续。具体内容是防止非法侵害和改变生命危险环境。当有非法侵害生命的行为和危害生命的危险发生时，权利人有权防止生命危害发生。有危及生命安全的危险和行为发生时，生命权人为维护生命安全，可以采取相应的措施，保护自己，排除危害。其中最基本的措施是正当防卫和紧急避险。当不法侵害生命权的行为发生时，生命权人有权进行正当防卫，防止生命危害发生；不仅生命权人有权正当防卫，其他人也有权正当防卫，以保护生命权人的生命不受非法侵害。当危及生命的紧急危险发生时，生命权人有权紧急避险，致他人以轻微损害，以保全自己的生命。当环境对生命构成危险，但该危险尚未发生时，生命权人有权要求改变环境，消除危险。改变生命危险环境应作广义理解，包括威胁生命的一切场合、处所、物件。改变生命危险环境可以由权利人自行改变，也可以要求危险环境的管理人、占有人改变。改变生命危险环境实际上是改变人身、财产安全环境的内容之一。当负有改变生命危险环境责任的人不予改变时，权利人有权拒绝进入该危险环境或拒绝在该环境内作业、生活等。负有特定职责的人，不得以改变生命危险环境为借口而拒绝履行职责，如消防队员不得因环境危险而拒绝进入火区，公安人员不得因环境危险而拒绝执行追捕、侦查任务，军人不得因战场危险而临阵脱逃等。

2. 有限的生命利益利用和处分权

生命权是否包括生命利益支配权，实际上意味着生命权人可否处分自己的生命。对此，传统理论持否定态度。例如，西方基督教认为，生命是上帝所赋予的，毁弃生命是侵犯全能上帝的特权。然而，我国并非宗教国家，并不受该宗教思想的束缚；相反，我们对于为了社会公共利益、他人利益或个人气节而慷慨赴死、舍己救人的献身精神持褒奖态度，对于维护生命尊严的安乐死也逐渐持肯定态度。

具体而言，献身是古往今来的仁人志士所崇尚的人生追求境界，宁死不屈、视死如归、宁为玉碎，不为瓦全，都是传世的成语。现代社会中，人们出于高尚的目的，不惜舍弃自己的生命，谱写了可歌可泣的英雄赞歌。为抢救儿童而牺牲自己的生命，为战争的胜利而甘冒被烈火烧死的危险，为保护他人的生命、财产安全而与犯罪分子搏斗，为抢险救灾而光荣牺牲，都为人永世颂扬，是彰显社会主义核心价值观的行为。法律并不禁止人们为崇高的目的而献身，生命权的生命利益支配权是有限制的，而不是绝对的。

安乐死是社会文明、进步的一种表现，是维护人生命尊严的重要手段，其有利于从精神上、肉体上解除病人的痛苦；可以减轻家庭的经济、情感负担，解放生产力。事实上，安乐死并不是生与死的选择，而是痛苦死亡还是安乐死亡的选择。现代意义上的安乐死强调的是没有痛苦的致死，其目的是通过人工调节和控制，使死亡呈现出一种良好的状态，以避免精神上和肉体上的痛苦、折磨。生命利益支配权的有限性，表现在安乐死中，就是要严格依照安乐死的构成要件执行，不具备其全部要件的，不构成安乐死。学理上认为的一般要件有：（1）病患必须身患绝症，临近死期。所谓绝症是指所患的疾病按照当时的医学水平是无任何治愈希望的。临近死期，则为根据一定医学标准判断病患即将死亡，且与死期相距不远。（2）病患必须极度痛苦，这种痛苦限于肉体痛苦，不包括精神痛苦，肉体的痛苦必须达到不堪忍受的程度。（3）病患必须自愿请求采取安乐死。目前多有学者主张病患家属可以请求采取安乐死的意见，笔者难以苟同，因为放弃生命利益只有权利主体本人才有权作出决定，其他人无权剥夺他人生命。同时，以病患承诺的提法亦不准确，因为这种提法容易误解为他人提出而病患同意，因而造成侵害权利主体生命权的后果。病患自愿请求必须以明示方法为之。（4）病患的请求必须经过医务部门同意，医务部门应交由专门医疗伦理委员会讨论同意，个别医务人员或医治医生无权同意。同时，采用的方式应当合乎人道，不具残酷性。

3. 生命权请求权

生命权请求权，是指权利人依法请求司法机关消除生命危险的权利，是人格权请求权的基本类型之一。请求司法机关依法消除危及生命的危险，是生命权请求权的一项重要内容。权利人行使这一权利，应当依照法定程序进行。负有保护责任的司法机关，对该种请求必须认真、负责地妥善处理，不得互相推诿。对于渎职造成申请人生命权损害后果的，必须严肃处理，依法追究其渎职罪的刑事责任。

生命权的义务主体是任何组织或者个人，即“任何组织或者个人不得侵害他人的生命权”。生命权是绝对权，一个自然人是生命权的权利主体，其他任何自然人、法人或者其他组织都是该生命权的义务主体，都负有不得侵害生命权权利主体的生命的义务。生命权权利主体之外的所有的自然人、法人和非法人组织，都概括在“任何组织或者个人”的概念之中，作为生命权的义务主体，都负有“不得侵害他人生命权”的法定义务。

侵害生命权的归责适用过错责任原则、过错推定原则和无过错责任原则。在适用这些归责原则归责时，要严格掌握三个归责原则所调整的范围的不同，严格掌握其各自责任构成要件的不同。其责任构成要件具体为：

1. 违法行为。侵害生命权的违法行为包括作为和不作为，其行为也包括直接行为和间接行为，行为亦须具备违反民事立法关于保护自然人生命权的规定，具有违法性。

2. 损害事实。侵害生命权的损害事实通常包括四个方面：(1) 生命丧失的事实。生命丧失为侵害生命权最基本的损害事实，是依该事实发生侵害生命权的民事责任，是不可不存在的必备事实，是构成损害事实的基础。(2) 生命丧失导致死者近亲属财产损失的事实。侵权行为致人死亡，必然造成死者近亲属财产上的损失。这种损害事实，既包括死者近亲属为抢救受害人而支出的费用，如抢救医疗费、护理费、车船费、住宿费等；也包括死者近亲属为安葬而支出的丧葬费。这些财产上的损失，为侵害生命权损害事实要件的第二层次，为必要的内容，应依此确定损害赔偿请求权的范围。(3) 生前扶养的人的扶养损害事实。受害人丧失生命后，如果死者生前有直接扶养的人，该接受扶养的人因死者死亡而丧失了扶养的来源，这是侵害生命权所导致的客观结果，是损害事实要件的内容之一。但这一内容并非侵害生命权损害事实的必要内容，如果死者生前无直接扶养之人，则不必具备这样的损害内容。(4) 死者近亲属的精神痛苦损害。亲人之间的感情是最真诚、最密切的感情，侵权行为致人死亡，死者近亲属无不蒙受巨大的精神创伤。这种精神上的损害，亦为侵害生命权损害事实要件的内容之一，应作为近亲属精神损害赔偿的标的。

3. 因果关系。侵害生命权的违法行为与生命权丧失的损害事实之间，须具备因果关系。判断因果关系的标准，应采相当因果关系理论，依通常的社会经验和知识水平判断，并非要求必然因果关系的存在。所应注意者，是共同原因致死的原因力问题，与侵害身体权与健康权的因果关系相比有一定的特殊性。在其他原因为助成或扩大的原因时，违法行为与这些其他原因共同引起损害结果的发生，以原因力的大小确定其责任范围，并无特殊之处。

4. 过错。在侵害生命权责任构成中无特殊要求，故意、过失均可构成。在适用无过错责任原则的场合，则无需具备过错要件。

侵害生命权的损害赔偿范围与损害事实相一致。具体而言，《最高人民法院关于审理人身损害赔偿案件适用法律若干问题的解释》第17条第3款规定：“受害人死亡的，赔偿义务人除应当根据抢救治疗情况赔偿本条第一款规定的相关费用外，还应当赔偿丧葬费、被扶养人生活费、死亡补偿费以及受害人亲属办理丧葬事宜支出的交通费、住宿费和误工损失等其他合理费用。”除了上述规定的赔偿项目之外，人身伤害的常规赔偿项目，侵害生命权的加害人也应当承担，如在遭受人身损害丧失生命的案件中，对于因抢救、治疗而发生的前述医疗费、误工费、护理费、交通费、住宿费、住院伙食补助费和必要的营养费的损失，都是正常的财产支出，按照常规赔偿项目进行赔偿。

【案例评注】

陈某甲、陈某乙、陈某丙诉陈某丁、吴某某、李某某、周某某生命权纠纷案[①]

基本案情

原告陈某甲系陈某的妻子，原告陈某乙系陈某的父亲，原告陈某丙系陈某的女儿。被告陈某丁因案外人刘某（陈某的前妻）未归还借款曾于2013年10月8日将刘某和陈某诉诸重庆市渝北区人民法院，重庆市渝北区人民法院审理后作出（2013）渝北法民初字第15888号民事判决书，判令刘某和陈某共同偿还陈某丁的借款本金470000元及利息。判决生效后，陈某丁申请执行，后陈某丁与刘某在重庆市渝北区人民法院主持下达成执行和解，主要约定刘某在2014年12月31日前支付陈某丁30000元，以后每月支付5000元。若刘某逾期不履行则恢复执行。陈某丁如果发现陈某有可供执行的财产，可随时要求执行。此后，陈某丁未发现过陈某有可供执行的财产，债权尚未实现。

2017年9月27日晚，陈某丁与被告周某某等人在某KTV消费。其间，周某某电话邀请被告李某某来喝酒。到2017年9月28日凌晨左右，陈某丁在前台发现陈某等人在结账，陈某丁遂上前要求陈某还款。陈某称不欠陈某丁款。陈某丁便一边抓着陈某的胳膊一边拨打电话联系其丈夫即被告吴某某。周某某则报了警。随后吴某某携带前述案件相关材料来到KTV，李某某恰好也来到了KTV。其

① 《最高人民法院公报》2019年第8期案例。

间，陈某丁电话联系之前执行案件的承办人未果。陈某和陈某丁等人同意到附近的回兴派出所解决。于是，陈某丁、吴某某、李某某、周某某、陈某及其朋友万某某等人一起来到回兴派出所向工作人员说明情况。工作人员称双方的经济纠纷应通过司法途径解决。双方便商定等到天亮一同到重庆市渝北区人民法院解决。

之后，陈某丁、周某某先后离开，剩下吴某某、李某某、陈某和万某某在派出所。随后万某某也离开了。在等待天亮过程中，陈某两次到旁边的重庆芳华医院上卫生间。吴某某和李某某则跟随陈某一起，并在卫生间外等候。2017 年 9 月 28 日 5 点左右，陈某给陈某甲发信息，内容是其在回兴派出所以及等天亮后去法院解决刘某债务的事情，并让陈某甲去找他拿钥匙将卡里的钱取出。5 点 30 分左右，陈某第三次到重庆芳华医院的卫生间。吴某某和李某某在外等候但是一直没见陈某出来，二人便开始寻找陈某。最后，二人在该卫生间窗户墙侧的楼下马路上发现陈某躺在地上，二人便联系了民警，民警联系了医护人员。医护人员赶到后将陈某送至医院抢救。陈某经抢救无效死亡，为此，原告支付医疗费 70165. 40 元。原告主张被告限制了陈某的人身自由并造成其精神压力和痛苦，以致陈某在摆脱被告的过程中从楼上坠落。原告依法提起诉讼，请求判令四被告连带赔偿三原告医疗费 70165. 40 元、住院伙食补助费 150 元、交通费 90 元、营养费 300 元、死亡赔偿金 592200 元、丧葬费 32772. 50 元、被扶养人生活费 9871 元，上述费用的 60% 及精神抚慰金 100000 元。

法院判决

公民的债权可以通过公力救济和自力救济两种途径实现，陈某丁的债权经过人民法院判决和执行均未得到实际清偿。2017 年 9 月 27 日晚，陈某丁无意间遇到了债务人陈某，其及时拨打报警电话向执行法官寻求公力救济，并拉住陈某胳膊要求其偿还债务。陈某丁的上述行为没有超过合理限度，不属于侵权行为。

从事发地的监控视频和相关人员的询问笔录看，从陈某丁发现陈某到吴某某携带债权的相关证明文件到场，到陈某丁等人拨打报警电话和执行法官电话，再到双方一同来到回兴派出所解决债务问题，最后到吴某某、李某某和陈某一同等待天亮到重庆市渝北区人民法院解决债务纠纷，双方未发生过肢体冲突，陈某可以自由活动和收发手机信息，可见，该过程不存在侵权行为。

尽管陈某上卫生间的时候，吴某某和李某某在卫生间外楼道等待，但是吴某某和李某某的主观目的是保证天亮后双方均能够到达法院以便解决债务问题，并非以此方式获得非法利益。因此，吴某某和李某某主观上没有侵害陈某人身利益的故意或者过失。在客观上，死者陈某在人民法院判决后并没有主动履行债务的意愿和行为，遇到陈某丁时甚至否认债务，且人民法院和公安部门在当时无法即时解决债务纠纷，在此情况下，吴某某、李某某跟随陈某到卫生间并在楼道等候以保证天亮到人民法院解决债务纠纷，该行为并未超过自力救济的合理限度，不属于侵权行为。

对于原告诉称被告行为给陈某造成了精神上的压力和痛苦的主张，重庆市渝北区人民法院认为，陈某和吴某某、李某某所处的特定环境为回兴派出所，旁边有工作人员值班，且双方从 KTV 到坐在派出所等待天亮的整个过程中均没有过肢体冲突行为，被告已经明确表达了天亮后一同到人民法院解决债务问题的意愿。因此，陈某的人身安全没有受到实际侵害。同时，吴某某等的主观目的是天亮到人民法院解决债务纠纷，可见，陈某也没有受到足以危害其人身安全的威胁，故重庆市渝北区人民法院对原告的该主张不予支持。综上所述，被告吴某某、李某某没有侵害陈某的行为，不应承担侵权责任。被告陈某丁和周某某先行离开回兴派出所且均无侵权行为，不应承担责任。陈某在没有受到人身安全威胁的情况下，利用上卫生间的时机，明知危险还翻出卫生间窗户离开现场，进而不慎坠地造成颅脑损伤并经抢救无效死亡，自己过错明显，应自行承担责任。一审判决驳回原告陈某甲、陈某乙、陈某丙的全部诉讼请求，二审维持原判。

专家点评

民法保护自然人生命权，明确权利人的生命安全和生命尊严受法律保护，民法典人格权编第 1002 条即生命权保护条款。在我国的社会现实中，受到“人死为大”相关文化因素的影响，当在某一案件中出现有自然人死亡的结果时，社会舆论以及基于情感冲击的第一印象容易使人从基于保护死者及其近亲属的利益角度，倾向于认定侵权行为成立。然而，这样的倾向是必须避免的。判断是否构成生命权侵权应该严格依照侵权责任构成要件认定，本案在裁判中认定“死者明知危险还翻出卫生间窗户离开现场，进而不慎坠地造成颅脑损伤并经抢救无效死亡，自己过错明显，应自行承担责任”，是遵循侵权构成要件的结果，是以法律为准绳的理性裁判的典型案例。近年来，我国贷款案件数量直线上升，与之相伴随的是各类因催债引发的人格权侵权案件，暴力催债以及软暴力催债造成了不良的社会影响，在民众舆论中有形成“催债必暴力”印象的倾向。本案中，众被告为实现债权，在人民法院与公安部门无法及时介入纠纷的情况下，通过自力救济的方式暂时地在一定程度上限制了陈某的人身自由，但没有对陈某实施暴力行为，符合自力救济的合理限度，不属于侵权行为。相反，陈某多次拒不履行债务在先，若众被告不对其进行暂时看护，其很有可能再次逃避债务，在此情况下陈某为逃脱债务，明知跳楼危险而仍然为之，其死亡的结果与其跳楼具有直接关系，其跳楼的行为并非被众被告所影响，众被告的行为与其死亡的结果之间没有因果关系。众被告为了实现合法债权而采取合理自力救济自然不存在过错。综上，众被告的行为不构成生命权侵权。

第一千零三条 自然人享有身体权。自然人的身体完整和行动自由受法律保护。任何组织或者个人不得侵害他人的身体权。

【条文释义】

本条是对自然人身体权及其内容的规定。

原《民法通则》规定的是生命健康权，没有直接规定身体权，因此身体权是否为人格权曾经被怀疑，直至最高人民法院出台相关司法解释规定了身体权，才有定论。在民法没有直接规定身体权之前，我国法律规定身体权的依据，一是我国《宪法》第 37 条第 3 款末段规定，“禁止非法搜查公民的身体”；二是原《民法通则》第 119 条规定，“侵害公民身体造成伤害”，应承担民事责任；三是最高人民法院在《关于贯彻执行〈中华人民共和国民法通则〉若干问题的意见（试行）》第 146 条和第 147 条中两次提到“侵害他人身体”。从宪法到民法直到司法解释，均明文提到“身体”，给确认自然人身体权为独立的民事权利，提供了直接的法律依据。

身体权的客体是身体。身体，从语义学的角度上说，是指“一个人或一个动物的生理组织的整体”①，即“人和动物的躯体”②。法律学意义上的身体，专指自然人的身体，是指自然人的生理组织的整体，即躯体。身体包括两部分：一是主体部分，二是附属部分。主体部分是人的头颅、躯干、肢体的总体构成，包括肢体、器官和其他组织，是身体的基本内容。附属部分，是指毛发、指（趾）甲等附着于身体的其他人体组织。身体虽然由头颅、肢体、器官、其他组织以及附属部分所构成，但它是一个完整的整体。身体具有完整性和完全性的基本特征。破坏了身体的完整性和完全性，就破坏了身体的有机构成。随着现代医学科学的发展，人类对自身身体的认识不断发展，目前可以做多种器官和其他人体组织的

① 《现代汉语词典》，商务印书馆 1978 年版，第 1008 页。

② 《辞海》（缩印本），上海辞书社 1979 年版，第 1008 页。

移植手术。简单的如输血、植皮，复杂的如肾脏移植、心脏移植、角膜移植等。移植以后的器官和其他人体组织与受移植人成为一体即成功移植的，成为受移植人身体的组成部分，他人包括原来的身体权人都不能再主张这些器官、组织的身体权。镶装、配置的人工制作的残缺身体部分的代替物，如假肢、假牙、义眼、人工心脏瓣膜、助听器等，能否构成身体的组成部分，应当区别情况对待。已构成躯体不可分离的一部分的，应属于身体，可以自由装卸的则不属于身体。[①] 但如虽然可以自由装卸，仍需专业医学人员依照严格的医学操作规程进行，否则可造成健康损害或生命丧失的人工装置，亦应视为身体的组成部分，如固定的身体引流管、种植牙等。因而，自由装卸是指普通人可以自由装卸，而非指专业人员的自由装卸。

身体权，是自然人享有的维护其身体完整并支配其肢体、器官和身体组织的具体人格权。本条将行动自由纳入身体权的内容，其实是一种误读，行动自由不是身体权的内容，而是人身自由权的内容。身体权是基本人格权之一，属于物质型人格权，表现为自然人对于物质型人格要素的不转让性支配权。[②] 它是人格权，而不是所有权。身体权和所有权同为支配权，但其支配的并非同一种客体。所有权支配的是物，身体权支配的却是自身的物质型人格要素，它的客体仍然是自然人的人格要素。身体权与健康权是两种独立的人格权。身体权以身体的整体为客体，体现的利益是自然人身体组织、器官的完整性和完全性；而健康权的客体是健康，体现的利益是自然人肌体功能的完全运作及其完善性。二者相比较，前者有明显的支配性质，后者没有明显的支配性质。某一行为侵害身体权，不一定就侵害健康权，如非法剪人毛发、指甲；侵害健康权，也不一定就侵害身体权，如致人患病。[③] 将身体权包含于健康权之中，混淆了两种人格权的区别，不仅在理论上是不正确的，而且在实践中也混淆了对两种人格权进行法律保护的不同手段，会导致适用法律的错误。《刑法》第 134 条和第 135 条规定了故意伤害他人身体和过失重伤他人身体罪的刑罚制裁手段，有关行政法也规定了殴打他人造成身体轻微伤害的行政制裁手段，与民法对身体权的保护是一个有机的整体，各自发挥不同的作用。刑事立法对伤害罪规定的侵害客体是身体权，行政立法规定的殴打行为，侵害的也是身体权。为保持人身权法律保护体系的协调一致，身体权也应为独立的人格权。

身体权的内容是：（1）维护身体的完整性，任何人不得破坏自然人的身体完

---

① 王利明主编：《人格权法新论》，吉林人民出版社 1994 年版，第 303 页。

② 张俊浩主编：《民法学原理》，中国政法大学出版社 1991 年版，第 142 页。

③ 梁慧星：《中国人身权制度》，载《中国法学》1989 年第 5 期。

整性。(2) 支配自己身体的组成部分，包括对肢体、器官、身体其他组成部分的支配权，其前提是不得妨碍生命和健康。

身体权作为自然人享有的具体人格权，拥有完整的权能体系，其权能样态与内容相协调，主要包括：

1. 保持身体完整权。保持身体完整权，就是自然人对自己的身体的完整性，享有保持的权利，禁止任何人侵害身体，破坏身体的完整性。身体的完整性，包括两个方面：一是身体的实质完整性，是指身体的实质组成部分不得残缺；二是身体的形式完整性，是指身体的组成部分不得非法接触。任何人非法侵害自然人的身体，造成了身体的实质完整性的损害，或者形式完整性的损害，都是侵害了自然人的身体权。身体实质完整性的维护，就是禁止他人非经本人同意，而取得自己的身体的组成部分。这种身体的实质完整性当然包括身体的全部。但是，在身体权的范围内，最主要的是指不涉及健康的身体组成部分。例如，未经本人同意强制进行献血，就是侵害身体权的表现。身体的形式完整性的维护，就是权利人有权保持自己的身体不被非法接触。在我国国民意识中，身体权的观念不够普及，似乎对身体的接触并非侵权行为。因此，有必要对身体权的概念进行宣传，使国民增强身体权尤其是身体形式完整性的认识，保护好自己的身体，不受非法侵害。

2. 身体利益支配权。身体利益支配权，是指自然人对自己的身体组成部分在法律准许的情况下，有适当的支配权，可以对自己的身体组成部分进行适当的处置。首先，自然人对自己的血液、体液、毛发等附属部分，有处置的权利，依照自己的意志进行支配。例如，义务献血、捐献脊髓、救助他人，这是将自己的身体组成部分予以支配，奉献社会；将自己的精液捐给精子库，为人工授精提供资源。这些都是对自己身体组成部分的支配。其次，自然人对自己的器官，也可以有限度地捐献给他人，救助他人的生命。这也是行使身体权的行为。例如，将自己的肾脏捐献给他人进行器官移植，将自己的角膜捐献给眼库，为他人带来健康和光明，都是高尚行为，是正当行使身体权的行为。最后，生前留下遗嘱，死后将自己的遗体或者角膜捐献给医疗机构、医疗教学机构和眼库，进行医学研究教学或者为他人救治疾病。这些也都是对自己身体组成部分的合理支配，是合法的行使身体权的行为。应当注意的是，自然人支配自己的身体组成部分，包括身体的附属部分和器官，应当合法并符合社会善良风俗。那种自愿捐献、救助他人的行为，是值得赞赏的。但是出于营利目的，进行非法的器官买卖等行为，超出了身体合理支配权的范围，法律是禁止的，不是正当行使身体权的行为。

同时还应注意身体支配权所体现的对于身体的自我决定权。传统身体权仅仅保护权利人身体的物理完整性，权利人的自主性是非常有限的，法律不承认权利人对自己身体的自我决定，认为对身体的医疗行为并非出于患者对自己身体的自我决定，而是为了祛除疾病，重获健康。而此时的同意并非身体权所包含的权能，其作为对于身体侵袭的阻却违法事由，更多的是侵权法上的意义，即获得同意的医疗行为并非侵权法意义上的违法行为。但随着医学的发展，医疗活动逐渐复杂，医疗方案也有多种选择，与每种医疗方案相伴的是不同的风险，人们逐渐认识到医疗活动在为患者祛除病痛的同时，也会对患者的人格特征产生重大影响，不同的医疗方案会造成患者不同的人格特征改变。针对自己的身体采取何种医疗措施，从而形成何种身体特征，直接体现了患者对于自己的人生安排，价值、道德观念以及内在的个性，从而直接影响患者未来的生活以及人格特质，对于患者的人格发展具有重大意义。对这种重大事项，只能由患者本人决定，患者是自己身体的决定权人，对于采用何种医疗方案享有自我决定权，权利人可以按照其内在人格特质去决定自己的身体特征，质言之，权利人可以按照其内在的情感、哲学、宗教以及人生观等构成其内在人格的重要观念，去对自己的身体特征进行自我决定，从而实现其人格发展。对于这种重大价值，法律必须予以保护。对此，传统身体权理论无能为力，其只保护身体的物理完整性。在得到患者概括同意的情况下，如果医生只是对手术风险、手术效果以及其他方案未予以告知，患者没有作出适当的医疗方案的选择，医生进行了非出于患者内在个性真实意愿的身体特征改变，这种情况很难说是侵害了身体的形式完整性，也阻碍了患者其自我决定权能的实现。

3. 身体权保护请求权。身体权保护请求权包括身体权请求权和身体权侵权请求权。身体权请求权是人格权请求权的范畴，身体权侵权请求权是身体权遭受侵权行为侵害，身体权人新生的请求权，以救济自己身体权的损害。身体权也是绝对权、对世权，除权利主体外，其他任何人都负有不得侵害身体权的法定义务。违反这一义务，侵害他人身体权，致身体的实质完整性和形式完整性受到损害，受害人有权依法请求侵权人承担相应的侵权责任。受害人行使这一权利，可以直接向加害人请求，也可以直接向人民法院起诉。该请求权也包括行使停止侵害、排除妨害的请求权。同时，权利人有权采取各种合法手段维护自己的身体完整性，排除他人侵害。

身体权的义务主体是权利人以外的其他自然人、法人和非法人组织。“任何组织和个人不得侵害他人的身体”是对义务主体负有义务的规定。侵害身体权的行为，是以身体权为侵害客体的行为。确定侵害身体权的侵权责任，应当适用过错责任原则。侵害身体权的侵权责任构成要件是：（1）违法行为。构成侵害身体权的行为，须违反法律。这种违法性，须违反保护自然人身体权的法律。侵害身体的行为方式，主要以作为的方式构成，如殴打、非法搜查、侵扰等。当行为人对他人负有特殊的作为要求时，不作为也可以构成。(2）损害事实。确认侵害身体权的损害事实必须与侵害健康的损害事实区分开。其标准在于，侵害身体权的损害事实，必须是身体构成的完整性、完全性受到损害，而对于身体机能运作的正常性及其整体功能的完善性没有明显的影响。确认侵害身体权的损害事实，还要与侵害名誉权的侮辱行为区别开来。目前的民法理论将侮辱一律归结为侵害名誉权的侵权行为。应当将侮辱人格的损害事实与侮辱身体的损害事实区分开。单纯对人格尊严或名誉进行侮辱，造成损害事实，是侵害一般人格权或名誉权的损害事实；以受害人的身体为对象进行侮辱者，造成的损害是侵害身体权的损害事实。(3）因果关系。侵害身体权责任构成中的因果关系，适用侵权责任构成因果关系要件的一般原理，并无特殊要求。在一般情况下，在侵害身体权的行为与结果之间，因果关系明显、直观，容易判断。在有些情况下，因果关系需要认真判断、证明，如不作为行为与身体权损害事实之间的因果关系情况比较复杂，确认因果关系必须有确凿的证据证明。(4）过错。故意、过失均可构成侵害身体权责任。在非法搜查、侵扰、殴打等行为中，行为人的过错应为故意，违反法定作为义务的不作为所生身体损害或不当外科手术所致身体损害，由过失构成。其过错采用原告证明方式，不得实行过错推定。在适用无过错责任原则的场合中，产品责任、高度危险作业、环境污染、动物致害和工伤事故案件，均可造成物质型人格权的损害，但主要是造成生命权、健康权的损害。上述侵权行为一般不会造成身体权的损害。

凡是具备以上侵害身体权责任构成要件的行为，行为人即应承担侵权民事责任。归纳起来，构成侵权责任的侵害身体权行为主要是以下几种：

1. 非法搜查自然人的身体。身体的完全性、完整性，包括形式的完全、完整和实质的完全、完整。身体的形式完整体现在自然人对自己身体支配的观念上，自然人是否接受对自己身体的检查，受自然人自己意志所支配，这种对自己身体支配的观念体现了自然人对自己身体形式完整的追求。依法搜查是职务授权行为，具有阻却违法的效力，不构成侵害身体权。非法搜查身体是指无权搜查或者有权搜查的机关或个人违反法律程序，擅自对自然人身体进行搜查的行为。非法搜查的主体可能是公、检、法机关，也可能是其他机关或个人。公、检、法机关有权搜查，但如未履行法定手续而擅自搜查他人身体，构成非法搜查行为；没有搜查权的机关或个人只要对他人身体进行搜查，就构成非法搜查身体。

2. 非法侵扰自然人身体。这种行为，在我国民法理论中一般称为侮辱行为，习惯上认作侵害名誉权。其来源是我国刑法理论。我国刑法没有设非法侵扰罪，故将这类犯罪行为归入侮辱罪的范围。侵权法研究沿袭了这一做法，也将其认作侮辱行为而构成名誉权的侵害。细究起来，这种行为直接侵害的并不是自然人名誉权而是身体权，是对自然人身体的直接侵害，因而以侵害身体权处理，更符合行为本身的特征。这种行为是可以造成受害人名誉的损害的，但这不是该种行为的基本法律特征，而是侵害身体权行为的一个加重情节。

3. 对身体组织之不疼痛的破坏。法律保护自然人身体不受破坏，不受侵害。任何人侵害他人身体使其身体组织遭受破坏，都是违法行为。一般认为，对身体组织的破坏只要不造成严重的痛楚，不认为是对健康权的侵害，而认其为对身体权的侵害。根据这种标准，构成对身体侵害的行为。

4. 不破坏身体组织的殴打。殴打既是侵害身体权的行为，也是侵害健康权的行为。“相争为斗，相击为殴”①，殴打是侵害身体权、健康权最典型的行为之一。既然如此，对这两种行为的区分应以后果加以区别，其标准为是否破坏身体组织功能的完善。殴打致受害人的身体组织功能不能完善发挥的，是侵害健康权，殴打已经进行但尚未造成上述后果的，是侵害身体权。在实务中，最常见的区分方法是行为是否造成伤害。

5. 因违反义务之不作为所生之侵害身体。侵害身体权或健康权从行为的外观上，都是作用于自然人的身体，区分时仍要以是否破坏自然人肌体组织功能完善作为标准，而非只要是上述违反义务的不作为所生的身体侵害均为侵害身体，还是要以行为的后果论，没有造成伤害后果的，为侵害身体权；造成身体机能伤害的，为侵害健康权。

6. 不当外科手术。医师施行手术，依现时通说认为，手术系为保全生命或身体之重要部分而为较小之牺牲，其目的正当，故欠缺违法性，医师之手术，得患者或其法定代理人之同意而行者固无论，即未同意者亦然。唯若医师不合手术之方法或治疗之目的及施行过度，致侵害患者之身体者，仍属于身体之侵害，而为损害赔偿之原因。②

---

① 《宋刑统·斗讼律》“斗殴故殴杀条”。

② 何孝元：《损害赔偿之研究》，台湾商务印书馆 1982 年版，第 135 页。

【案例评注】

张某诉程某身体权纠纷案[①]

基本案情

张某（女）和程某（男）于2005年登记结婚，2008年5月26日，程某因家庭琐事对张某实施家庭暴力，致张某身体多处受伤，经托克托县医院及内蒙古医学院附属医院诊断为头面部闭合伤、鼻骨骨折、鼻根部骨质缺失、左眼部损伤、双侧膝关节下损伤等综合症状。

为此，张某于2008年8月5日以程某犯故意伤害罪为由向托克托县人民法院提起刑事自诉，同时提出刑事附带民事诉讼请求，该院于2008年11月6日作出（2008）托刑初字第59号刑事附带民事判决，判决：一、程某犯故意伤害罪，免予刑事处罚；二、程某赔偿张某医疗费2541.1元、法医检查费300元、鉴定费300元、交通费200元，合计3341.1元。2010年7月22日，张某经呼和浩特市第一医院司法鉴定所鉴定鼻骨骨折为十级伤残。程某于2008年6月11日提起离婚诉讼，呼和浩特市中级人民法院作出（2011）呼民二终字第571号民事判决，判决双方离婚。2010年8月12日，张某向托克托县人民法院提起民事诉讼，要求程某赔偿其医药费、护理费等费用共计六万余元。托克托县人民法院经审理认为，公民的生命健康权受法律保护。根据《最高人民法院关于适用〈中华人民共和国婚姻法〉若干问题的解释（一）》第30条第2项的规定，"符合婚姻法第四十六条规定的无过错方作为被告的离婚诉讼案件，如果被告不同意离婚也不基于该条规定提起损害赔偿请求的，可以在离婚后1年内就此单独提起诉讼"。张某与程某虽然于2011年8月11日被判决离婚，但是程某于2008年6月11日提起离婚诉讼，而张某在2008年8月5日就程某对其实施家庭暴力一事已提起刑事自诉且获得了相应的民事赔偿，因而张某在与程某的离婚案件中作为无过错方的被告，已经提起了损害赔偿请求，故张某的行为便不再受上述法律的约束。根据原《民法通则》第136条的规定，身体受到伤害要求赔偿的诉讼时效为一年，且该诉讼时效期间应从知道或者应当知道权利被侵害时起计算。本案中张某于2008年8月5日提起刑事自诉这一行为就应当认定为其已经知道了自己的合法权利遭到了侵害而时隔两年后对此事再行起诉，显然超过了诉讼时效，对张某的诉讼请求

---

① 最高人民法院公布四十九起婚姻家庭纠纷典型案例之三十一。

不予支持，判决驳回原告张某的诉讼请求。张某不服一审判决，上诉至呼和浩特市中级人民法院，请求二审法院依法改判，支持其诉讼请求。

法院判决

呼和浩特市中级人民法院经审理认为，依据《中华人民共和国民法通则》第一百三十六条“下列的诉讼时效期间为一年：（一）身体受到伤害要求赔偿的”、第一百三十七条“诉讼时效期间从知道或者应当知道权利被侵害时起计算”以及《最高人民法院关于贯彻执行〈中华人民共和国民法通则〉若干问题的意见（试行）》第一百六十八条“人身损害赔偿的诉讼时效期间，伤害明显的，从受伤之日起算；伤害当时未曾发现，后经检查确诊并能证明是由侵害引起的，从伤势确诊之日起算”之规定，本案中程某对张某的人身损害发生于 2008 年 5 月 26 日，2010 年 7 月 29 日张某经呼和浩特市第一医院司法鉴定所鉴定鼻骨骨折构成十级伤残，即 2010 年 7 月 29 日张某的权利被侵害范围和损害数额得以确认，诉讼时效起算时间为 2010 年 7 月 29 日，故张某于 2010 年 8 月 12 日起诉请求程某承担人身损害赔偿责任没有超出诉讼时效。张某因程某的家庭暴力遭受人身损害，并经鉴定部门鉴定构成十级伤残，依照《最高人民法院关于审理人身损害赔偿案件适用法律若干问题的解释》相关规定，受害人遭受人身损害的，赔偿义务人应对受害人因人身损害产生的护理费、交通费、住院伙食补助费、必要的营养费、残疾赔偿金、被扶养人生活费、鉴定费、精神损害抚慰金等予以赔偿。综上，一审判决认定事实清楚，但适用法律错误，依法改判：一、撤销托克托县人民法院（2012）托民初字第 143 号民事判决；二、程某赔偿张某各项费用 48664. 31 元。

专家点评

本案是一起典型的家庭暴力案件。侵权人在实施家庭暴力的过程中，一般会对被家暴者的身体健康进行侵害、阶段性限制被家暴者的行动自由，情节严重者还会损害被家暴者的身体完整。家庭暴力实施者一般具有较强的侵权故意，家庭暴力案件是实践中多发的侵害权利人身体权、健康权的案件，一般具有暴力对象的特殊性、形式的多样性、行为的隐蔽性、结果的循环性等特点，在民法典生效前，对于家庭暴力的相关规范集中在原《民法通则》及其司法解释、原《侵权责任法》、原《婚姻法》及其司法解释、《妇女权益保障法》和《反家庭暴力法》以及《最高人民法院关于审理人身损害赔偿案件适用法律若干问题的解释》《最高人民法院关于确定民事侵权精神损害赔偿责任若干问题的解释》之中。本案审理法院在裁判中就适用了上述部分条文作为裁判依据。民法典人格权编第 1003 条是对自然人身体权享有和保护的具体规定，民法典生效后，该条可作为家庭暴力案件中认定人格权侵权的直接法律渊源。

本案裁判的典型价值还在于对于身体权侵权损害赔偿请求权时效的认定。根据原《民法通则》的规定，自然人身体受到伤害的损害赔偿请求权行使的诉讼时效期间是从知道或者应当知道权利被侵害时起算的1年。民法典生效后，一般请求权的诉讼时效为自权利人知道或者应当知道权利受到损害以及义务人之日起计算的3年，最长诉讼时效20年。在侵害自然人身体权的案件中，请求停止侵害的人身权请求权以及因侵害身体权导致的支付抚养费、赡养费或者扶养费的请求权不受诉讼时效限制，但因侵害身体权引发的损害赔偿请求权仍有诉讼时效。对于身体权侵权造成的损害，有即时可知的损害，也有侵害后在一定时间内未有明显表征但潜在的损害，本案裁判中适用“人身损害赔偿的诉讼时效期间，伤害明显的，从受伤之日起算；伤害当时未曾发现，后经检查确诊并能证明是由侵害引起的，从伤势确诊之日起算”的规范正确认定了该损害赔偿请求权的诉讼时效，为相关案例提供了裁判参考。

第一千零四条　自然人享有健康权。自然人的身心健康受法律保护。任何组织或者个人不得侵害他人的健康权。

【条文释义】

本条是对自然人健康权的规定。

健康权，是指自然人以自己的机体生理机能正常运作和功能完善发挥，维持人体生命活动的利益为内容的具体人格权。

健康权的客体是健康。现代汉语称“健康”者，为人体各器官发育良好，功能正常，体质健壮，精力充沛并且有良好劳动效能的状态；[①] 或者人体生理机能正常，没有缺陷和疾病。[②] 在法律上，健康，是指维持人体生命活动的生理机能的正常运作和功能的完善发挥，这两个要素协调一致发挥作用，达到维持人体生命活动的最终目的。规定身心健康是健康权的客体，所谓心理，是指人的头脑反映客观现实的过程，如感觉、知觉、思维、情绪等，也泛指人的思想、感情等内心活动。它属于精神的范畴。所谓生理，是指人的机体的生命活动和体内各器官

① 《辞海》（缩印本），上海辞书社1979年版，第254页。

② 《现代汉语词典》，商务印书馆1978年版，第550页。

的机能。[①] 对此学理上有不同看法，因为有的观点认为心理健康并不是健康权的内容，本条坚持认为心理健康也是健康权保护的内容。

健康权以人体的生理机能正常运作和功能的正常发挥为具体内容，但不是以人体的整体构造为客体。健康权与身体权的区别是：健康权维护的是自然人的肌体生理机能正常运作和功能的完善发挥，身体权维护的是自然人身体组成部分的完整。简言之，健康权保护的是身体机能的完善性，身体权保护的是身体组成部分的完整性。

健康权以维持人体的正常生命活动为根本利益，但不是以人的生命安全和生命价值为客体。健康权所体现的根本利益，在于维护人体机能的完善性，进而维持人体的正常生命活动。尽管生命和健康紧密相联，但它们却不是一个概念，生命和健康同样存在于身体这一物质形态之中，相伴相存，但健康是维持人体正常生命活动的基础，当健康受到侵害时，无论是发生器质性的改变，还是功能性的改变，都可以经过医治而使其康复或好转，保持人体的生命能力；而当生命权受到侵害时，生命的丧失具有不可逆转性。健康损害的可康复性和生命损害的不可逆转性，是健康权和生命权的一个重要区别。此外，健康权以维持人体的正常生命活动为根本利益，但它不是以生命为客体，不是保护生命安全、生命价值的利益。这是健康权与生命权的另一重要区别。在现实中，有些行为的侵害目标是健康权，但最终因健康状况的严重损害而导致生命的丧失。在这种情况下，民法不采用刑法关于伤害致死和杀人的区别，而是以最终结果论，造成死亡后果的就是侵害生命权行为；没有造成死亡后果的，无论损伤多么严重，甚至造成受害人思维丧失的植物人后果，只要其生命尚存在，就认定其为侵害健康权的行为。

健康权保护的是自然人身体功能的正常发挥，使其运作、运动自主，但不保护身体、意志不受外界约束。健康权与人身自由权都保护人的自主运动和自主思维，但健康权保护的人的自主运动和自主思维是指人体自身的功能，这种功能决定人能够按照自己的意志去行动、去思维。人身自由权所保护的人的自主运动、自主思维，是指人的行为、意志不受外来的非法拘束。这两种权利的区别，从侵害行为的角度考察可以看得更清楚。侵权行为侵害健康权，作用于人的内在因素，使其不能自主运动、自主思维，原因在于人体机能完善性的破坏和功能发挥的受限制，完全属于人体的内因。侵害人身自由权是对人的行动、意志设置外来的障碍，使人因外界的束缚或影响而不能自主行动、自主思维，非法限制人身自由完全是外因所致。

---

① 《现代汉语词典》，商务印书馆 1978 年版，第 1270 页、第 1016 页。

健康权是自然人享有的具体人格权，具有完整的权能体系，具体而言其主要表现为：

1. 健康享有权。健康享有权，就是权利人享有保持其身体健康、发展其身体健康的权利。权利人对于自己的身体健康状况，如身体各器官、系统发育，功能发挥，体质、精力如常，保持劳动能力等，依法享有权利，有权保持它，有权发展它。保持健康，是指权利人对自己的健康状况有权保持，不被破坏；发展健康，是指权利人通过各种手段（内在的如通过锻炼、健身等；外在的如通过医疗手段等），增强体力，提高健康水平。这不仅是自然人维护自身生命、提高自己生活质量，追求体格、精神的完美状态，同时也具有维护社会利益，提高人类生存质量的意义。保持自己的健康，就是使自己的健康状况保持完好的状态，通过各种体育活动提高健康水平，在生理机能、功能出现异常状况，即健康状况下降的时候，有请求医疗、接受医治的权利，使健康状况达到完好的状态或者恢复到原有状态。这些权利的行使，不受任何他人的干涉或强制。对于这些权利，均由权利人自己行使，任何人不得剥夺，不得干预。任何人剥夺、干预、破坏权利人的健康享有权，都构成侵权行为。

2. 健康支配权。人格权均为对人格利益的支配性权利，那么健康权是否也具有支配权的性质呢？在实务上，有人认为健康权不具有支配性，原因是自然人不能随意支配其健康，更不能依其支配权而放弃健康，这种认识是不正确的。应当说，权利的放弃并不是支配权的唯一内容，即使是健康权的支配权也是如此。且不说放弃健康是否合法，单就健康权人对健康维护权、对劳动能力的支配权，以至于在健康权受到侵害时对法律保护的请求权，都体现了健康权的支配权性质。健康的支配属性，也是健康自我决定权的体现，权利人针对自己的健康状况具有自我决定权，意味着其可以通过各种体育活动提高健康水平，在生理机能、功能出现不正常状况即健康状况下降的时候，有请求医疗、接受医治的权利，使健康状况达到完好的状态或者恢复到原有状态。那些干涉他人自主选择治疗方式，利用巫术欺诈患者等阻碍权利人进行治疗的行为，都属于对自我决定权的侵害。健康利益支配权不是绝对的支配权，受到适当的限制。不过，对健康权限制的程度不及对生命支配权限制得那么严格。对健康权的主要限制是：第一，强制治疗、强制戒毒等强制性改善自然人健康状况的行政措施，不是对健康权这种支配权的强制干涉和侵犯，而是维护个人健康和公共利益的必要手段，是对权利人健康利益支配权的适当限制。第二，订立处分健康权的合同，或者订立免除侵害健康权责任的免责条款，或者订立以将健康毫无意义地置于危险状态为内容的合同，都应当认为无效。[1] 不过，在体育运动以及其他有关场合，这样的行为为有效。第三，健康利益不得利用和转让。健康利益不具有财产利益，不得将健康利益商品化，应用于商业交易之中。同样，健康权是权利人的人格权，具有固有性，不得转让他人或者被他人利用。

3. 健康保护请求权。健康维护权的另一项重要内容，是当自然人健康权受到不法侵害时，享有法律保护的请求权，包括健康权请求权和健康权侵权请求权。健康权是绝对权、对世权，除权利主体外，其他任何人都负有不得侵害健康权的法定义务。违反这一义务，侵害他人健康权，致健康状况受到损害，受害人有权依法请求侵权人承担相应的民事责任，构成犯罪的，还应当依法承担刑事责任。受害人行使这一权利，可以直接向加害人请求，也可以向有关组织请求，还可以直接向人民法院起诉。同时，也包括行使停止侵害、排除妨害的请求权。权利人有权采取各种合法手段维护自己的健康，排除他人的侵害。在发生损害健康的危险情形下，权利人可以主张消除危险、避免人身损害事故的发生。如果已经面临实际的健康危险，权利人可以采取正当防卫和紧急避险以保护自己的健康。

健康权的义务主体是权利人之外的所有的自然人、法人和非法人组织。“任何组织和个人不得侵害他人的健康权”，规定的就是健康权的义务主体及负有的法定义务。构成侵害健康权的侵权责任，在一般场合，适用过错责任原则，其构成须具备违法行为、损害事实、因果关系和过错四个要件。适用过错推定原则，其侵权责任构成仍须具备上述四个要件，唯有过错要件实行过错推定，举证责任倒置。适用无过错责任原则确认侵害健康权行为责任，不需具备过错要件，其余三个要件的内容相同。具体侵权行为构成要件是：

1. 侵害健康权的违法行为。在侵害健康权的责任构成中，其客观的行为要件，作为和不作为均可构成。作为的侵害健康权行为，是主要的行为方式。最常见的侵害健康权行为是殴打，另外，交通肇事、食源性疾患、药物中毒、毒气中毒、污染行为也是重要的侵害健康权的行为。这些行为，主要是违反了保护他人健康权的不作为义务，通过积极的行为而致他人损害。不作为的侵害健康权行为，也是侵害健康权的重要行为方式。其特征是，行为人负有保护他人健康的作为义务，违背该作为义务而不作为，即不作为的侵权行为。行为人自己实施的侵害他人健康权的行为，是直接行为。行为人虽未亲自实施，但由其管束、监护、隶属下的人实施的行为，或者由其管理的物件致害他人健康的行为，是侵害健康

---

① 参见尹田：《自然人具体人格权的法律探讨》，载《河南省政法管理干部学院学报》2004 年第 3 期。

权的间接行为。侵害健康权的行为多数是直接行为，但间接行为在侵害健康权中，亦占相当重要的地位。例如，监护人监护下的被监护人的行为，受雇人的行为，用人单位的工作人员的行为，以及建筑物致害、动物致害等，都可构成侵害健康权的间接行为。

2. 侵害健康权的损害事实。侵害健康权所致损害事实是构成侵权责任的要件之一，包括三个方面：（1）健康受损的事实。这表现为自然人维持人体生命活动的生理机能受到损害，因而生理机能不能正常运作，功能不能完善发挥，包括器质性损害和功能性损害，如外伤、内伤、疾患、精神病等。（2）健康受损导致受害人财产利益的损失。这种损失是受害人因医治伤害、恢复健康所支出的费用以及因健康受损而致的其他财产损失，诸如因伤害而支出的医疗费、误工损失、转院治疗的差旅费、住宿费、护理费、营养费以及劳动能力丧失所致间接受害人的扶养费等。这些费用，都是健康受损所造成的财产损失，对于健康受损所赔偿的费用，即指此种财产利益的损失。赔偿的范围，应以此种财产利益的损失范围大小确定。（3）精神损害。健康权受损害，必然造成受害人精神上的痛苦和折磨。这种损害难以用金钱计算其损失价值，但予以金钱适当赔偿，可以抚慰受害人的感情，平复其精神创伤。因而，健康受损所致精神痛苦为抚慰金赔偿的标的。

3. 侵害健康权的因果关系。确定侵害健康权违法行为与损害事实之间的因果关系，应依相当因果关系学说判断。违法行为与健康损害结果之间依一般社会经验和智识判断，能够发生因果联系，在客观上该种行为又确实引发了这样的损害结果，即应确认其二者具有因果关系。在违法行为直接引起健康权损害结果的情况下，因果关系的要件较易判断。在违法行为间接引起健康权损害结果的场合，违法行为只是引起健康权损害结果发生的原因之一，其中还有其他原因与违法行为相互作用，引起损害的发生。在这种场合，因果关系要件的确定较为困难。具体地说，有四种情况：（1）违法行为与自然原因相互配合，致受害人伤害；（2）违法行为与第三人的行为相互配合，致受害人伤害；（3）违法行为与受害人自身的原因相互配合，致受害人伤害；（4）违法行为致受害人伤害后，第三人的行为致损害进一步扩大。在这些情况下，违法行为以外的其他原因事实，对损害结果的发生所起的作用，分为两类：一是助成，二是扩大。无论是助成还是扩大，均为健康权损害的共同原因。凡是因共同原因致健康权损害事实发生者，判断因果关系要件的规则如下：一是不否认违法行为是损害事实发生的原因，即须确认违法行为与健康损害事实间有因果关系。二是应当区分违法行为对健康损害事实发生的原因力大小，依其原因力确定行为人所应承担的责任范围，对于因自然原因、受害人自身的原因致损害发生，应依其原因力大小，由受害人自己承担责任；对于因第三人的原因致损害发生，亦依其原因力大小，由该第三人承担责任。在致人健康受损的因果关系中，环境污染致人健康损害案件适用推定因果关系的理论。

4. 侵害健康权的过错。在侵害健康权的责任构成中，故意、过失均可构成该要件。在适用过错责任原则时，过错应由受害人证明；在适用过错推定责任原则时，受害人不负举证责任，加害人无过错，由加害人证明。适用无过错责任原则，则不要求有过错的要件。

需要特殊说明的是关于胎儿健康权保护的问题。对胎儿健康利益的民法保护，应自女性成功受孕时起。无论女性是因合法婚姻关系而受孕，还是因合法婚姻关系以外的男女性行为而受孕，均在法律保护的范围之内。这是因为，女性因合法婚姻关系受孕或因合法婚姻关系外的男女性行为受孕，就胎儿而言，均享有合法的健康利益，这和非婚生子女与婚生子女在法律上地位平等、权利平等是一致的。当女性成功受孕时，其胎儿即享有健康利益。成功受孕当指精子与卵子结合，并于子宫内膜着床时始，并非要待胎儿初具人形，或者胎儿要有胎动之时，才视为成功受孕。自成功受孕时起，胎儿即享有健康利益。

对胎儿健康利益的侵害，表现为胎儿怀于母腹之中时，外力作用于母体，致胎儿身体功能的完善性受损害，既可以是致其外伤，也可以是致其内伤，还可以是致其患某种疾病。输血、输液造成母亲感染疾病，并使胎儿也受此感染者，属于胎儿健康利益受害。当外力作用于母体致胎儿外伤，或致内部器官损伤，因而致胎儿功能损害，皆为对胎儿健康利益的侵害。确定胎儿健康利益的损害事实，须在胎儿出生，具有民事权利能力以后。胎儿尚在母腹之中，其健康利益的损害无法精确确定，只有在其出生之后才能够确定。因而，对胎儿健康利益的法律保护，虽为对健康利益的延伸保护，但在客观上，则须在其出生之后才能正式进行。在此时提出法律保护的请求，溯及胎儿受孕之时的损害，予以法律救济。至于在自其出生后始至何时止的期间内才可以请求法律保护，应以健康利益的损害能够确定时，为该期间的止期。胎儿健康利益损害的请求权，应由胎儿出生后具有民事权利能力的本人享有并行使，不能由他人行使。这是因为，胎儿健康利益受损，并未害及其生命法益，当其活着出生之后，其即具有民事权利能力，自然可依自己的人格，享有权利，行使权利。在其不具有或不完全具有民事行为能力时，其行使权利可由其亲权人或监护人代理，但本人为权利主体。对于胎儿健康利益的损害赔偿，应依健康权损害赔偿的一般原则进行。

【案例评注】

刘某某诉孙某某、李某健康权纠纷案①

基本案情

被告孙某某是江都区仙女镇仁芳日用品经营部个体业主，系某科技集团的加盟店，被告李某系某科技集团公司销售经理。原告刘某某曾在仁芳日用品经营部购买保健产品。2013 年 3 月 22 日，李某携带三台数码经络治疗仪至孙某某开设的仁芳日用经营部进行指导，孙某某遂联系刘某某。在指导过程中，李某向刘某某介绍数码经络治疗仪具有通经络的功效，并对刘某某使用了数码经络治疗仪，即将数码经络治疗仪贴在手腕内关穴，在此过程中李某同时要求刘某某大量饮用温白开水，后刘某某感觉不适，并有呕吐现象。当日下午，刘某某再次至仁芳日用品经营部并被使用数码经络治疗仪并继续大量饮用温开水。晚上刘某某又感不适，并被送至扬州洪泉医院治疗，后转送至江苏省苏北人民医院治疗，入院诊断为“水中毒；电解质代谢紊乱；癫痫持续状态”。2013 年 3 月 30 日，刘某某出院，出院医嘱：注意休息，门诊随诊。现因原、被告之间就赔偿事宜商谈未果，故刘某某起诉至法院，要求两被告赔偿医疗费、误工费等各项损失合计 100000 元，审理中，刘某某明确其诉讼请求为要求两被告赔偿各项损失合计 39556.12 元。

上述数码经络治疗仪并非某科技集团生产销售的产品，被告李某对原告刘某某的上述行为系其个人行为。2013 年 3 月 25 日，经扬州市江都区食品药品监督局对仁芳日用品经营部检查，在该经营部发现“健康使者数码经络治疗仪”一台，该产品外包装盒、机身和使用说明书上均未标示生产厂家、注册证号、生产日期等信息，该产品的外包装盒标示的适应范围为：肩周炎、高血压、月经不调等各种急、慢性病症，还标示有“粤药管械生产许 20061375 号”和“医疗器械经营许可证粤 023415 号”等字样。江苏省食品药品监督管理局根据“健康使者数码经络治疗仪”的预期目的、作用机理和工作方式，确认将此产品应按第Ⅱ类医疗器械管理。

法院判决

一审法院认为，公民的健康权受法律保护。本案中，被告李某作为指导老

① 《最高人民法院公报》2019 年第 1 期案例。

师，在指导原告刘某某使用未经注册的产品过程中既未明确告知刘某某使用该产品的特殊情况和注意事项，又作出了要求刘某某大量饮水等不恰当的指导，导致此次事故的发生，应当承当主要过错责任。被告孙某某作为召集人和指导场地的提供者，未设立该数码经络治疗仪与其经营的产品无任何关系的区别性标志，且在此过程中提供辅助性服务，依法亦应承担相应的法律责任。

孙某某不服一审判决，提起上诉。二审法院认为上诉人孙某某作为个体店主，其联系被上诉人刘某某到该店接受服务，作为召集人和指导场地的提供者，对被上诉人李某在其店内进行的所谓治疗的合法性、适当性应有基本的审查义务。孙某某不仅对李某的仪器未行审查，且提供烧水的辅助性服务，主观上存在一定过错，客观上其行为与刘某某的损害后果亦有关联，其所称的治疗仪器非自身经营对判断其承担相应责任没有影响，原审据此认定孙某某承担次要赔偿责任依据充分。

专家点评

一般的身体权侵权案件多属于行为人直接侵害受害人健康权的案件，本案关涉的健康权侵权方式与一般案件有所不同，是关于未尽相应审查义务导致侵害他人健康权的案件。本案中，经营日常生活用品的个体店主允许他人在其经营场所内从事产品宣传服务时，其作为场地提供者，应对所宣传的产品及服务的合法性、适当性进行必要的审查，若未尽此义务，造成他人损害的，属于通过不作为侵害他人身体权的行为。由于场地提供者未尽合理审查义务，导致有健康隐患的商家在场地内从事经营活动，消费者在此消费后因场地内销售者销售的产品产生健康权损害的，该损害结果与场地提供者的未尽审查义务具有因果关系，场地提供者亦因未履行相应的审查义务而具有过错，应当依法承担相应的侵权责任。其中，对于因果关系和过错的认定均源于场地提供者对于场地内从事经营销售的主体具有审查义务。同时本案裁判还提示我们，在司法实践中，健康权受到侵害的原因纷繁复杂，在其侵权责任认定上，除人格权请求权的行使外，需要按照一般侵权责任要件进行认定。

第一千零五条　自然人的生命权、身体权、健康权受到侵害或者处于其他危难情形的，负有法定救助义务的组织或者个人应当及时施救。

【条文释义】

本条是对自然人处于危难时特定主体负有救助义务的规定。

当自然人的人身受侵害或者处于危难情形时，负有法定救助义务的组织和个人应当及时履行救助义务。这一规定与民法典侵权责任编第1220条关于医疗机构紧急救助义务的规定相衔接，也和民法典总则编第184条规定相衔接。

负有法定救助义务的组织和个人，是指医疗机构、院前救助机构以及负有法定救助义务的个人等，这些机构和个人依照法律的规定，负有对处于危难之中的自然人的救助义务。例如，《人民警察法》第21条第1款规定，人民警察遇到公民人身、财产安全受到侵犯或者处于其他危难情形，应当立即救助。《人民武装警察法》第18条规定，人民武装警察遇到公民人身、财产安全受到侵犯或者处于其他危难情形，应当及时救助。《执业医师法》第24条规定，对急危患者，医师应当采取紧急措施及时进行诊治；不得拒绝急救处置。

实施法定救助义务的情形：（1）自然人的生命权、身体权、健康权受到侵害之时；（2）自然人的生命权、身体权、健康权处于其他危难情形。当出现这样的情形之时，负有法定救助义务的机构和个人，必须负起紧急救治的责任，对该自然人进行紧急救治。没有及时实施相应的医疗措施，应当依照民法典侵权责任编第1218条和第1221条规定，承担过错责任的侵权责任，赔偿受害人的损失。当人们负有某种特别的职责时，如军人、刑警、消防队员，以及客运的车、船驾驶、乘务人员及航空器的机长、乘务员等，均负有保卫国防、治安、财产以及人民安全的义务，其从事该种职务之初，就已经作出了必要时舍弃自己生命利益的承诺。违反这种特别义务为违法行为，应当承担法律责任。

本条规定的是负有法定救助义务的机构和个人。如果不属于负有法定救助义务的机构或者个人，发现自然人的生命权、身体权、健康权受到侵害或者处于其他危难情形，依据道德也是应当予以救助的，造成被救助人的损害，应当适用民法典总则编第184条规定，免除责任。

【案例评注】

张某某、张某甲诉朱某某生命权纠纷案[①]

基本案情

2017年1月9日11时许，张某某由南向北驾驶两轮摩托车行驶至古柳线青坨鹏盛水产门口，与张某甲无证驾驶同方向行驶的无牌照两轮摩托车追尾相撞，张某某跌倒、张某甲倒地受伤、摩托车受损，后张某某起身驾驶摩托车驶离现场。此事故经曹妃甸交警部门认定：张某某负主要责任，张某甲负次要责任。

事发当时，被告朱某某驾车经过肇事现场，发现肇事逃逸行为即驾车追赶。追赶过程中，朱某某多次向柳赞边防派出所、曹妃甸公安局110指挥中心等公安部门电话报警。报警内容主要是：柳赞镇一道档北两辆摩托车相撞，有人受伤，另一方骑摩托车逃逸，报警人正在跟随逃逸人，请出警。朱某某驾车追赶张某某过程中不时喊“这个人把人怼了逃跑呢”等内容。张某某驾驶摩托车行至滦南县胡各庄镇西梁各庄村内时，弃车从南门进入该村村民郑某家，并从郑某家过道屋拿走菜刀一把，从北门走出。朱某某见张某某拿刀，即从郑某家中拿起一个木凳，继续追赶。后郑某赶上朱某某，将木凳讨回，朱某某则拿一木棍继续追赶。追赶过程中，有朱某某喊“你怼死人了往哪跑！警察马上就来了”，张某某称“一会儿我就把自己砍了”，朱某某说“你把刀扔了我就不追你了”之类的对话。

走出西梁各庄村后，张某某跑上滦海公路，有向过往车辆冲撞的行为。在被李某驾驶的面包车撞倒后，张某某随即又站起来，在路上行走一段后，转向铁路方向的开阔地跑去。在此过程中，曹妃甸区交通局路政执法大队副大队长郑某亮等人加入，与朱某某一起继续追赶，并警告路上车辆，小心慢行，这个人想往车上撞。张某某走到迁曹铁路时，翻过护栏，沿路堑而行，朱某某亦翻过护栏继续跟随。朱某某边追赶边劝阻张某某说：被撞到的那个人没事儿，你也有家人，知道了会惦记你的，你自首就中了。2017年1月9日11时56分，张某某自行走向两铁轨中间，51618次火车机车上的视频显示，朱某某挥动上衣，向驶来的列车示警。2017年1月9日12时02分，张某某被由北向南行驶的51618次火车撞倒，后经检查被确认死亡。

---

① 最高人民法院指导案例98号，审理法院：一审法院为河北省滦南县人民法院，案号：（2017）冀0224民初3480号；二审法院为河北省唐山市中级人民法院，案号：（2018）冀02民终2730号。

在朱某某跟随张某某的整个过程中，两人始终保持一定的距离，未曾有过身体接触。朱某某有劝张某某投案的语言，也有责骂张某某的言辞。张某甲在与张某某发生交通事故受伤后，当日先后被送到曹妃甸区医院、唐山市工人医院救治，于当日回家休养，至今未进行伤情鉴定。张某某死亡后其第一顺序法定继承人有二人，即其父张某乙、其子张某丙。2017 年 10 月 11 日，大秦铁路股份有限公司大秦车务段滦南站作为甲方，与原告张某丙作为乙方，双方签订《铁路交通事故处理协议》，协议内容为："2017 年 1 月 9 日 12 时 02 分，51618 次列车运行在曹北站至滦南站之间 90 公里 495 处，将擅自进入铁路线路的张某某撞死，构成一般 B 类事故；死者张某某负事故全部责任；铁路方在无过错情况下，赔偿原告张某丙 4 万元。"

法院判决

法院认为，本案焦点问题是被告朱某某的行为是否具有违法性；被告朱某某对张某某的死亡是否具有过错；被告朱某某的行为与张某某的死亡结果之间是否具备法律上的因果关系。

首先，案涉道路交通事故发生后张某甲受伤倒地昏迷，张某某驾驶摩托车逃离。被告朱某某作为现场目击人，及时向公安机关电话报警，并驱车、徒步追赶张某某，敦促其投案，其行为本身不具有违法性。同时，根据《中华人民共和国道路交通安全法》第七十条规定，交通肇事发生后，车辆驾驶人应当立即停车、保护现场、抢救伤者，张某某肇事逃逸的行为违法。被告朱某某作为普通公民，挺身而出，制止正在发生的违法犯罪行为，属于见义勇为，应予以支持和鼓励。

其次，从被告朱某某的行为过程看，其并没有侵害张某某生命权的故意和过失。根据被告朱某某的手机视频和机动车行驶影像记录，双方始终未发生身体接触。在张某某持刀声称自杀意图阻止他人追赶的情况下，朱某某拿起木凳、木棍属于自我保护的行为。在张某某声称撞车自杀，意图阻止他人追赶的情况下，朱某某和路政人员进行了劝阻并提醒来往车辆。考虑到交通事故事发突然，当时张某甲处于倒地昏迷状态，在此情况下被告朱某某未能准确判断张某甲伤情，在追赶过程中有时喊话传递的信息不准确或语言不文明，但不构成民事侵权责任过错，也不影响追赶行为的性质。在张某某为逃避追赶，跨越铁路围栏、进入火车运行区间之后，被告朱某某及时予以高声劝阻提醒，同时挥衣向火车司机示警，仍未能阻止张某某死亡结果的发生。故该结果与朱某某的追赶行为之间不具有法律上的因果关系。

综上，原告张某乙、张某丙提出的诉讼请求理据不足，不予支持。

专家点评

本案裁判时，民法典人格权编第1005条尚未生效。本案中被告朱某某的行为是否构成侵权，主要应判断朱某某行为的性质从而认定朱某某行为是否具有过错。本案中，朱某某是普通公民，本不负有追击犯罪嫌疑人的法定义务，但是其出于阻止犯罪、追缉交通肇事人的目的对张某某进行了追赶，属于保护国家、社会公共利益或者他人的人身、财产安全所实施的阻止不法侵害者逃逸的行为，应被认定为见义勇为，本案法院在此性质的判断上是妥当的。在追赶过程中，张某某持刀威胁，情绪不稳，存在伤害朱某某的可能，朱某某相应拿起木棍属于自卫行为，并非对张某某构成威胁的行为。此过程中朱某某喊话劝阻的行为亦非侵权行为。见义勇为是值得被支持和鼓励的行为，也是法定的民事侵权责任阻却事由，不应将朱某某的行为认定为侵权行为。在张某某为逃避追赶进入火车运营区间后，朱某某仍为普通公民，张某某虽因躲避朱某某追赶进入了危险区域，但该追赶属于见义勇为的行为，具有合法性，张某某本不应逃避，而且张某某作为成年人，自身应该认识到进入火车运行区间存在高度危险性，其应该对自己的行为负责，朱某某对张某某不负法定救助义务。此后朱某某高声提醒劝阻的行为是自发的帮助行为，即使最后未能阻止张某某的死亡结果发生，亦不能认定朱某某存在过错。本案在此处的认定也具有参考价值。

第一千零六条　完全民事行为能力人有权依法自主决定无偿捐献其人体细胞、人体组织、人体器官、遗体。任何组织或者个人不得强迫、欺骗、利诱其捐献。

完全民事行为能力人依据前款规定同意捐献的，应当采用书面形式，也可以订立遗嘱。

自然人生前未表示不同意捐献的，该自然人死亡后，其配偶、成年子女、父母可以共同决定捐献，决定捐献应当采用书面形式。

【条文释义】

本条是对自然人捐献人体组成部分基本规则的规定。

在本条生效前，我国有关自然人捐献身体组成部分的事项主要由《人体器官移植条例》等相关行政法规、规章规定。根据《人体器官移植条例》第2条的规定，人体器官移植是指摘取人体器官捐献人具有特定功能的心脏、肺脏、肝脏、肾脏或者胰腺等器官的全部或者部分，将其植入接受人身体以代替其病损器官的过程。从事人体细胞和角膜、骨髓等人体组织移植，不属于《人体器官移植条例》的调整对象，但属于本条第1款对于人体细胞、人体组织的捐献。

捐献人体细胞、人体组织、人体器官、遗体是关涉自然人生命健康和人格尊严的重大决定，应当遵循自愿、无偿的原则。行为人应当年满18周岁且具有完全民事行为能力，任何组织或者个人不得摘取未满18周岁公民的活体器官用于移植。公民享有捐献或者不捐献其人体器官的权利；任何组织或者个人不得强迫、欺骗或者利诱他人捐献人体器官。公民捐献其人体器官应当有书面形式的捐献意愿，对已经表示捐献其人体器官的意愿，有权予以撤销。公民生前表示不同意捐献其人体器官的，任何组织或者个人不得捐献、摘取该公民的人体器官；公民生前未表示不同意捐献其人体器官的，该公民死亡后，其配偶、成年子女、父母可以以书面形式共同表示同意捐献该公民人体器官的意愿。

在捐献器官的过程中，根据《人体器官移植条例》第19条第1款的规定，从事人体器官移植的医疗机构及其医务人员摘取活体器官前，应当履行下列义务：（1）向活体器官捐献人说明器官摘取手术的风险、术后注意事项、可能发生的并发症及其预防措施等，并与活体器官捐献人签署知情同意书。（2）查验活体器官捐献人同意捐献其器官的书面意愿、活体器官捐献人与接受人存在本条例第10条规定关系的证明材料。（3）确认除摘取器官产生的直接后果外不会损害活体器官捐献人其他正常的生理功能。

在程序上，根据《卫生部活体器官移植规定》的要求，从事活体器官移植的医疗机构应当要求申请活体器官移植的捐献人与接受人提交以下相关材料：（1）由活体器官捐献人及其具有完全民事行为能力的父母、成年子女（已结婚的捐献人还应当包括其配偶）共同签署的捐献人自愿、无偿捐献器官的书面意愿和活体器官接受人同意接受捐献人捐献器官的书面意愿。（2）由户籍所在地公安机关出具的活体器官捐献人与接受人的身份证明以及双方第二代居民身份证、户口本原件。（3）由户籍所在地公安机关出具的能反映活体器官捐献人与接受人亲属关系的户籍证明。（4）活体器官捐献人与接受人属于配偶关系，应当提交结婚证原件或者已有生育子女的证明。（5）省级卫生行政部门要求的其他证明材料。从事活体器官移植的医疗机构应当配备身份证鉴别仪器并留存上述证明材料原件和相关证件的复印件备查。

总的来说，自然人捐献自己的身体组成部分或者遗体，是行使身体权的行为，受民法典总则编第130条规定的自我决定权的约束，须自主决定。捐献自己人体组成部分的行为，是有利于他人的高尚行为，在不影响或者不严重影响自己健康的情况下，依照权利人自己的意志进行。捐献行为不得有偿进行，但是并不妨碍受益人给予一定的补偿或者营养费，以弥补权利人健康受到的损害。捐献的对象是身体的组成部分，也可以是自己死亡后的遗体，但是不得捐献影响生命或者严重损害健康的人体组成部分。对于捐献自己身体组成部分的行为，任何组织和个人都不得实施欺诈、利诱、胁迫，不能通过这样的方法强令自然人进行上述的人体组成部分的捐献。实施欺诈、利诱或者胁迫的方法使自然人违背其真实意志而实施捐献行为的，构成侵害身体权的侵权行为，应当依照过错责任原则的规定，承担侵权责任。

【案例评注】

范某甲等诉×医院等医疗服务合同纠纷上诉案[①]

基本案情

范某甲系范某某之妻，范某乙系范某某之女，范某丙、范某丁系范某某之子。范某某于2016年3月5日因尿毒症至×医院进行同种异体肾移植手术，术后出现移植肾功能延迟恢复情况，范某某于2016年11月7日至×医院住院33天，诊断：肺炎、移植肾功能不全、菌血症、心功能不全、肝功能不全、凝血功能异常、消化道出血、肾性高血压、肾性贫血、低蛋白血症、电解质紊乱、高钾血症、高胆红素血症、血小板减少症、抑郁症。范某某于2016年12月11日死亡。

范某甲等称，范某某在进行肾移植前向×医院支付了肾源费35万元，后×医院退回14万元，并提交了其与×医院医生王某的对话录音。×医院、医生王某对该录音合法性不认可，称系偷录。在庭审过程中，经法院询问，范某甲等称医生王某告知其所有接受移植的病人要向供体买肾，把钱支付给供体。×医院、医生王某称当时是与范某某家属说明了要将35万元给供体，但并没有说是买肾，因为买卖肾脏是禁止的。

×医院、医生王某提交了器官捐献相关流程及红十字会网站新闻，称红十字会拟以经济补偿刺激器官捐献。范某甲等对真实性不予认可。另经法院询问，×医院、医生王某称无法提供支付21万元相关花费明细，称根据伦理规范是需要保

① 审理法院：一审法院为北京市第一中级人民法院，案号：（2018）京01民终1357号；二审法院为北京市海淀区人民法院，案号：（2017）京0108民初33106号。

密的。×医院、医生王某另称器官移植采取的原则是禁止买卖、适当补偿。器官保存等成本应由范某某负担，范某某支付的费用不是交给医生或医院，是交给供体用于相应花费的，花费的票据无法向供体要。其中有些钱是通过协调员给的，但是协调员也无法提供相关票据。原告起诉请求：(1) 判令×医院、医生王某返还肾源费21万元；(2) 判令×医院、医生王某支付自2016年3月7日开始至肾源费全部返还之日止的利息（以21万元为基数，按照同期贷款利率计算）；(3) 诉讼费由×医院、医生王某负担。

法院判决

一审法院认为，依法成立的合同，对当事人具有法律约束力，当事人应当按照合同约定履行自己的义务。王某系×医院医生，事发时系履行职务行为，故相应的责任应由×医院承担。我国现行的器官移植法律制度倡导自愿、无偿的器官捐献原则，明令禁止器官买卖，但并未禁止接受器官一方对供体家属自行进行补助。现根据庭审情况可以认定×医院已经向范某某家属告知要获得肾源进行肾脏移植需向供体提供部分经济补偿，范某某家属表示同意并自愿将相应金额交付×医院。×医院在收到相应费用后为范某某寻找到肾源、进行了肾脏移植手术，并将多余金额返还给了范某某用于支付住院押金，故可以认定×医院已经完成了自己应尽的义务，现范某甲等要求返还肾源费并支付相应利息的诉讼请求于法无据，法院不予支持。综上所述，根据《中华人民共和国合同法》第八条、《最高人民法院关于民事诉讼证据的若干规定》第二条之规定判决：驳回范某甲等全部诉讼请求。原告不服一审判决并提起上诉后，二审法院认为，民事主体从事民事活动，应当遵循诚信原则，秉持诚实，恪守承诺，不得违反法律，不得违背公序良俗。本案中，范某甲等自愿申请做肾移植手术，并且×医院已经向范某某家属告知要获得肾源进行肾脏移植需向供体提供部分经济补偿，范某甲等同意并自愿缴纳35万元，此笔款项系范某甲等对供体的经济补偿，×医院在找到供体完成手术后已履行了应尽义务。范某甲等要求返还肾源费并支付相应利息的诉讼请求于法无据，一审法院未支持其该项请求并无不当，二审法院予以维持。

专家点评

在我国，关于自然人捐献人体组成部分的原则与具体规则在民法典实施前均由包括《执业医师法》《卫生部关于规范活体器官移植的若干规定》《涉及人的生物医学研究伦理审查办法》等特别法和行政法规、规章中规定。自然人人体组成部分捐献直接关乎自然人的生命身体健康以及人格尊严，是关涉公民基本权利和生命伦理的重大命题，应有基本法律效力位阶的民法典进行规定，民法典生效后，人格权编第 1006 条应成为此类案件的直接法律渊源。

根据人格权编第 1006 条的规定，我国对于人体细胞、人体组织、人体器官、遗体的利用只允许通过无偿捐献的方式进行，并在人格权编第 1007 条明文规定了“禁止以任何形式买卖人体细胞、人体组织、人体器官、遗体”。但是，就我国医疗实践而言，由于我国人口众多，人体组织器官方面存在巨大需求，加之在确定捐献、摘除器官和移植器官的过程中的确需要耗费一定人力、物力成本，群众对于人体细胞、器官等捐献意愿仍有待提高等原因，我国在人体器官方面的捐献数量与实际需求不相匹配。在这样的实践背景下，本案对于医疗实践中已经存在的器官捐赠经济补偿机制的肯定是弥足珍贵的。具体而言，本案法院先肯定了进行器官移植医疗服务合同属性。随后，其认识到在我国的医疗实践中，人体组织器官方面存在巨大需求，且与我国实际捐赠数量难相匹配，在实际治疗过程中亦存在金钱补偿激励的现象发生。与其对于这些情况视而不见，否定合同效力，不如通过裁判的方式，对于实践中业已形成的无偿捐献处理方式予以认可。其认为这种合理的经济激励补偿机制，与无偿捐献的原则并不违背。本案裁判以尊重现实社会习惯的开放心态，直面我国在人体组成部分医疗资源短缺方面的问题，支持了受体一方对供体家属自行进行补助的做法，值得肯定。

第一千零七条　禁止以任何形式买卖人体细胞、人体组织、人体器官、遗体。

违反前款规定的买卖行为无效。

【条文释义】

本条是对禁止买卖人体组成部分的规定。

任何人体细胞、人体组织、人体器官以及遗体，都是人的身体组成部分或者人的身体变异物，都不是交易的对象。出于救助他人的高尚目的，自然人可以将自己的身体组成部分或者遗体捐献给他人或者公益组织，但这不是买卖。进行人体细胞、人体组织、人体器官或者遗体的买卖行为，是违法行为。任何买卖人体细胞、人体组织、人体器官以及遗体的行为，都是无效的行为，都在被禁止之列。对于器官人体细胞的捐献体现了当事人对身体权和健康权的处分权能，即自我决定权的体现；对于买卖人体细胞、人体组织、人体器官、遗体的禁止即法律对于以上人格利益商业化利用的限制。

为防止器官移植中的交易行为，根据我国《人体器官移植条例》第10条的规定，活体器官的接受人限于活体器官捐献人的配偶、直系血亲或者三代以内旁系血亲，或者有证据证明与活体器官捐献人存在因帮扶等形成亲情关系的人员。

买卖行为是转移标的物所有权并予以报酬的交易行为，买卖人体组成部分的行为也是这样，即明码实价地进行交易，甚至成为商业行为。捐献身体组成部分的行为，是无偿行为，不是买卖行为，即使在捐献身体组成部分或者遗体时会有一定的补偿费用，但这不是交易标的物的对价，捐献的身体组成部分也不是交易的标的物，而是对捐献者作出牺牲使身体受损的补偿，且通常是由医疗机构给付的。因此，两种行为的性质不同，一种是法律所严格禁止的，一种是法律所支持保护的。

【案例评注】

李某诉郭某某共有纠纷案[①]

基本案情

2016年3月27日14时20分许，白某某驾驶小轿车，沿吴华路由南向北行驶，当行驶至吴起县石湾砭处时，与相对方向行驶的由赵某驾驶的三轮车相撞，造成白某某受伤，乘坐三轮车的郭某某之女郭某女当场死亡。案发后，郭某某以自己名义将女儿尸体出售给他人，收取费用140000元。郭某某以自己名义为李某，将白某某、马某诉至人民法院。吴起县人民法院审理后，作出（2016）陕0626民初1152号民事判决书，判决：白某某赔偿郭某某之女郭某女因本次事故致死产生的损失费共计554459.5元。李某在郭某女去世前与郭某某一直处于夫妻关系存续期。李某诉请：1. 依法判令郭某某立即支付将女儿郭某女尸体出售给他人费用的一半7万元。2. 依法判令郭某某立即支付女儿死亡赔偿金、丧葬费554459.5元的一半277229元。3. 判令由郭某某承担本案诉讼费用。

法院判决

在我国，法律明确禁止买卖人体器官和尸体，无论双方是否自愿。本案中郭某某虽为死者郭某女的父亲，但其买卖死者郭某女尸体的行为属违法行为，其收入为违法所得，李某要求郭某某支付买卖死者郭某女尸体违法所得的请求，本院

① 审理法院：陕西省吴起县人民法院，案号：（2017）陕0626民初876号。

不予支持。关于郭某女的死亡赔偿金，是对死者近亲属赔偿的补偿金，不是遗产，李某和郭某某作为死者郭某女的父母，共同享有该笔赔偿金，但由于李某、郭某某尚处于婚姻存续期间，共同共有的情形尚且存在，而且该死亡赔偿金的赔偿义务人白某某并未履行，没有具体的标的物可供分割，因此，关于郭某女死亡赔偿金并不具备分割的条件和基础。李某认为应当根据《最高人民法院关于适用〈中华人民共和国婚姻法〉若干问题的解释（三）》第四条中所规定分割死亡赔偿金，该解释规定的是夫妻共同财产，而本案中死亡赔偿金只是夫妻共同债权，是一种期待权，该权利是否实现，尚处在一种待定的状态，也不是所有权，并不适用该条款。综上所述，李某的诉讼请求，本院不予支持。依照《尸体出入境和尸体处理的管理规定》第八条、《中华人民共和国婚姻法》第十七条、《最高人民法院关于适用〈中华人民共和国婚姻法〉若干问题的解释（三）》第四条之规定，判决驳回李某的诉讼请求。

专家点评

本案是一起匪夷所思的请求分割出卖尸体所得款的案件。我国禁止以任何形式买卖人体细胞、人体组织、人体器官、遗体，对于现实生活中出现的对于人体细胞、人体组织、人体器官、遗体的买卖行为，法律不认可其效力。人体细胞、人体组织、人体器官、遗体是具有伦理属性的物，其处置规则与一般财产不相同。关涉人体细胞、人体组织、人体器官、遗体的买卖合同严重违背公序良俗，一律无效；已经交付对价财产的构成不当得利；情节严重符合《刑法》规定的构成犯罪。

第一千零八条 为研制新药、医疗器械或者发展新的预防和治疗方法，需要进行临床试验的，应当依法经相关主管部门批准并经伦理委员会审查同意，向受试者或者受试者的监护人告知试验目的、用途和可能产生的风险等详细情况，并经其书面同意。

进行临床试验的，不得向受试者收取试验费用。

【条文释义】

本条是对自然人进行临床试验的范围和程序的规定。

为了提高医学科学水平，维护人类的健康，法律准许对自愿者进行临床试验，经过临床试验，取得医疗经验，将成熟的医疗技术和药品应用于临床，使更多的患者采用同样的医疗技术或者药品进行治疗而受益，恢复健康，生活得更好。接受人体试验，是一种高尚的行为，是为了全体人民的福利而进行的活动，是值得尊重的。接受人体试验是支配健康权的过程。民法尊重和保护个人的自我决定权，进行人体试验应当由个人决定，并且这种选择不得违反法律和公共道德。

凡是临床试验就会存在风险，而临床试验的目的之一，就是探索新的医疗技术和药品的风险所在以及如何改进。因此，进行临床试验必须经过严格的批准程序，要符合法律规定的范围，否则就是违法的，是侵害接受试验的人的身体权、健康权的行为。

临床试验是涉及人的生物医学研究，本条生效前，我国涉及人的生物医学研究的相关事项由《涉及人的生物医学研究伦理审查办法》予以规定。根据《涉及人的生物医学研究伦理审查办法》第3条的规定，涉及人的生物医学研究包括以下活动：(1）采用现代物理学、化学、生物学、中医药学和心理学等方法对人的生理、心理行为、病理现象、疾病病因和发病机制，以及疾病的预防、诊断、治疗和康复进行研究的活动。(2）医学新技术或者医疗新产品在人体上进行试验研究的活动。(3）采用流行病学、社会学、心理学等方法收集、记录、使用、报告或者储存有关人的样本、医疗记录、行为等科学研究资料的活动。该条规定临床试验的范围是：(1）研制新药；(2）研制新的医疗器械；(3）发展新的预防方法；(4）发展新的治疗方法。只有在这个范围的行为，才是法定的临床试验范围，超出这个范围进行的试验，都是违法的，都是侵害接受试验者的身体权、健康权的行为。

进行临床试验的程序是：(1）依法经过相关主管部门的批准。(2）经过医疗机构的伦理委员会审查同意，伦理审查应当遵守国家法律法规规定，在研究中尊重受试者的自主意愿，同时遵守有益、不伤害以及公正的原则。(3）须向接受试验者或者其监护人履行告知义务，告知的内容是实验目的、用途和可能发生的风险等，告知的要求是详细。(4）接受临床试验者须有书面同意，以避免日后发生纠纷。根据《涉及人的生物医学研究伦理审查办法》，项目研究者开展研究，应当获得受试者自愿签署的知情同意书；受试者不能以书面方式表示同意时，项目研究者应当获得其口头知情同意，并提交过程记录和证明材料。对无行为能力、限制行为能力的受试者，项目研究者应当获得其监护人或者法定代理人的书面知情同意。

符合上述规定的试验范围和试验程序的临床试验，是合法的临床试验，法律予以保护。违反者，为侵权行为，须承担民事责任。

【案例评注】

李某贤、冉某等诉北京某医学研究有限公司、北京某大学、广州某三甲医院药物临床试验合同案[①]

基本案情

2012年8月18日，患者冉某行因“脑血栓形成（右侧颈内动脉系统）、高血压病2级，极高危”入广州某三甲医院治疗。经反复沟通说明，患者及其家属签署《受试者知情同意书》及《受试者代理人知情同意书》，自愿参加由北京某医学研究公司申办并资助，由北京某大学伦理委员会审查通过，并在广州某三甲医院实施研究的“改进高血压管理和溶栓治疗的卒中研究”药物临床试验项目，进行静脉溶栓治疗。同年8月25日，患者经治疗无效死亡，死因经尸检鉴定为大面积脑梗塞和脑疝形成。

患者配偶李某贤、儿子冉某另案起诉广州某三甲医院（研究机构）承担医疗损害责任。生效判决认定广州某三甲医院未履行充分告知说明义务，延误患者接受溶栓治疗，判决广州某三甲医院有过失，应承担医疗损害责任。判决同时认定患方所受损失共计344430.3元，由广州某三甲医院承担15%的赔偿责任，酌定支持精神损害抚慰金15000元。

《受试者知情同意书》中“对于损害或者并发症的赔偿”条款约定：“如果由于参加本研究导致您的亲属/朋友受到损伤或者出现了并发症，您应该尽快和研究医生取得联系，他们将帮助他/她安排合适的医学治疗。除此之外，本研究资助方已提供保险。当发生研究相关的伤害时，将由研究资助方和相应的保险公司，依据相关保险和赔偿条款，提供相应的免费医疗和补偿。”北京某医学研究公司（申办者）没有以患者为被保险人或受益人购买保险，但其海外母公司以北京某医学研究公司为被保险人购买了责任保险。

李某贤、冉某根据该条款起诉，请求北京某医学研究公司承担违约责任1500000元；北京某大学和广州某三甲医院承担连带责任。

---

① 广州法院医疗纠纷诉讼情况白皮书（2015～2017）暨典型案例。

法院判决

一审判决驳回李某贤、冉某的诉讼请求。李某贤、冉某不服，提起上诉。二审判决认为，冉某行（受试者）与北京某医学研究公司（申办者）之间成立药物临床试验合同关系。由申办者提供给受试者的知情同意书等文件属于格式条款，应当适用格式条款的解释规则。申办者没有依照《药物临床试验质量管理规范》（GCP）第四十三条与知情同意文件为受试者购买保险用于补偿的，应当承担违约责任。受试者在临床试验过程中发生伤残、死亡后果而不能得到保险补偿的，应当由申办者承担未购买保险所致违约责任。申办者的违约损害赔偿范围以受试者固有利益所受损害为限。据此判决：北京某医学研究公司向李某贤、冉某赔偿292765.75元，同时驳回李某贤、冉某请求北京某大学、广州某三甲医院承担连带责任的上诉请求。

专家点评

本案是关涉上市药物使用方法改进的临床试验的典型案件，具有新颖性。民法典人格权编第1008条规定的临床试验范围严格限定于研制新药、研制新的医疗器械、发展新的预防方法和发展新的治疗方法四种，本案中涉及的关于改进药物使用方法的临床试验并不在该范围内。故本案即使发生于民法典生效后，也不能适用民法典人格权编第1008条的规定。但是，本案裁判中认定的在临床试验中各主体的一般权利义务关系仍具有参考价值。案例涉及申办者、资助者（海外资助者与国内代表机构）、伦理审查委员会、医疗机构、研究人员及受试者等多个主体权利义务关系的调整。二审判决阐述了此类药物临床试验中相关主体之间的法律关系及涉及的风险，对于药物临床试验受试者权益保护及临床试验医学实践风险防范具有指导意义。一般而言，在药物临床试验关系中，受试者同时与申办者、研究机构成立药物临床试验合同关系，申办者一般会为受试者购买相关保险转移风险，申办者若未购买保险，一般会成为最终风险的承受者。本案中，受试者冉某行与医院（研究机构）、研究中心（申办者）签订临床试验合同，三方签订的《受试者知情同意书》中，提示了参与试验可能存在的风险，并对各方的责任分配明确，各方权利义务分配应以此为依据。

第一千零九条 从事与人体基因、人体胚胎等有关的医学和科研活动，应当遵守法律、行政法规和国家有关规定，不得危害人体健康，不得违背伦理道德，不得损害公共利益。

【条文释义】

本条是对从事与人体基因、人体胚胎等有关的医学和科研活动须依法进行的规定。

人体基因，是DNA分子上携带有遗传信息的功能片段，是生物传递遗传信息的物质。研究人体基因，就是通过体液、血液检测，经提取和扩增其基因信息后，通过基因芯片技术或超高通量SNP分型技术，对被检测者细胞中的DNA分子的基因信息进行检测，分析所含有的各种疾病易感基因的情况，使人们能及时了解自己的基因信息，预测身体患病的风险，从而有针对性地主动改善自己的生活环境和生活习惯，预防和避免重大疾病的发生。人体胚胎，是发育时期在受精之后八个星期的人类早期幼体。

随着当代医学科学的发展，生殖技术已经达到了相当的水平，并且在继续发展。因此，涉及人体基因和人体胚胎的医学和科研活动都在深入进行，这些活动都是有益于人类健康的。不过，凡是进行高科技研究，都会存在风险，处置不当就会对人类造成危害。例如，已经发生的人体基因编辑的研究和试验，就是突破了研究底线的危险做法，应当禁止。本条对此作出规定，凡是从事与人体基因、人体胚胎等有关的医学和科研活动的，都必须遵守法律规定的红线，即：（1）遵守法律、行政法规和国家有关规定；（2）不得危害人体健康；（3）不得违背伦理道德。违反这些红线之一，就是突破了研究和医学的底线，就是违法行为，就在禁止之列。

本条规定人体胚胎还有一个重要意义，即在司法实践中出现的人体冷冻胚胎权属争议的案件，对人体冷冻胚胎的民法属性不明确。尽管本条规定仍然没有规定其属性，但是法律对此作出了规定，就可以以此作为法律依据，对权属争议进行判决。

【案例评注】

华夏公司诉某广播电视台名誉权纠纷上诉案[①]

基本案情

2010年3月31日、4月1日、4月2日，某广播电视台《社会写真》栏目连续播出了三篇题为《“基因检测”打碎了谁的发财梦》的系列报道。该报道随后登载在中吴网视频点播节目中。报道以华某某加盟华夏公司成为经销商等事件为新闻线索，采访了华某某、言某某等新闻当事人，并引用了网络上搜索到的相关报道，对基因检测的科学性提出了质疑。某广播电视台提交的《基因检测能预知疾病？专家奉劝不要盲目跟风》，报道发布时间为2005年11月29日，来源为《竞报》，其中部分内容包括：“‘基因技术尚处于研究阶段，还不是现在就适合推广的技术，此时用于公众的临床检测为时尚早。’上周五，卫生部科技司一位官员在非正式场合告诉记者，目前开展公众基因检测的单位均未在卫生部备案，如果出现纠纷，会对这些单位不利。”“这位官员说，国内一些科研机构进行基因研究和试验性基因检测是被国家批准的，但他们将检测人群扩大到公众的收费服务他却不知情。‘基因研究是个庞大的工程，国际人类基因组计划并未完成，人类的很多基因秘密还未被探知，目前揭示出来的只是冰山一角。’”

华夏公司认为某广播电视台的三篇报道基本内容完全失实，造成失实的主要原因是，记者没有遵守国家关于新闻宣传方面的相关规定，没有对新闻线索进行必要的核查，甚至为了吸引眼球不惜歪曲事实。华夏公司特诉至法院，请求判令：(1) 某广播电视台停止侵权，立即删除中吴网上的相关侵犯华夏公司名誉权的视频点播内容；(2) 某广播电视台于判决生效后15日内在某广播电视台《社会写真》栏目连续3天播放经人民法院审核后的恢复华夏公司名誉、消除影响、赔礼道歉的视频内容（每次播放时长不得少于3分钟，文字旁白内容不得少于200字）；(3) 某广播电视台于判决生效15日内在常州市两家媒体上刊载经人民法院审核后的恢复华夏公司名誉、消除影响、赔礼道歉的书面公告，费用由某广播电视台承担。

---

① 审理法院：一审法院为江苏省常州市钟楼区人民法院，案号：(2011) 钟民初字第681号；二审法院为江苏省常州市中级人民法院，案号：(2012) 常民终字第688号。

法院判决

判断新闻报道是否侵权的标准，应当是报道是否达到新闻真实，也就是报道的事实是否基本真实。如果记者经过调查采访，能够使自己确立合理相信，报道在主要问题上不虚构事实，报道内容有证据证明，评论具有善良目的，不具有侵害他人人格权的恶意和重大过失，即不构成新闻报道侵权。反之，则应当承担侵权责任。《最高人民法院关于审理名誉权案件若干问题的解答》也规定，因新闻报道严重失实，致他人名誉受到损害的，应按照侵害他人名誉权处理。

某广播电视台三篇题为《“基因检测”打碎了谁的发财梦》的系列报道部分内容与事实有些出入，某广播电视台应引以为鉴，并进一步加强新闻报道的审核工作。但报道的整体内容尚未构成严重失实，某广播电视台报道的目的是提醒公众，在对基因检测未作充分了解前，花费巨资进行检测应当谨慎，以避免陷入新闻报道中人物所面临的困境。某广播电视台报道的重点是基因检测技术，报道的对象也并非局限于华夏公司这一特定主体，华夏公司也未举证证明因此所产生的实际损失，加之报道主观上出于公益目的，并无侮辱、嘲讽之意，因此不具有侵害华夏公司名誉权的恶意或重大过失。某广播电视台作为地方新闻媒体，担负着反映当地民生和民意的职责，发挥着舆论监督的作用。无视新闻报道的时效性及调查手段的局限性，要求报道事实与客观事实完全一致，既不符合客观规律，也不利于其承担起批评社会、促进社会进步的责任。因此，本案中华夏公司要求某广播电视台停止侵权、恢复名誉、消除影响、赔礼道歉的诉讼请求，法院不予支持。综上，一审法院作出如下判决：驳回华夏公司要求某广播电视台停止侵权、恢复名誉、消除影响、赔礼道歉等诉讼请求。二审维持原判。

专家点评

本案裁判于民法典生效之前，是社会媒体舆论监督“基因检测”技术引发的名誉权纠纷，具有社会典型性，提供了与民法典人格权编相契合的裁判倾向。本案中，某广播电视台报道的是否失实是判断其是否构成名誉侵权的核心，而判断其报道是否失实的重点就是华夏公司进行基因试验的行为与性质。从事与人体基因、人体胚胎等有关的医学和科研活动的关涉前沿科技与人性伦理，应当遵守法律、行政法规和国家有关规定，不得危害人体健康，不得违背伦理道德，不得损害公共利益。华夏公司提供基因检测服务，并收取一定费用且该费用在社会一般认知中并不低，由于人体基因、人体胚胎相关科研和技术属于科技专业领域，一般民众对其认知有限；加之基因检测具有较强的伦理属性，基因检测结果对于被测试者而言属于个人隐私，一旦泄露将引发严重后果，故社会媒体有权利对其进行舆论监督，以保证公民知情权并监督此类技术的发展和应用状况。由此而言，某广播电视台对于华夏公司的新闻报道并不存在严重失实，主要是起到舆论监督的作用，故认定其不构成侵权的裁判是妥当的。

第一千零一十条 违背他人意愿，以言语、文字、图像、肢体行为等方式对他人实施性骚扰的，受害人有权依法请求行为人承担民事责任。

机关、企业、学校等单位应当采取合理的预防、受理投诉、调查处置等措施，防止和制止利用职权、从属关系等实施性骚扰。

【条文释义】

本条是对自然人享有性自主权和规制性骚扰行为的规定。

本条直接规定的是对性骚扰行为的规制办法，但是其中包含着性自主权，是规定性自主权的一个变通办法。

性自主权是自然人保持其性纯洁的良好品行，依照自己的意志支配其性利益的具体人格权。性自主权的客体是性利益，作为性自主权客体的性利益，是权利人就自己在性的问题上所享有的利益。性利益是自然人的性的品行，在性的问题上，保持自己的性的纯洁，具有高尚的性品行，也就是性利益的含义。男女享有平等的性利益，保持性的纯洁，具有高尚的性品行的性利益，是男女都享有的人格利益，是一个平等的人格利益。性利益包括性的不可侵犯，以使民事主体保持自己性的纯洁性。性利益是一种人格利益，而不是义务。性利益的实质是自然人的性自由，自然人的性自由，是自然人对于自己的性利益的支配。这种支配就权利人本人而言，在于自己对于性利益的选择和支配，而获得自身的幸福和快乐。当权利主体为支配自己的性利益而为承诺，与其发生性关系包括性交和性的其他关系的人，不为对性自主权的侵害。

性自主权是以性为特定内容的独立的人格权。现代的人格权以确认主体资格在法律上的抽象反映为标志。确认该种内容能否成为独立的法定权利，关键在于它所抽象的特定内容能否完全由其他权利所替代。对于性自主权而言，侵害性自主权可能会造成受害人身体、健康、自由、名誉等方面的损害，并且可以通过救济侵害身体权、健康权、自由权、名誉权的方法进行救济，但是它们毕竟不能概括性利益所抽象的性的特定内容。性自主权的核心内容——性，不可能简单地由身体利益、健康利益、自由利益、名誉利益所涵盖，因而性自主权以此与其他所有的人格权相区别，为一种独立的以人的性利益为特定内容的特定人格权，自是毫无疑义的。

性自主权以人的性所体现的利益为具体内容。性的利益，应作广义理解，不应仅局限于性交的内容。它包括实体上的利益和精神上的利益。实体上的利益体现为保持自己性器官不被他人非法接触，保持自己不为违背自己意志的性行为。精神上的利益则可表现为人以自己性纯洁为内容的精神满足感，以及社会和他人对权利人性纯洁的某种评价。因而，性自主权与名誉权不同之处就在于，性自主权的内容以实体利益和精神利益的复合形式构成，以实体利益为主导，以性的纯洁和权利人内心感受为基本方面。而名誉权主要是精神利益，体现于社会对特定自然人的评价。

性自主权是权利人享有适当自由的人格权。性自主权既然是关于性的权利，那么权利人可以在法律允许的范围内，依自己的意愿而行使。权利人可以与他人进行亲吻、拥抱以及其他性行为，也可以在自己的意志支配下与他人同居。但是，性自主权的自由应当依法适当限制。这种自由仅仅局限在自己的性利益之上，并不包括自由权的其他方面。性自主权要受法律、道德的约束，不得违反公共利益和善良风俗，尤其在已婚男女之间还要互负忠实义务。

性自主权的主体是所有自然人。性自主权是一种独立的人格权，是权利主体具有独立、完整的人格所必须具备的权利。无论是男子还是女子，作为平等的民事主体，都应当具有独立、完整的人格，在法律上都应当平等地享有性自主权。未成年人尚未性成熟，不能行使性自主权，自 18 周岁起，方可行使该权利，支配自己的性利益。性自主权不是身体权的组成部分，而是独立的具体人格权。

性自主权是自然人所享有的学理上的具体人格权，其权能形态较为完整，具体表现为：

1. 保持权。保持自己的性操守和品行，是性自主权人最主要的权利。性自主权人以真实意思保持自己性的纯洁，不为他人所侵害，保持自己的性品格，保持自己精神上的满足和充实，获取社会或他人对自己的相应评价，从而享受人身安全及其他社会活动自由。因此，任何性自主权人都享有对自己提出善意的、恶意的进行性器官接触和发生性交要求的拒绝权，可以拒绝任何试图与自己为性方面行为的请求。这种权利为绝对权，任何人都负有不为侵害的义务。

2. 反抗权。权利人的性利益受到侵害时，享有反抗权，有权实施正当防卫和紧急避险。性自主权不同于财产权，一旦遭到侵害无法“恢复原状”，所以当权利人面临非法侵害时，赋予其反抗权是十分必要的。反抗权应包含正当防卫和紧急避险所准许实施的一切保护措施，以成功地制止侵害、防止受到侵害为限度。

3. 承诺权。性自主权人在对自己的性问题上受自己意志支配，因而享有承诺权。权利人与他人进行性方面的接触，原则上依自己的意志而为承诺，经承诺而为性行为者，不为侵害性自主权。承诺权并非人人均可享有，而应以达到一定的认识水平而享有。应以 14 周岁以下为无承诺能力，14 周岁以上至 18 周岁以下为有部分承诺能力，18 周岁以上为有完全承诺能力为宜，但不能辨认自己行为的精神病人一律无承诺能力。承诺权不是一种不受限制的权利。其限制来源于三个方面：一是法律的约束，二是公共利益和善良风俗的约束，三是已婚男女的忠实义务的约束。前两种约束是社会范围内的约束，如卖淫和以性为内容而骚扰社会，均是违背前两种约束的违法行为，应受法律制裁。后一种约束，仅限于夫妻之间，以不为婚外性交为内容，承诺者虽不构成犯罪行为，但违反忠实义务，侵害了配偶一方的配偶权。

4. 性利益维护权。性自主权的另一个重要内容，是性利益的维护权。这个权利其实是人格权请求权和侵权请求权的内容。性自主权是绝对权、对世权，除权利人外，其他任何人都负有不得侵害的义务。性自主权受到侵害时，权利人有权维护自己的性利益。性利益维护权的首要内容，是维护性的精神利益，对于侵害自己性利益的行为，权利人有权请求行为人停止侵害，并承担相应的侵权责任。性利益维护权最终表现为性自主权受到侵害时，可以请求司法保护。对于所有侵害性自主权的行为，权利人都有权向人民法院起诉，要求人民法院保护自己的性利益，救济受到的损害，包括精神损害和财产利益损害。

性骚扰行为，就是行为人违背权利人的意志，与权利人强制进行性交之外的性行为，侵害权利人性自主权的行为。因此，对他人实施侵害性自主权的性骚扰行为，应当承担侵权责任。

规制性骚扰行为有两种立法模式：（1）权利保护主义，即以保护性自主权人的权利为主，追究性骚扰行为人的民事责任。（2）职场保护主义，即对性骚扰行为的制裁，以制裁职场负责人未尽保护义务的违法行为为主，以保护权利人的性利益安全。我国采取以权利保护主义为主、职场保护主义为辅的对策，既追究实施性骚扰行为的行为人的责任，又辅之以追究职场负责人未尽保护义务的责任。本条第 1 款规定的是权利保护主义的规则，第 2 款暗含的是职场保护主义的规则，但只规定了用人单位即职场责任，在工作场所采取合理的预防、投诉调查、处置等措施，防止和制止对职场工作人员进行性骚扰。虽然没有直接规定责任条款，但是只要用人单位没有尽到上述义务，发生性骚扰行为，侵害了职工的性自主权，就可以依照民法典侵权责任编第 1198 条关于违反安全保障义务的责任或者第 1191 条第 1 款关于用人单位的责任的规定，追究单位的民事责任。

在一般情形下，性骚扰侵权责任属于普通的侵权责任，应当具备一般侵权行为的四个责任构成要件。

第一，行为人实施了性骚扰行为，即违背受害人意志，实施超出正常人际交往界限的侵害其性自主权的行为，既可以是男人对女人的性骚扰，也可以是女人对男人的性骚扰，还可能是同性之间的性骚扰。同时，侵害性自主权的行为必须具有违法性，才能成为侵害性自主权的构成要件。违法性表现在，违背保护性自主权的法律规定，违背公共利益和善良风俗。不具有这样的违法性，不构成侵害性自主权责任。

第二，有受害人的性自主权受到侵害的事实。表现为受害人的性尊严和性利益受损，造成精神利益、精神痛苦，有时还可能导致其他人身利益、财产利益的损害。对于只造成了精神痛苦，未产生其他人身、财产上的损害时，对于损害的认定可采取便于操作的客观标准，即国外法院广为采用的“正常的理智的第三人”的标准。在一个正常的理智的第三人面临同样的侵害时，其精神会遭受痛苦，则可认定损害结果发生。这种结果是对自然人作为一名社会成员自然生存和社会生存的基本需要的损害。这种损害首先表现为自然人性纯洁的破坏，如性器官遭受侵犯、猥亵，身体部位被强吻，以及违背本人意志而被奸。不具备上述实体侵害的，不构成性利益遭受损害的客观事实。这种实体的损害不可避免地要造成受害人精神的创伤，即受害人因侵权行为造成的精神上的恐惧、悲伤、怨愤、绝望、羞辱等痛苦以及使受害人在社会评价上所受到的损害。侵害性自主权的行为也可能同时会造成身体的伤害和财产的损失，如因奸淫而受孕、生产，以及因此而支出的财产。身体伤害和财产损失轻微的，可以作为侵害性自主权的一个加重责任的情节处理；身体伤害严重造成财产损失数额较大的，可以认为另外构成侵害健康权的责任，对两个侵权行为一并处理，而不应将其视为名誉权损害的事实。

第三，性骚扰行为与该损害结果之间具有因果关系。侵害性自主权的损害赔偿责任要求侵害性自主权的行为是引起损害事实的原因，加害人只对其侵害性自主权行为所引起的损害后果承担责任。

第四，行为人实施行为的主观方面是故意，即故意实施冒犯对方性尊严和性利益的行为，过失不构成性骚扰的侵权行为。性利益侵害的故意，以有其为不当性交之决意的认识为已足，无需有损害发生之预见。① 这只是一个方面，有为猥

① 史尚宽：《债法总论》，台北荣泰印书馆 1978 年版，第 144 页。

亵的故意亦构成这种故意。应当注意的是，性利益的损害，依受害人的承诺而阻却违法，不构成侵害性自主权。原则上，受害人应当证明侵权人的故意，但是在侵害性自主权的损害赔偿中，由于损害不一定有明显易辨的物理特征，请求权人在事实上很难举证。所以行为一旦发生，只要行为人不能证明受害人承诺，就应当认为行为人主观有故意。

在实践中，性骚扰呈现出多种具体类型，较为常见的有：(1) 强奸行为。强奸行为可以分为：以强暴、胁迫、药剂、催眠术等手段使被害人不能抗拒而被奸淫；以暴力手段，利用权势等，使被害人在非正当允诺的情况下而被奸淫。无论哪种强奸行为，都不以既遂、未遂或是否构成犯罪作为侵害性自主权的界限，强奸行为一旦发生，侵害性自主权的行为即告成立。(2) 奸淫幼女及鸡奸男童等侵害未成年人性自主权的行为。未成年人处于身心发育阶段，对性尚没有全面的认识，为了保护未成年人的身心健康，立法对侵害未成年人性自主权的行为作特殊规定。未成年人没有或缺乏为性行为的承诺能力，所以他们作出的为性行为的意思表示均属无效。(3) 强迫他人卖淫的行为。强迫他人卖淫指以暴力、威胁等或其他手段迫使他人在违背自己意志的情况下与他人发生性交关系。强迫他人卖淫，不论是否以营利为目的，也不以其情节是否构成犯罪为标准，只要有强迫他人卖淫的行为，就构成侵害性自主权。应当注意的是，明知他人为人所迫卖淫而与之发生性关系，也构成侵害性自主权。(4) 猥亵行为。猥亵行为凡指以刺激、满足性欲为目的，用性交以外的方法实施的淫秽行为。例如，非法接触他人身体部位；强行接吻；以毁损他人性纯洁为目的，撕破他人衣服；违背他人意志鸡奸他人等，亦为侵害性自主权的违法行为。(5) 以欺诈手段诱使女子在非正当承诺的条件下被奸淫。侵权行为人隐瞒事实，制造假象，使被害人足以产生错误的理解，而承诺与其发生性关系。这种承诺基于侵权人的欺诈而作出，并非性自主权人真实的意思表示，因而不能阻却侵权人的行为违法。例如，甲男隐瞒自己已婚的事实，对乙女谎称以后与其结婚，于是乙女承诺与其发生性关系。在此，侵害性自主权的行为成立，需要受害人证明自己的承诺是侵权人欺诈行为的结果。(6) 利用从属关系奸淫或猥亵。这种行为是指滥用从属关系，使他人在非正当承诺的条件下被奸淫。例如，对于因亲属、监护、教养、救济、公务或业务关系中从属于自己的人，利用这种关系，使其违心承诺与之发生性关系或被猥亵。应当注意的是，从属人员曾明示或默示地向其监管自己的人表示为了获得某种利益而承诺与其发生性关系作为交换条件的，则不得主张性自主权被侵害。

性骚扰行为的侵权责任方式是停止侵害、赔礼道歉和赔偿损失。涉及名誉受损的，还应采取合理措施恢复名誉。在赔偿损失方面，主要有以下内容：(1) 侵害性自主权所造成的经济损失应予赔偿。这种损失包括：一是损害性自主权对受害人造成身体上伤害，因治疗花费的费用，如治疗费、护理费等。二是因侵害贞操而使受害人怀孕，其流产、生育的费用及营养费，亦应赔偿。三是因侵害贞操而使受害人感染性病，治疗费应予赔偿。四是因侵害性自主权造成身体上的其他伤害，以及造成的其他经济损失，均应予以赔偿。如果性自主权受侵害而失去某种职业或减少就业的机会或造成身体残疾等，均为其他损失。(2) 侵害性自主权所造成的精神损害应予赔偿。在确定赔偿数额上，人民法院可根据侵权人的过错程度、侵权行为的具体情节、给受害人造成精神损害的后果等情况酌定。

【案例评注】

熊某某诉某屋面系统（成都）有限公司劳动争议案[①]

基本案情

1995 年 6 月 5 日起，熊某某在某屋面系统（佛山）有限公司工作，2007 年 1 月到某屋面系统（成都）有限公司工作。双方于 2007 年 4 月 1 日签订了劳动合同，合同期限为 2007 年 4 月 1 日至 2009 年 3 月 31 日，熊某某任维修主管。在工作期间，熊某某采用语言挑逗、通过电脑网络发送黄色照片以及趁对方不注意时触摸臀部等方式，对同一办公室的同一女员工赵某多次进行骚扰。某屋面系统（成都）有限公司经调查确认上述行为后，多次找熊某某谈话、教育，但熊某某拒不接受教育，拒不承认错误。2007 年 8 月 29 日，某屋面系统（成都）有限公司依据《劳动法》第 25 条第 2 项和某屋面系统（成都）有限公司的《员工奖惩条例》第 7 条的规定，以熊某某严重违反纪律和某屋面系统（成都）有限公司的规章制度，且拒不接受教育为由，作出解除与熊某某劳动合同关系的决定。某屋面系统（成都）有限公司《员工奖惩条例》第 6 条规定"……C 违反纪律……23 犯有其他严重错误的"；第 7 条"立即解雇"规定"A 违反纪律……3 严重违反纪律或连续旷工 5 天以上或一年内累计旷工达 10 天以上，或其他未列举的严重违纪行为"；第 8 条"备注"规定"2'严重违反纪律'指的是个人行为给公司造成恶劣的后果，或损坏公司利益，使公司形象受损，或纠正面谈后，仍多次重复以上行为"。熊某某于 2007 年 9 月 4 日依法向金堂县劳动争议仲裁委员会申请仲

① 审理法院：一审法院为四川省成都市金堂县人民法院，案号：(2008) 金堂民初字第 1029 号；二审法院为四川省成都市中级人民法院，案号：(2009) 成民终字第 2216 号。

裁，仲裁委员会于2008年6月6日作出裁定，维持了某屋面系统（成都）有限公司的解聘决定。熊某某诉请撤销某屋面系统（成都）有限公司的解聘决定。

法院判决

熊某某作为某屋面系统（成都）有限公司单位的员工，本应当遵守国家的法律、法规和用人单位的规章制度，却利用担任公司维修主管的权力优势，在上班时间、工作场所，多次采用语言挑逗、通过电脑网络发送黄色照片、趁对方不备触摸臀部等性敏感部位等方法，骚扰同一办公室的女下属赵某，其行为不仅对赵某的身心健康及名誉造成了损害，而且严重违反了基本的行为道德准则，违反了国家保护妇女权益相关法律、法规，违反了某屋面系统（成都）有限公司的劳动纪律等规章制度，对某屋面系统（成都）有限公司企业形象也造成了不良影响，且拒不接受教育管理，拒不承认错误。某屋面系统（成都）有限公司作出解除与熊某某劳动合同关系的决定，有事实依据、法律依据和单位规章制度依据，依法应予支持，熊某某的诉讼请求应予驳回。依照《中华人民共和国民事诉讼法》第一百二十八条、《中华人民共和国劳动法》第二十五条第二项的规定，作出如下判决：驳回熊某某的诉讼请求。

专家点评

本案裁判于民法典人格权编第1010条生效之前，裁判时对于发生在职场的性骚扰规定多存在于《劳动法》和原《侵权责任法》之中。在司法实践中，职场中发生的性骚扰仍以女性受害人为主，本案受害对象也是女性，这也反映了女性在社会生活中面临更多困难，意味着对于女性倾斜保护的正当性，故《女职工劳动保护特别规定》第11条规定，在劳动场所，用人单位应当预防和制止对女职工的性骚扰。其中除了强调对女职工的保护，也强调了用人单位的预防和制止义务。劳动关系具有较强属性的人身依附性，雇主负责提供劳动工具、劳动场所，雇主应提供劳动场所的安全保障义务，职场性骚扰行为的发生，既损害了受害者的人身权益，也损害了其劳动权，这正是用人单位应为职场性骚扰的发生采取相关措施的正当性所在，民法典人格权编第1010条第2款的规定也建立在此理论基础上。本案的典型意义在于，即使用人单位未事先明确规定将职场性骚扰行为视为违纪，但员工职场性骚扰情节严重的，用人单位依然有权直接将熊某某性骚扰下属的行为纳入《劳动法》第25条第2项规定的劳动者严重违反劳动纪律或者用人单位规章制度的行为之中，从而据此解除与熊某某的劳动合同。用人单位将性骚扰行为纳入严重违反劳动纪律或者用人单位规章制度的行为，这种解释本身就是对民法典人格权编第1010条第2款规定的单位应当采取的合理防止性骚扰的措施的落实。本案裁判对于惩治职场性骚扰行为有积极效应。

第一千零一十一条　以非法拘禁等方式剥夺、限制他人的行动自由，或者非法搜查他人身体的，受害人有权依法请求行为人承担民事责任。

【条文释义】

本条是对人身自由权以及侵害人身自由权的行为及责任的规定。

人身自由权与人格自由不同，不是一般人格权，而是指自然人在法律规定的范围内，按照自己的意志和利益进行行动和思维，人身不受约束、控制和妨碍的具体人格权，是自由型人格权的一种，其客体是人身自由。

人身自由权的基本内容包括两种：（1）身体自由权，即自然人的行动自由支配，不受他人约束、控制和妨碍的权利。其也称作运动的自由权，是自然人按照自己的意志和利益，在法律规定的范围内作为和不作为的权利。身体自由权所包含的是自然人自由支配自己外在身体运动的权利。非法限制或剥夺自然人的身体自由，为侵权行为。这是因为身体自由为自然人的基本民事权利，一经非法剥夺和限制，即属侵害他人行动的自由，自应负侵权责任。（2）思维自由权，即自然人的思维自由支配，不受他人约束、控制和妨碍的权利。思维自由权也称作精神自由权。在现代社会，自然人按照自己的意志和利益从事正当的思维活动，观察社会现象，是进行正确的民事活动的前提，法律应当予以保障。非法限制、妨碍自然人的精神自由，为侵权行为。本条规定的是人身自由权中的行动自由权，文义解释不涵盖精神自由。本条没有规定侵害思维自由的行为及责任，是一个缺陷。故意以使他人陷入错误为目的，或者故意以不当的目的和手段预告凶险而使人产生恐怖心理的行为，妨碍、干涉、限制他人正当的思维，使其陷于错误的观念，是侵害思维自由权的违法行为，也应当承担民事责任。

人身自由权是自然人享有的具体人格权，权利人之外的其他任何人，包括自然人、法人和非法人组织，都对权利人的人身自由权负有义务，即不可侵义务。构成侵害人身自由权的民事责任，须具备以下要件。

1. 侵害人身自由权的损害事实。侵害人身自由权的损害事实，表现为行为侵害自然人人身自由权（包括身体自由权和思维自由权）所造成的客观表现和最终结果。损害事实的客观表现，是自然人按照自己的意志和利益，进行思维和行动状态的改变。单纯的自由是自然人行为和思维不受约束、不受限制的状态。当侵权行为作用于受害人，使受害人的行为、思维的不受拘束或限制的状态受到非法改变的时候，就使自然人保持自己身体和精神的自由状态的权利受到了侵害。侵权责任构成的客观事由，必须在现实中具体表现出来。身体自由的改变，要表现在时间上的延续和空间上的变化。即使是纯粹主观上的精神自由的改变，也必须有思维状况改变的外在表现形式。损害事实的最终结果是，侵权受害人精神利益和财产利益的损害。侵害人身自由权的行为改变受害人的身体自由状态和精神自由状态，其最终的结果，是损害受害人的合法利益。人身自由权是自然人人格权的骨干，包含自然人的精神利益和财产利益。非法改变自然人的自由状态，导致的最终结果必然是自然人精神利益的损害，造成精神上的痛苦和创伤，不能按照自己的意志去做想做的事、说想说的话。同时，也会使自然人丧失相关的财产利益，造成财产的损失。这种精神利益和财产利益的损失，是侵权损害事实的最终结果。侵害人身自由权的损害事实，应当是一个完整的链条结构，即行为作用于受害人的人身自由权，使其自主的行为、思维状态受到改变，造成其精神利益和财产利益的损害。构成这样完整的链条，方构成损害的客观事实这一要件。

2. 侵害人身自由权的违法行为。侵害人身自由权的行为必须具有违法性。这种行为的违法必须以违背现行法律关于保护人身自由权的规定为标准，即以行为的不法为必要。侵害人身自由权的不法行为，须违反法律所规定的关于自然人人身自由权的保护、禁止拘禁限制自然人人身自由的禁令与行使自由和权利不得损害其他自然人合法自由和权利的限制。侵害人身自由权行为的具体表现，因侵害身体自由权和侵害思维自由权而不同。

3. 侵害人身自由权的过错。确定侵害人身自由权行为的侵权责任适用过错责任原则。因此，侵害人身自由权的行为人必须在主观上有归责性的意思状态，即须具备过错要件侵权责任才能构成。对于故意构成侵害人身自由权的主观归责要件，是没有疑问的。行为人故意限制、干涉、妨碍他人人身自由，构成侵权行为。行为人故意内容中的希望或者放任人身自由权损害的事实发生，既可以是希望或放任自由状态改变的事实，也可以是希望或放任受害人利益损失的最终结果，当然，也可以是二者同时兼备。侵害人身自由权民事责任可由过失构成。侵害人身自由权的过失是对保护他人自由权义务的违反。人身自由权是自然人的绝对权、对世权，任何人对他人的人身自由权都有不得侵害的义务。即使在自然人行使自己依法享有的自由和权利的时候，也不得损害其他自然人的人身自由权。过失侵害他人人身自由权，行为人在主观上不会有希望或者放任侵权后果发生的意思状态，但因其疏于注意不履行或未能履行保护他人人身自由权的义务，而造成侵害他人人身自由权损害后果的，即为过失。

4. 侵害人身自由权的因果关系。因果关系也是侵害人身自由权责任构成的必备要件之一。确定侵害人身自由权民事责任构成中的因果关系，与侵权责任中的因果关系构成相比，并无特殊的要求。当行为人的行为与受害人人身自由权受到损害的客观事实具有因果关系的时候，即成立该要件。侵害人身自由权的因果关系，在一般情况下为直接因果关系，行为实施以后，受害人的人身自由状态即发生改变。然而也不排除个别间接因果关系可以构成侵权。因此，在考察侵害人身自由权因果关系的时候，也可以适用相当因果关系的理论，不能局限于传统的“必然因果关系”理论，致使对侵害人身自由权因果关系的判断发生失误。

侵害人身自由权在现实中有多种表现形式，具体而言，在侵害身体自由权方面包括以下四种：（1）非法限制、拘禁自然人身体。自然人的身体自由不受限制。非法限制自然人身体自由（如非法拘禁）为侵权行为，此为多国立法通例。（2）非法妨害行动。利用被害人自身的羞耻、恐怖的观念，妨害其行动，也为侵害人身自由权的违法行为。有学者认为，夺去入浴妇女的衣服，使其无法行动，构成侵害自由权。[①] 向债务人索债而将债务人扣为人质，错误地实施自助行为限制他人人身的，都是非法妨害行动的侵权行为。[②]（3）妨害公路通行。对于公路的一般使用为一种自由，不法加以妨害，即属自由的侵害，为非法行为。对于私路有相邻权、地役权等通行权人妨害其通行者，也认为构成侵害自由权的违法行为。[③]（4）非法进行强制医疗。未经本人或者其近亲属同意，采取强制治疗手段，限制他人人身，如强制进行精神病治疗，强制进行其他限制人身自由的医疗措施，都是侵害人身自由的侵权行为。

侵害思维自由权主要包括以下两种违法行为：（1）欺诈胁迫。欺诈是故意以使他人陷入错误为目的的行为；胁迫是故意以不当的目的和手段预告凶险而使人产生恐怖心理的行为。欺诈和胁迫，均妨碍、干涉、限制自然人正当的思维，使其陷入错误的观念，应为侵害思维自由权的违法行为。（2）虚伪报告及恶意推荐。在一般情况下，对于因劝告、通知、介绍等所发生的损害，不能认为是侵害思维自由权的违法行为。但是，如果故意使人陷入错误而进行虚伪报告或恶意推荐者，是对思维自由权的侵害，为违法行为。作为和不作为均可构成侵害人身自由权的侵权责任。

本条规定了两种侵害行动自由的行为：（1）以非法拘禁等方式剥夺、限制

---

① 何孝元：《损害赔偿之研究》，台湾商务印书馆1982年版，第140页。

② 王利明：《人格权法研究》，中国人民大学出版社2005年版，第403页。

③ 郑隆兴：《现代损害赔偿法论》，台北华泽彩色印刷公司1988年版，第273页。

他人的行动自由；（2）非法搜查他人身体的行为。前一种行为的范围比较广泛，不仅包括非法拘禁，还包括其他剥夺、限制他人行动自由的行为，都属于这种侵害人身自由权的行为。其实，在侵害人身自由权的行为中，非法拘禁等方式并不重要，重要的是剥夺、限制他人的行动自由，凡是非法剥夺、限制他人行动自由的行为，都是侵害人身自由权的行为。至于非法搜查他人身体，则比较单纯，没有合法手续搜查他人身体的，都是侵害人身自由权的行为，都应当承担民事责任。

对抗侵害人身自由权侵权责任构成的抗辩事由是：（1）限制自然人人身自由的行为系依法进行，如国家机关及其工作人员依法限制或剥夺自然人人身自由，依法逮捕、拘留等；自然人依法自动维护公共利益和公共秩序的行为，如制止犯罪，扭送人犯；因执行职务而强制他人非按自己的意志而行动，如在灾害事故中强制他人离开灾区，因爆破而临时禁止在公路上通行。（2）正当防卫。当公共利益、他人或本人的人身或其他利益受到不法侵害时，对非法侵害人以限制人身自由的方法进行防卫，为合法行为。（3）紧急避险。紧急避险的危险来源，既可能是自然力，也可能是人的行为。如果采取临时限制或控制他人自由的方法就可以避免危险，为合法行为。（4）自助行为。当权利人为保护自己的权利，在情势紧急而又不能及时请求国家予以救助的情况下，对他人的自由加以适当限制，不为侵害人身自由权；但这种限制自由必须适当，超出适当范围，即为侵权。例如，对在餐馆用餐后不付款而欲逃走的客人，餐馆有权将其送交有关部门处理。

【案例评注】

陈某诉李某某等生命权、健康权、身体权纠纷案①

基本案情

被告人李某某、王某某、谢某某、罗某、曹某非法拘禁他人，限制他人人身自由，其行为均构成非法拘禁罪。被告人李某某、王某某在非法拘禁共同犯罪中起主要作用，系主犯；被告人谢某某、罗某、曹某听从李某某、王某某的安排看守被害人和提供场所，在共同犯罪中起次要和辅助作用，系从犯，应当从轻处罚。本院根据五被告人在共同犯罪中的作用分别予以量刑。被告人李某某在非法拘禁期间以暴力、胁迫手段，迫使被害人交出财物，价值达10976元，其行为已

① 审理法院：四川省蒲川县人民法院，案号：（2017）川0131民初313号。

构成抢劫罪。在非法拘禁期间，被告人李某某利用其租住房屋，被告人曹某利用自己房屋，容留他人吸食毒品，其行为均构成容留他人吸毒罪。根据五被告人的量刑情节，法院判决：一、判处被告人李某某有期徒刑六年二个月，并处罚金人民币7000元；二、判处被告人王某某有期徒刑一年十个月；三、判处被告人谢某某有期徒刑一年二个月；四、判处被告人罗某有期徒刑十个月；五、判处被告人曹某有期徒刑一年，并处罚金人民币2000元；六、继续追缴被告人李某某违法所得人民币2600元，责令退赔被害人陈某经济损失人民币10976元。该刑事判决已生效并执行。被害人陈某在刑事诉讼中没有提起附带民事诉讼。后被害人陈某另行提起民事诉讼，请求：1. 判决五被告共同赔偿原告医疗费、交通费等共计85030.97元，五被告之间互负连带清偿责任；2. 本案诉讼费由五被告承担。

法院判决

公民的生命权和健康权受法律保护。根据本案刑事判决认定的事实及被告人在公安机关的供述和被害人的陈述，李某某、王某某、谢某某、罗某、曹某对陈某进行非法拘禁过程中，李某某对陈某采用木棒殴打、钉子钉手指等暴力方式，是致其受伤的主要因素。王某某在殴打过程中起了辅助和次要作用。谢某某、罗某、曹某听从李某某、王某某的安排看守被害人和提供场所，谢某某、罗某、曹某对本案的发生均存在过错，三人的行为虽未直接导致陈某受伤，但与陈某的损害结果之间存在法律上的因果关系，故三人应当对陈某承担连带赔偿责任。考虑五被告的过错程度及对后果发生所起的作用，本院确定被告李某某承担80%赔偿责任，被告王某某承担10%赔偿责任，谢某某、罗某、曹某三人连带承担10%赔偿责任。本院对原告主张五被告之间互负连带清偿责任的诉讼请求予以部分支持。

被害人因刑事犯罪而另行提起的民事诉讼，与刑事附带民事诉讼的赔偿范围应当是相同的，否则刑事附带民事诉讼程序将形同虚设。《中华人民共和国侵权责任法》第五条规定，其他法律对侵权责任另有特别规定的，依照其规定。本案应优先适用刑法、刑事诉讼法以及相关司法解释。根据《最高人民法院关于适用〈中华人民共和国刑事诉讼法〉的解释》第一百六十四条“被害人或者其法定代理人、近亲属在刑事诉讼过程中未提起附带民事诉讼，另行提起民事诉讼的，人民法院可以进行调解，或者根据物质损失情况作出判决”、第一百五十五条第二款“犯罪行为造成被害人人身损害的，应当赔偿医疗费、护理费、交通费等为治疗和康复支付的合理费用，以及因误工减少的收入。造成被害人残疾的，还应当赔偿残疾生活辅助具费等费用；造成被害人死亡的，还应当赔偿丧葬费等费用”

以及《最高人民法院关于刑事附带民事诉讼范围问题的规定》第二条“被害人因犯罪行为遭受的物质损失，是指被害人因犯罪行为已经遭受的实际损失和必然遭受的损失”之规定，因刑事犯罪造成受害人伤残，受害人另行提起民事诉讼的，人民法院可根据其物质损失情况作出判决。残疾赔偿金、精神损害抚慰金既非刑事附带民事诉讼的赔偿范围，也非被害人遭受的物质损失；且本案侵权人已受刑事处罚，体现了对原告的司法救济和精神抚慰，故原告只应在物质损失的范围内主张赔偿，其要求被告支付残疾赔偿金和精神损害抚慰金的主张，本院不予支持。

专家点评

侵害自然人人身自由的案件极易引发刑事犯罪，本案是此方面关于刑事附带民事诉讼的典型案例。本案中，受害人陈某受到五被告的非法拘禁，五被告具有非法拘禁的故意，客观上侵害了受害人的人身自由，构成了对受害人人身自由权的侵害，同时已经构成了刑事犯罪。单就侵权责任而言，民法典生效后，受害人可以基于民法典人格权编第1011条提起民事诉讼，请求五被告承担物质上和精神上的双重损失。针对非法拘禁的侵权行为，损害赔偿中多以精神损害赔偿为主。根据我国刑事诉讼制度，刑事附带民事诉讼中的损失仅包括被害人因犯罪行为遭受的物质损失，即被害人因犯罪行为已经遭受的实际损失和必然遭受的损失，其中不包括精神损害赔偿。被害人或者其法定代理人、近亲属在刑事诉讼过程中未提起附带民事诉讼，另行提起民事诉讼的，人民法院可以进行调解，或者根据物质损失情况作出判决。但是在本案中，受到非法拘禁和殴打的陈某受到的损害是物质人身损害和精神损害，若在单纯的民事案件中，对应其人身损害和精神损害的救济均应被支持。

第三章　姓名权和名称权

第一千零一十二条　自然人享有姓名权，有权依法决定、使用、变更或者许可他人使用自己的姓名，但是不得违背公序良俗。

【条文释义】

本条是对自然人享有的姓名权及内容的规定。

姓名权是指自然人决定、使用和依照规定改变自己的姓名，并维护其姓名利益的具体人格权。

姓名权的客体是姓名。姓名是用以确定和代表个体自然人并与其他自然人相区别的文字符号和标识。姓名包括姓和名两部分，姓是一定血缘遗传关系的记号，标志着个体自然人从属于哪个家族血缘系统；名则是特定的自然人区别于其他自然人的称谓。姓名的组合，才构成一个个体自然人的完整的文字符号和标记，因而姓名是自然人的人身专用文字符号和标记，是自然人姓名权的客体。姓名在法律上使某一个自然人与其他自然人区别开来，便于参加社会活动，行使法律赋予的各种权利和承担相应义务。人被社会命名（通过社会化的其他人），而他自己从诞生那天起，也是一个社会人。[①] 姓和名的组合，表现了个人对社会团体或血缘家族或某一类人的归属，也表现了从个体到群体的关系。[②] 姓名亦有广义、狭义之分。狭义的姓名即本名。广义的姓名包括本名以及字、号、笔名、艺名等区别自然人人身特征的文字符号。在我国大陆地区，自然人的字、号已很少见，但别名、笔名、艺名的使用则很普遍，且为多数人所熟知，乃甚于本名，如鲁迅、茅盾、红线女等。这些本名之外的别号，在某些活动中有比本名更为重要的意义。

姓名权所体现的利益，从以上内容来分析，为精神利益。在现代社会中，姓名权的精神利益也可能带来一定的经济利益，如利用著名作家的笔名发表作品，

---

① 纳日碧力戈：《姓名论》，社会科学文献出版社 2002 年版，第 1 页。

② 王利明：《人格权法研究》，中国人民大学出版社 2005 年版，第 405～406 页。

可以赚取稿费，利用著名演员的艺名，可以提高票房价值。姓名权的精神利益是其最基本、最主要的利益，也包含一定的经济利益。有的学者正确地指出，姓名权财产利益是指作为自然人人格标识之一的姓名被用作企业名称、产品或服务之标识，用作企业、产品或服务之宣传或姓名本身构成产品或服务之一部或全部时，能给拥有该姓名之自然人带来的物质利益。它与姓名权的精神利益相对应，构成完全意义上的姓名权的客体。① 这样的意见是有道理的。姓名权是具有一定财产利益因素的人格权。不是姓名权具有双重属性，而是姓名权中的客体即姓名利益具有双重属性，既有精神利益，又有财产利益，因而形成了姓名权的这个特征。本条生效前，我国关于姓名权的规定体现在原《民法通则》第99条和第120条，其规定了自然人姓名权和姓名权保护的法律制度；原《侵权责任法》第2条第2款明确规定姓名权受侵权责任法保护。

姓名权是自然人享有的具体人格权，具有完备的权能体系，具体内容是：

1. 决定权，也叫命名权，即自然人对自己的姓名的决定权。由于人出生即要命名，而权利人无法自己行使这一权利，因而由其亲权人行使命名权。姓名权中的名字是可以自由选择的，可以自由命名，但是姓氏代表的是亲属的血缘，不能随意选择。因此，子女不能选择第三姓，只能随父姓或者随母姓，除非有极为特殊情况，经过特殊的批准。自我命名权的另一个表现，是自然人选择自己别名的权利，可以根据自己的意志和愿望，给自己确定本名以外的笔名、艺名以及其他相应的名字，任何人不得干涉。

2. 使用权，姓名权人有权使用自己的姓名，用以区别自己与其他自然人的不同，确定自己的主体地位，实施民事法律行为。姓名使用权就是自然人对自己的姓名的专有使用权。使用自己的姓名，是自然人姓名权的重要内容，自然人在民事活动中，除法律另有规定外，可以使用本名，也可以使用自己的笔名、艺名或化名等。任何人不得强迫自然人使用或不使用某一姓名。姓名使用权是一种专有使用权，某自然人使用某姓名，原则上其他自然人不得使用同一姓名，但重名不在其内。重名也叫姓名的平行。数人合法取得同一姓名者，谓姓名之平行，如有数人俱名“李大民”。在此情形下，各人使用同一姓名，而个人均系行使其权利，固属正常。②

3. 变更权，自然人对自己的姓名可以进行变更，不过通常变更的是名，而不是姓，变更姓氏须有特别理由，且变更姓名时须经变更姓名的登记。这种变更姓

---

① 张善斌等：《姓名权财产利益的法律保护》，载《法商研究》2002年第4期。

② 龙显铭：《私法上人格权之保护》，中华书局1948年版，第91页。

名的行为虽然仅依单方意思表示即已足够，唯其表示须经公示，否则不得对抗第三人。登记姓名的变更非依变更登记程序不生效力。① 在现实生活中，公民行使姓名变更权的难度较大。

4. 许可他人使用自己姓名的权利，由于姓名权具有专属性，准许他人使用须为正当，如委托代理、法定代理、意定代理对本人姓名的使用是正当的许可使用，未经本人同意，又没有行使他人姓名权的免责事由的，构成侵害姓名权的侵权行为。

5. 姓名权保护请求权包括姓名权请求权和姓名权侵权请求权。姓名权请求权是人格权请求权的范畴，姓名权侵权请求权是姓名权遭受侵权行为侵害，构成侵权责任。权利人新生的请求权，以救济自己身体权的损害。

【案例评注】

南怀瑾诉某出版社侵害姓名权、名誉权案②

基本案情

2007年5月，某出版社于2007年5月出版由潘鸿生著的《听南怀瑾讲〈庄子〉》一书，书名中使用南怀瑾姓名的行为，未经南怀瑾本人同意，且封面设计中“南怀瑾”三字与其他文字采用不同字体和稍大字号。该书前言部分称“本书是笔者精心研读南怀瑾大师《庄子讲记》后的个人感悟之作”，书中内容多次出现“南怀瑾大师说”“南怀瑾大师认为”等内容。南怀瑾认为某出版社行为属于假冒南怀瑾姓名的行为，侵犯了南怀瑾的姓名权。涉诉的书名为《听南怀瑾讲〈庄子〉》，但是某出版社未能举证证明该书的作者在何时、何地听过南怀瑾讲《庄子》，该行为是盗用南怀瑾的姓名、打着南怀瑾的旗号以达到吸引广大读者的注意力、增加图书销量牟取不正当经济利益的行为。南怀瑾一贯治学严谨，某出版社所出版图书中捏造事实必然使南怀瑾的社会评价降低，损害了南怀瑾的人格，侵犯了南怀瑾的名誉权。现起诉请求：（1）判令某出版社立即停止侵犯南怀瑾姓名权、名誉权的行为；（2）某出版社在《中国新闻出版报》刊登致歉声明，消除影响、恢复名誉；（3）某出版社赔偿南怀瑾损失10万元，其中经济损失和精神损失各5万元；（4）诉讼费由某出版社承担。

---

① 张俊浩主编：《民法学原理》，中国政法大学出版社1991年版，第148页。
② 审理法院：北京市西城区人民法院，案号：（2011）西民初字第11132号。

法院判决

公民享有姓名权，有权决定、使用和依照规定改变自己的姓名，禁止他人干涉、盗用、假冒。公民、法人享有名誉权，公民的人格尊严受法律保护，禁止用侮辱、诽谤等方式损害公民、法人的名誉。

姓名是用于确定和代表自然人个人并与其他人相区别的符号和标识，姓名权是自然人决定、使用和依照规定改变自己姓名的权利。关于姓名权，本案中，南怀瑾主张某出版社未经其同意，在其所出版图书的书名中使用南怀瑾姓名，并在图书内容中多次使用“南怀瑾大师说”或“南怀瑾大师认为”等表述，侵犯了南怀瑾的姓名权。其中主要涉及姓名权中禁止他人盗用、假冒的权利内容，即禁止他人割裂权利人的姓名符号与权利人本人之间的特定联系。某出版社出版图书的名称为《听南怀瑾讲〈庄子〉》，封面标明本书由潘鸿生著，该书前言部分称“本书是笔者精心研读南怀瑾大师《庄子讲记》后的个人感悟之作”，该行为表明涉诉图书并非南怀瑾作品，而是作者对南怀瑾思想内容的感悟，故某出版社在书名中使用南怀瑾姓名的行为不属于假冒、盗用南怀瑾姓名出版图书的行为，其书名中所称“南怀瑾”亦指南怀瑾本人，未影响南怀瑾姓名符号与南怀瑾个体之间的特定联系。南怀瑾曾以著书、讲学等方式对于国学经典著作进行阐述，某出版社认为南怀瑾系国学大师，出版图书对其著述和思想、观点进行评论的行为，并无不当。故某出版社在书名中使用南怀瑾姓名的行为，未侵犯南怀瑾的姓名权。

涉诉图书内容中多次使用“南怀瑾大师说”“南怀瑾大师认为”等表述，其中“说”“认为”等表达形式，可理解为作者陈述南怀瑾实施的特定行为，亦可理解为对南怀瑾观点的转述、介绍或总结。结合涉诉图书名称、封面、前言及内容，可以认定某出版社使用南怀瑾姓名的行为不属于南怀瑾所称捏造事实或盗用、冒用，亦未割裂南怀瑾姓名符号与南怀瑾个体之间的特定联系。在未征得南怀瑾同意的情况下，涉诉图书中涉及南怀瑾思想的表述，未在出版时明确标明出处，失于严谨，但不宜认定为盗用、冒用南怀瑾姓名的侵权行为。对于南怀瑾主张某出版社侵犯其姓名权并依此要求停止侵权、赔礼道歉和赔偿损失的诉讼请求，法院不予支持。

专家点评

本案是关于姓名权侵权的典型案件，并涉及未经许可使用公众人物姓名的相关问题。民法典人格权编第1012条规定自然人有权依法决定、使用、变更或者许可他人使用自己的姓名。那么是否未经许可使用他人姓名的行为都属于侵害他人姓名权的行为呢？本案为此提供了裁判参考。本案中，某出版社在其出版物中，未经南怀瑾许可，在引用和专属思想观点的过程中使用了南怀瑾的姓名，判断其行为是否侵权应综合判断考虑。姓名是用于确定和代表自然人个人并与其他人相区别的符号和标识，认定是否构成姓名权侵权应充分考虑姓名本身的功能和使用行为的目的。本案中，某出版社使用南怀瑾的姓名主要不是出于标识的目的，而是转述和介绍其思想过程中的必要提及，本案法院认定行为人转述和引用学术人物思想观点的行为“失于严谨，但不宜认定为盗用、冒用南怀瑾姓名的侵权行为”是妥当的，也为相关案件提供了裁判参考：即对于姓名权侵权的认定中，未经他人同意在个人的思想表达中以转述或引用思想需要提及他人姓名，不宜认定为侵害姓名权的行为。

第一千零一十三条 法人、非法人组织享有名称权，有权依法决定、使用、变更、转让或者许可他人使用自己的名称。

【条文释义】

本条是对法人、非法人组织享有的名称权及其内容的规定。

名称权，是指法人和非法人组织依法享有的决定、使用、变更或者依照法律规定许可他人使用自己名称，并排除任何组织和个人非法干涉、盗用或者冒用的具体人格权。

名称权的客体是名称。从语义学的角度考察，一般认为名称为“事物的名目或称号”①，或者是指“用以识别某一个体或一群体（人或事物）的专门称呼”②。从法学的角度考察，名称是指法人及特殊的自然人组合等主体在社会活动中，用以确定和代表自身，并区别于他人的文字符号和标记。名称并不是自然人的文字符号和标记，而是法人或特殊的自然人组合的文字符号和标记。特殊的自然人组合，是指个体工商户、个人合伙等不享有法人资格，但又不是自然人个体的其他组织，增加其容量，以涵括个体工商户、个人合伙及其他非法人组织，如不具有法人资格的私营企业等。名称的基本作用在于使上述主体在社会活动中确定自身的称呼，以其代表自身，并区别于其他自然人、法人和其他组织。名称是一种文字符号和标记，不是图形，也不是形象，这一点与姓名相同。

---

① 《大辞典》，台北三民书局1985年版，第482页。

② 王同忆主编：《语言大典》，三环出版社1990年版，第240页。

名称权的主体是法人和非法人组织，自然人享有的是姓名权，而不是名称权。除了法人和非法人组织，有些自然人组合也有名称，如没有民事主体地位的合伙。对于这些没有主体地位的自然人组合的名称权，比照适用名称权的规则进行保护。名称权的性质是人格权，名称权具有人格权的一切基本属性。因此，名称权是人格权，性质属于绝对权、专属权、固有权、必备权。概言之，名称权是法人其他组织之所以为主体的基本权利之一，不享有名称权，民事主体不能成立。名称权的客体具有明显的财产利益因素。人格权以不具有直接的财产因素或不具有财产因素为基本特征，但是名称权不同，具有明显的财产利益因素。这主要表现在商业名称上，老字号、老商号、名牌企业的效益好、信誉高，必然带来高利润，因而使商业名称具有较高的使用价值。基于此，名称权具有可转让性这一显著特征，区别于其他任何人格权，也区别于姓名权。

名称权的具体内容是：

1. 决定权，即决定自己的名称，法人、非法人组织在设立时，享有命名权，对法人或者非法人组织决定名称，并依法进行登记，即享有名称权。各国对名称的决定采取不同做法：一是采取自由主义，法律不加限制，可以自行选定自己的名称；二是采取限制主义，法律规定商号、法人的名称应当表明其经营种类、组织形式，非经登记，不发生效力。对此，我国立法采折中主义，即法人尤其是企业法人必须设定名称，并且依照法律的规定设定，非经依法登记不发生效力，不取得名称权。具体而言，根据《企业名称登记管理规定》的规定，企业名称在企业申请登记时，由企业名称的登记主管机关核定。企业名称经核准登记注册后方可使用，在规定的范围内享有专用权。

对于企业名称的决定，出于公共利益的考量，也存在一定限制，具体表现主要有：(1) 名称结构的确定性。企业名称应当由字号（或者商号）、行业或者经营特点、组织形式依次组成，且企业名称应当冠以企业所在地省（包括自治区、直辖市）或者市（包括州）或者县（包括市辖区）行政区划名称。只有历史悠久、字号驰名的企业、外商投资企业和可以使用“中国”“中华”等字样的企业可以经国家工商行政管理局核准后不冠以企业所在地行政区划名称。只有全国性公司、国务院或其授权的机关批准的大型进出口企业、国务院或其授权的机关批准的大型企业集团和国家工商行政管理局规定的其他企业才可以使用“中国”“中华”或“国际”字样。(2) 名称的唯一性。企业只准使用一个名称，在登记主管机关辖区内不得与已登记注册的同行业企业名称相同或者近似。(3) 语言使用的限制。在我国，企业名称应当使用汉字，民族自治地方的企业名称可以同时使用本民族自治地方通用的民族文字。企业使用外文名称的，其外文名称应当与中文名称相一致，并报登记主管机关登记注册。(4) 公共利益的考量。出于公共利益原因，企业名称不得含有下列内容和文字：有损于国家、社会公共利益的；可能对公众造成欺骗或者误解的；外国国家（地区）名称、国际组织名称；政党名称、党政军机关名称、群众组织名称、社会团体名称及部队番号；汉语拼音字母（外文名称中使用的除外）、数字；其他法律、行政法规禁止的。

2. 使用权，即使用自己的名称，法人、非法人组织取得名称就是为了使用，以标表自己的人格与其他主体的人格上的区别，进行民事活动，取得民事权利，履行民事义务。名称权主体对其名称享有独占使用的权利，排除他人非法干涉和非法使用。名称经依法登记，即产生名称权主体的独占使用效力，法律予以保护，在登记的地区内，他人不得再予登记经营同一营业性质的该名称；未经登记而使用者，为侵害名称权。在同一地区内，数个单位曾使用同一名称，其中一方经登记后，其他单位不得再使用该名称，否则为侵权。名称使用的范围，应以其登记核准的范围为限，限于在本省、本市、本县以及本镇内使用，在核准使用的范围内，该名称独占使用。国家级企业的名称在全国范围内使用，均不得在国内使用同一名称。名称的独占使用限于同一行业，不排除不同行业使用，但在使用时必须标明行业的性质，

3. 变更权，即变更自己的名称，法人、非法人组织认为确有必要的，可以改变自己的名称，须依照法律规定进行变更登记。名称变更可以是部分变更，也可以是全部变更。变更名称必须依法进行变更登记，其程序与设定名称相同。名称一经变更登记后，原登记的名称视为撤销，不得继续使用，应当使用新登记的名称进行经营活动。名称变更应依主体意志而为，他人不得强制干涉。

4. 全部转让和部分转让权，名称权与其他人格权的最大不同，是其他人格权都不能转让或者不能全部转让，而名称权不仅可以部分转让，而且还可以全部转让。名称部分转让，即将名称使用权转让于他人使用；名称全部转让，即将名称权全部转让于他人享有。部分转让者，转让的是名称使用权，且名称使用权也是部分转让。因此，名称权人仍享有名称权，仍得自行使用其名称，但名称使用人依其使用权的转让，而依约定使用该名称。全部转让者，原名称权人丧失名称权，不得继续使用；受让人成为该名称的权利人，享有专有使用权及名称权的一切权利。本条说的转让，是全部转让；本条说的许可他人使用自己的名称，就是部分转让。名称权全部转让的，一般须将营业一并转让，如将自己的饭店盘给他人，名称和营业须一并转让。

确认侵害名称权的行为为侵权行为，即使构成不正当竞争行为也是一样，应当责令侵权人承担侵权损害赔偿等民事责任。赋予名称权人以侵权请求权，是民

法保护名称权的基本方法。侵害名称权的具体行为一般有：

1. 干涉名称权的行为。这是指对他人名称权的行使进行非法干预的行为。非法干预，包括对名称设定、专有使用、依法变更和依法转让的干预，具备其中之一，即为非法干涉。干涉名称的行为大多为故意行为，如强制法人或其他组织使用或不使用某一名称，阻挠名称的转让、变更的行为。非法宣布撤销他人的名称，也属于干涉名称权的行为。①

2. 非法使用他人名称的行为。这种行为是指未经他人许可，冒用或盗用他人登记的名称。盗用名称是未经名称权人同意，擅自以他人的名称进行活动。冒用名称是冒充他人的名称，以为自己的目的而行为，即冒名顶替。盗用和冒用他人的名称，即为非法使用，各国立法均认为其为侵权行为。在名称登记范围内，同行业不得以不正当竞争目的而使用与登记相似易于为人误认的名称。这种行为为名称的混同，也是非法使用他人名称的侵权行为。在非法使用他人名称的争议中，2008 年《最高人民法院关于审理注册商标、企业名称与在先权利冲突的民事纠纷案件若干问题的规定》第 2 条规定："原告以他人的企业名称与其在先的企业名称相同或者近似，足以使相关公众对其商品的来源产生混淆，违反反不正当竞争法第五条第（三）项的规定为由提起诉讼，符合民事诉讼法第一百零八条规定的，人民法院应当受理。"这是判断非法使用他人名称是否构成侵权的一个重要标准。

3. 不使用他人名称的行为。应当使用他人名称而不使用或改用他人的名称，同样构成对名称权的侵害。如甲商店出售乙厂的产品，却标表为丙厂的名称，甲商店对乙厂名称的不使用，构成对乙厂名称权的侵害。

构成侵害名称权，应承担侵权责任的最主要形式是赔偿损失。根据侵害名称权行为的特点，其赔偿损失的基本方法包括以下几种，可以根据具体情况选择使用。

1. 以实际损失确定赔偿数额。这种方法是以受害人在名称权受到侵害期间的财产利益损失为标准，确定赔偿数额。名称权受到侵害所受到的直接损失，最基本的表现形式，就是受害人在侵权期间所受到的财产不利益，即受到的损失。当这种损失很明显，具有可计算的因素时，采用这种方法计算受害人的财产利益损失并予以赔偿，是最准确的赔偿数额。其计算公式是：$W = (P - C) \times (A1 - A2)$。其中，W 是损失数额，P 是单位产品（或服务）的价格，C 是单位产品（或服务）的成本，A1 是在侵权期间受害人应销售的产品量（或提供的服务量），

① 王利明主编：《民法·侵权行为法》，中国人民大学出版社 1993 年版，第 282 页。

A2 是在侵权期间实际产品销售量（或服务量）。依此公式，即可计算出受害人在侵权期间应得的财产利益和实得的财产利益之间的差额，财产损失数额即赔偿的数额。

2. 以所获利益计算赔偿数额。这种方法是以侵权人在侵权期间因侵权而获得的财产利益数额为标准，确定赔偿数额。侵权人因侵权行为所获得的利益是不法所得，是通过侵害他人名称权，使他人财产利益受到损害而获得的。如果受害人损失的财产利益无法计算或不易计算，以侵权人在侵权期间所获利益推定为受害人所受到的损失，至为公平、合理。其计算公式是：$W = A \times (P - C)$。其中，W 是所获利益额，A 是侵权人在侵权期间销售的产品量（或提供的服务量），P 为单位产品（或服务）的价格，C 是单位产品（或服务）的成本。依此公式，即可计算出侵权人在侵权期间所获得的不法利益，推定其为受害人的财产利益损失额，依此确定赔偿数额。

3. 综合评估方法。在受害人的财产利益实际损失或侵权人在侵权期间所获财产利益均无法计算或不易计算时，可以采取综合评估的方法确定赔偿数额。这就要根据侵害名称权的具体因素综合评估，推算合适的损害赔偿数额。考虑的因素，包括侵权行为的程度和情节、侵权期间的长短、损害后果的轻重、给受害人造成的经济困难程度以及侵权人的实际经济状况。将这些因素综合考虑，确定一个适当的数额，作为赔偿的数额。应当注意的是，适用这种方法计算赔偿数额，一般不应超过最高限度，该限度即该名称使用权转让费的数额。这种方法主要适用于非法干涉名称权和不使用他人名称等场合。

对侵害名称权的行为人确定民事责任，还包括除去侵害的方法。侵害他人名称权，首先应负有停止侵害的责任，使正在进行的侵害行为彻底终止。同时，对于侵权行为所造成的影响应予消除，权利人要求赔礼道歉的还应当予以赔礼道歉。除去侵害是侵害人格权的必要的责任形式，对于保护受害人的合法权益具有重要意义，是不可忽视的。

【案例评注】

中大公司诉中大旅行社侵害企业名称权纠纷案①

基本案情

中大公司经陕西工商局核准设立于1998年10月6日，经营范围为日用百货、服装、珠宝玉器等。中大公司在《华商报》《西安晚报》等媒体刊登广告，对其周年店庆活动、主题活动、明星参与活动、促销活动、入驻品牌开业等进行宣传报道。2006年12月6日，《华商报》刊登的《2006时尚年鉴入围企业风采榜》载明，中大公司大厦是一座集5A甲级智慧化写字楼、世界名品购物广场、商务会议中心、餐饮设施于一体的综合性时尚物业，该大厦的"名品广场"汇集了世界众多的顶级时尚品牌，其入围的理由为中大公司名品广场是西安集中经营世界顶级奢侈品牌的购物场所，是西北地区乃至全国屈指可数的时尚地标。2007年12月29日，《华商报》公布了《陕西十大创富品牌企业候选名单》，中大公司候选理由为秉承"追求卓越，典藏经典"的理念，坚持推行名牌战略，商场不仅拥有PRADA等世界顶尖服饰品牌，同时还有数家世界500强企业入驻办公，曾荣获"陕西商业名牌企业""国家级购物放心街示范店""西安市百城万店无假货示范单位"等荣誉称号。2009年3月13日，《华商报》公布了《影响陕西人生活的品牌（机构）》，中大公司名列其中。商标局认定中大公司使用在商标国际分类第35类上的"中大国际ZHONGDAINTERNATIONAL"商标为驰名商标。中大旅行社成立于2009年12月29日，经营范围为入境旅游业务、国内旅游业务等。中大旅行社自成立以来连续多年举办了时代之星夏令营活动，《华商报》对上述活动进行了系列报道。除以"时代之星"为主题的广告、报道外，还有普通旅游广告，显示的主要字样为"西安中大"。中大公司认为，中大旅行社将"中大"及"中大国际"作为其企业名称，已经造成了相关公众的误认和混淆，故诉至法院，请求判令中大旅行社：立即停止在其企业名称中使用"中大"字样；向中大公司公开赔礼道歉，并消除影响；赔偿中大公司经济损失200万元；承担本案诉讼费。

---

① 审理法院：陕西省西安市中级人民法院，案号：（2015）西中民四初字第00272号。

法院判决

法院经审理认为，中大公司自成立以来，进行了广告宣传，曾荣获多项荣誉称号；加之其独特的市场定位和经营管理模式，已为公众广泛认可，为社会公众所知悉。“中大国际”是中大公司的企业简称，“中大”是企业字号。该字号通过中大公司的长期经营与维护，与中大公司产生了稳定的关联关系，具有识别经营主体的意义。中大旅行社借助其企业“中大国际旅行社”的经营特点，将“中大”与“国际”字样连用及在普通旅游广告中主要使用“西安中大”字样，其本质上属于利用他人享有一定知名度的企业字号，攀附他人商誉，为自己获取市场竞争优势以及更多的市场交易机会，损害了中大公司的合法权益，构成对中大公司在先企业名称权的侵害。判决：中大旅行社立即停止在其企业名称中使用“中大”作为其名称的字号；中大旅行社赔偿中大公司 5 万元；驳回中大公司的其他诉讼请求。

专家点评

本案的典型意义在于揭示了法人与非法人组织名称权保护的具体方法。民法典人格权编第 1013 条规定了法人与非法人组织享有名称权，并有权依法决定、使用、变更、转让或者许可他人使用自己的名称，是民法上的规范。但是在现实中，营利性法人和非法人组织是法人和非法人组织存在的主要形态，其存在的核心目标就是营利。在司法实践中，法人和非法人组织的名称权常与企业商誉紧密关联，名称权的标识背后通常蕴含着巨大的经济价值，法人和非法人组织冒用他人名称权试图搭便车获取竞争优势地位的行为通常构成我国《反不正当竞争法》第 6 条所规定的混淆行为，即擅自使用他人有一定影响的企业名称（包括简称、字号等）、社会组织名称（包括简称等）、姓名（包括笔名、艺名、译名等）的行为。所以实践中对于侵害他人名称权的行为，构成不正当竞争的，适用《反不正当竞争法》予以规制。本案中，法院通过裁判表明企业对其企业名称在一定的区划和行业领域内享有专用权，攀附他人在一定区域内具有市场知名度的企业字号，造成相关公众混淆和误认，属于不正当竞争行为，被诉企业名称构成不正当竞争的，人民法院可以根据原告的诉讼请求和案件具体情况，确定被告承担停止使用、规范使用等民事责任。这展现了实践中运用《反不正当竞争法》进行保护的具体方式。当然，对于不构成不正当竞争的侵害他人名称权的行为，依然可以适用民法典人格权编第 1013 条作为其请求权基础。

第一千零一十四条 任何组织或者个人不得以干涉、盗用、假冒等方式侵害他人的姓名权或者名称权。

【条文释义】

本条是对姓名权和名称权的义务主体负有义务的规定。

前两个条文都没有规定姓名权和名称权的义务主体负有的义务，本条一并作了规定。名称权部分具有特别性的内容详见第1013条条文解读部分。

姓名权和名称权也都是绝对权，在自然人享有姓名权，法人、非法人组织享有名称权时，其他任何民事主体都是权利人的义务主体。本条所说的“任何组织或者个人”，就是对姓名权、名称权义务主体的规定，包括权利人以外所有的自然人、法人和非法人组织。

姓名权、名称权的义务主体负有的法定义务，都是不可侵义务，即不得以任何方式侵害他人的姓名权和名称权。侵害姓名权的责任构成，须具备违法行为、损害事实、因果关系和过错四个要件。但是，由于侵害姓名权行为的特殊性，因而构成侵害姓名权民事责任的四个要件也有特殊要求：

1. 侵害姓名权的违法行为一般由作为的方式构成。构成侵害姓名权的侵权责任，通常是由作为的行为方式构成，即积极的侵害姓名权的行为，如盗用、冒用、干涉姓名的行为，均须以作为的方式实施，不作为不构成此种侵权行为。以不作为方式侵害姓名权是消极的侵害姓名权的侵权行为，只存在于应使用而不使用他人姓名的场合，范围很狭小。

2. 侵害姓名权的损害事实以非法使用他人姓名为主要表现形式。侵害姓名权的损害事实就是姓名被非法使用，或者应当使用而未使用姓名。因而，侵害姓名权的损害事实以盗用、冒用他人姓名、干涉他人行使姓名权、不使用他人姓名的客观事实为足，不必具备特别的损害事实，如精神痛苦、感情创伤等。受害人只要证明侵害姓名权的行为为客观事实，即为举证责任完成，无需证明侵害姓名权的事实已为第三人知悉。

3. 侵害姓名权的违法行为与损害事实合一化。由上述表述可知，侵害姓名权的违法行为和损害事实有合一化的特点。例如，非法使用他人姓名，违反了保护他人姓名权不可侵的义务，具有违法性；同时，非法使用他人姓名又是权利人姓名权被侵害的损害事实。从不同的角度观察，这个要件既是违法行为，又是损害事实，因而二者之间的因果关系无需加以特别证明。

4. 侵害姓名权的过错须为故意。故意侵害姓名权，才能构成侵害姓名权侵权责任，过失不构成侵害姓名权，这是侵害姓名权侵权责任构成的基本特点之一。过失造成与他人姓名混同，不认为是侵害姓名权，因为命名权为姓名权的基本内容，权利主体有权决定使用什么样的姓名。但是，如果故意使用姓名混同方法达到某种目的，则为侵害姓名权。

侵害姓名权在现实中有多种样态，具体有：

1. 不使用他人的姓名的行为。姓名乃正当之指示手段，指明某人时，应使用其人之姓名。[①] 应当使用他人姓名而不予使用，为侵权行为。这种侵权行为的行为人，是负有使用他人姓名的义务人。负有使用义务而不使用，为不作为的侵权行为。这类侵权行为主要包括：一是该标表而不标表，如使用他人作品时，未予标表作者姓名，或者标表有误，[②] 而不能指明是原作者。二是应称呼姓名而未称呼，是指明某人时，应使用其人之姓名，否则其人之姓名权即受侵害。[③] 三是不称呼他人姓名而代以谐音。

2. 干涉自然人行使姓名权的行为。这种行为是他人对自然人行使姓名权的命名权、使用权、改名权的无理干预，阻碍自然人对其姓名权的行使。换言之，干涉命名权、使用权、改名权，都构成侵害姓名权行为。(1) 干涉命名权。这种行为主要指干涉自然人给自己命名。自然人的正式姓名即本名，一般由自然人的父母在出生时给起，自己没有本名命名的行为能力。但当自然人成年以后，自我命名别名、笔名、艺名、化名，均须允许，不准自然人起别名、笔名、艺名、化名等，为侵害姓名权。值得注意的是，对未成年的被监护人，监护人依法有权决定其随父姓或随母姓以及叫什么名字，这与干涉他人命名权有原则性的区别。[④] 对此，被监护人主张侵害姓名权的，为无理由。(2) 干涉姓名使用权。姓名的使用为姓名权人专有，他人不得干涉。干涉姓名使用权，主要表现为不准某自然人使用其姓名，或者强迫某自然人使用某姓名。(3) 姓名的变更应由姓名权人自主决定，他人无权干预。强迫自然人变更姓名，或者强迫自然人不得变更姓名，为侵权行为。

3. 非法使用他人姓名的行为。非法使用他人姓名的行为，包括盗用他人姓名和假冒他人姓名。盗用他人姓名表现为未经本人授权，擅自以该人的名义进行民事活动或从事不利于姓名权人、不利于公共利益的行为。假冒他人姓名是冒名顶替，使用他人姓名并冒充该人参加民事活动或其他行为。这两种行为的相同点

---

① 何孝元：《损害赔偿之研究》，台湾商务印书馆 1982 年版，第 152 页。

② 张俊浩主编：《民法学原理》，中国政法大学出版社 1991 年版，第 148 页。

③ 龙显铭：《私法上人格权之保护》，中华书局 1948 年版，第 89 页。

④ 马原主编：《中国民法教程》，人民法院出版社 1989 年版，第 491 页。

是：都是行为人在受侵害人不知情的情况下进行的；行为人在主观心理上都是故意的，并且具有一定的目的；都会造成一定的损害后果；都违反法律。不同之处是：第一，盗用姓名是未经姓名权人同意而擅自使用，而假冒姓名是专指冒名顶替；第二，盗用姓名只是擅自使用他人姓名，行为人并未直接以受侵害人的身份进行民事活动，假冒姓名则是以姓名权人的身份直接进行活动；第三，盗用姓名只是以他人的姓名进行民事活动，假冒姓名则不仅假冒他人姓名，还包括故意利用自己的姓名与被侵害人姓名相同或相近的特点，冒充他人进行民事活动。盗用姓名与假冒姓名并不限于使用他人本来之姓名，包括盗用或假冒他人的笔名、艺名、别名、化名。但盗用或假冒他人笔名、艺名等，一般应限于与该人笔名、艺名在同一使用范围内使用为侵权。

盗用姓名和假冒姓名两种行为有无轻重之分，理论上认为有加以区分的必要。在侵权行为中，区分某些相近或相似行为的责任大小、轻重，主要应当从行为人的主观心态和行为造成的损害后果来分析。在侵害姓名权的精神损害赔偿中，同样如此。盗用姓名和假冒姓名两种行为，其行为人的主观心理状态都是故意的，都是为了达到自己一定的目的，因而在主观方面很难区分两种行为的大小、轻重。从损害后果方面看，盗用是擅自使用他人姓名，行为人并不以姓名权人的身份进行活动，这种行为往往是借他人姓名以抬高自己或帮助自己达到某种目的，造成的影响是姓名权人参与了某项活动，姓名使用人的全部活动及于自己和姓名权人，并不全部及于姓名权人，因而损害的范围是有限度的。因此，可以认为，假冒姓名行为比盗用姓名行为造成的损害后果要大，行为轻重自然有所区别。

4. 姓名的故意混同行为。姓名的故意混同，并非使用姓名权人的姓名，而是使用可能与姓名权人的姓名混同的姓名，造成与使用姓名权人的姓名有同样效果的事实。这样的行为同样是侵害姓名权的行为。使用与他人姓名在外观上、称呼上和观念上相类似之姓名，如变更拼音、变更字画、全然不变更文字而发音类似以及虽有语音不同而观念上则属同一者，均成立姓名权之侵害。[1] 这是因为行为人利用姓名在外观上、称呼上或观念上与他人姓名相类似的特点，故意与姓名权人的姓名相混同，以达到自己的目的。利用重名即姓名之平行而故意混同，亦为侵害姓名权。姓名之平行如有具体的混同之危险时，则各人应于其姓名上附以特别之眉书，否则构成因不作为而侵害他人姓名权。[2]

本条规定的侵害姓名权、名称权的方式是：（1）干涉，包括对民事主体行使

---

① 龙显铭：《私法上人格权之保护》，中华书局1948年版，第90页。

② 何孝元：《损害赔偿之研究》，台湾商务印书馆1982年版，第153页。

姓名权命名权、使用权、变更权和许可他人使用权的干涉行为；(2) 盗用，是未经权利人本人同意而非法使用权利人的姓名、名称，盗用不同于冒用，是非法使用而未冒名顶替权利人；(3) 冒用，是未经权利人本人的同意，不仅非法使用权利人的姓名或者名称，而且直接冒用姓名权人或者名称权人的身份，进行民事活动。

没有遵守上述姓名权、名称权义务主体应负的法定义务，对权利人姓名权、名称权进行干涉、盗用或者冒用的，违反了法定义务，构成侵害姓名权或者名称权的行为，应当承担民事责任。其责任方式，包括停止侵害、消除影响、赔礼道歉、赔偿损失。其中侵害姓名权责任一经成立，即应承担非财产的民事责任方式，造成财产损失的也应赔偿损失。需要具备什么情节才应当予以精神损害赔偿，是应深入研究的问题。第一，自然人的姓名权，既与自然人的名誉权不同，又与肖像权不同。自然人的名誉权，在通常情况下不具有经济利益，它只是社会对某一自然人的评价。对于肖像权，肖像的美学价值使肖像权具有相当的经济利益的内容。姓名权既不像名誉权那样毫无经济利益，又不像肖像权那样具有明显的经济利益。譬如，冒充某名人的姓名去进行经济活动，往往会获得经济利益，而以自己的姓名去进行，就可能得不到这些利益。第二，根据姓名权的上述特点，确定侵害姓名权的赔偿责任，应以适用精神损害赔偿的一般标准作为基本原则，在侵害姓名权具有严重情节，造成较严重后果的情况下，才予以赔偿损失。对于已经侵害姓名权但情节不甚严重损害后果不甚明显的，可以不予赔偿。赔偿数额的确定，也应以确定精神损害赔偿数额的一般方法进行计算。① 第三，对于侵害姓名权有营利性质的，可以适当参考侵害肖像权损害赔偿的标准，即受害人有赔偿损失请求的，参考营利因素确定赔偿数额，但不宜过高。

【案例评注】

齐某某诉陈某某等以侵犯姓名权的手段侵犯宪法保护的公民受教育的基本权利纠纷案②

基本案情

原告齐某某与被告陈某某均是被告滕州八中的九零届应届初中毕业生，当时同在滕州八中驻地滕州市鲍沟镇圈里村居住，二人相貌有明显差异。齐某某在九

---

① 杨立新：《精神损害赔偿疑难问题》，吉林人民出版社1991年版，第11～13页。

② 《最高人民法院公报》2001年第5期案例。

零届统考中取得成绩441分，虽未达到当年统一招生的录取分数线，但超过了委培生的录取分数线。当年录取工作结束后，被告济宁商校发出了录取齐某某为该校九零级财会专业委培生的通知书，该通知书由滕州八中转交。

被告陈某某在1990年中专预选考试中，因成绩不合格，失去了继续参加统考的资格。为能继续升学，陈某某从被告滕州八中将原告齐某某的录取通知书领走。陈某某之父、被告陈父为此联系了滕州市鲍沟镇政府作陈某某的委培单位。陈某某持齐某某的录取通知书到被告济宁商校报到时，没有携带准考证；报到后，以齐某某的名义在济宁商校就读。陈某某在济宁商校就读期间的学生档案，仍然是齐某某初中阶段及中考期间形成的考生资料，其中包括贴有齐某某照片的体格检查表、学期评语表以及齐某某参加统考的试卷等相关材料。陈某某读书期间，陈父将原为陈某某联系的委培单位变更为中国银行滕州支行。1993年，陈某某从济宁商校毕业，自带档案到委培单位中国银行滕州支行参加工作。

被告陈父为使被告陈某某冒名读书一事不被识破，曾于1991年中专招生考试体检时，办理了贴有陈某某照片并盖有“山东省滕州市招生委员会”钢印的体格检查表，还填制了贴有陈某某照片，并加盖“滕州市第八中学”印章的学期评语表。1993年，被告陈父利用陈某某毕业自带档案的机会，将原齐某某档案中的材料抽出，换上自己办理的上述两表。目前在中国银行滕州支行的人事档案中，陈某某使用的姓名仍为“齐某某”，“陈某某”一名只在其户籍中使用。

经鉴定，被告陈父办理的体格检查表上加盖的“山东省滕州市招生委员会”钢印，确属被告滕州教委的印章；学期评语表上加盖的“滕州市第八中学”印章，是由被告滕州八中的“滕州市第八中学财务专章”变造而成。陈父对何人为其加盖上述两枚印章一节，拒不陈述。

法院判决

一审法院认为，《中华人民共和国民法通则》第九十九条第一款规定：“公民享有姓名权，有权决定、使用和依照规定改变自己的姓名，禁止他人干涉、盗用、假冒。”被告人陈某某在中考落选、升学无望的情况下，由被告陈父策划并实施冒用原告齐某某姓名上学的行为，目的在于利用齐某某已过委培分数线的考试成绩，为自己升学和今后就业创造条件，其结果构成了对齐某某姓名的盗用和假冒，是侵害姓名权的一种特殊表现形式。由于侵权行为延续至今，陈某某关于齐某某的诉讼请求已超过诉讼时效的答辩理由，显然不能成立。

原告齐某某主张的受教育权，属于公民一般人格权范畴。它是公民丰富和发展自身人格的自由权利。本案证据表明，齐某某已实际放弃了这一权利，即放弃了上委培的机会。其主张侵犯受教育权的证据不足，不能成立。齐某某基于这一主张请求赔偿的各项物质损失，除律师代理费外，均与被告陈某某的侵权行为无因果关系，故不予支持。

二审法院认为，各被上诉人侵犯了上诉人齐某某的姓名权和受教育的权利，才使得齐某某为接受高等教育另外进行了复读，为将农业户口转为非农业户口缴纳城市增容费，为诉讼支出律师费。这些费用都是其受教育的权利被侵犯而遭受的直接经济损失，应由被上诉人陈某某、陈父赔偿，其他各被上诉人承担连带赔偿责任。齐某某后来就读于邹城市劳动技校所支付的学费，是其接受该校教育的正常支出，不是侵权造成的经济损失，不应由侵权人承担赔偿责任。

为了惩戒侵权违法行为，被上诉人陈某某在侵权期间的既得利益（即以上诉人齐某某的名义领取的工资，扣除陈某某的必要生活费）应判归齐某某所有，由陈某某、陈父赔偿，其他被上诉人承担连带责任。各被上诉人侵犯齐某某的姓名权和受教育的权利，使其精神遭受严重的伤害，应当按照山东省高级人民法院规定的精神损害赔偿最高标准，给齐某某赔偿精神损害费。齐某某要求将陈某某的住房福利、在济宁商校期间享有的助学金、奖学金作为其损失予以赔偿，该请求于法无据，不予支持。

专家点评

本案曾被称为我国宪法司法化第一案，明确了通过民法落实宪法规定的基本权利的司法实现路径。受教育权属于公民一般人格权范畴，它是公民丰富和发展自身人格的一项自由权利，并且由此可产生一系列相关利益。我国《宪法》第46条第1款规定，中华人民共和国公民有受教育的权利和义务。以侵犯姓名权的手段，侵犯其他公民依据宪法规定所享有的受教育的基本权利，并造成了具体的损害后果的，应承担相应的民事责任。所以，采用冒领录取通知书等手段，冒用他人姓名上学的，在侵犯他人姓名权的同时还构成了对他人受教育权的侵犯，并且应当承担侵权赔偿责任。仍需探讨的是，对于本案是否有必要确定侵害受教育权的案由？在本案中，被告的行为构成侵害姓名权的侵权责任，是毫无疑问的。但最后经过最高人民法院批复，确定为侵害受教育权，确定了侵权责任。该案的被告侵害姓名权是其行为的本质，受教育权的损害后果是造成的损害事实，是侵权行为的结果。确定侵权行为的性质，应当根据侵权行为的本质确定，而不能根据损害的后果确定。即使是两个侵权行为发生竞合，如果确定一个侵权责任且能够吸收另一个侵权责任，也可以确定为一个侵权责任，据以进行损害赔偿救济。而本案并不具备这样的情形，认定为侵害姓名权就足以保护受害人的合法权益，没有必要确定为侵害受教育权的侵权责任。

第一千零一十五条 自然人应当随父姓或者母姓，但是有下列情形之一的，可以在父姓和母姓之外选取姓氏：

（一）选取其他直系长辈血亲的姓氏；

（二）因由法定扶养人以外的人扶养而选取扶养人姓氏；

（三）有不违背公序良俗的其他正当理由。

少数民族自然人的姓氏可以遵从本民族的文化传统和风俗习惯。

【条文释义】

本条是对自然人姓氏选取规则的规定。

自然人原则上应当随父姓或者母姓。这是因为，姓氏与名字不同，姓氏标表的是一个自然人的血缘传承，至于随父姓的血缘传承，还是随母姓的血缘传承，则可以选择。

自然人选择父姓、母姓之外的第三姓，须符合法定条件：（1）选取其他长辈直系血亲的姓氏，如祖父母、外祖父母的姓氏与父母姓氏不一致而选择祖父母、外祖父母的姓氏；（2）因由法定扶养人以外的人扶养而选取扶养人姓氏，如长期被父母以外的人扶养但未形成收养关系而随扶养人的姓氏；（3）有不违背公序良俗的其他正当理由，如本家族原姓氏为“萧”，而错误简化为“肖”，恢复姓萧。

少数民族自然人的姓氏，依据民族自治原则，遵从本民族的文化传统和风俗习惯。有的少数民族没有姓氏，只有名字，如蒙古族；有的少数民族为改姓汉姓而改变原民族的姓氏等。

【案例评注】

“北雁云依”诉济南市公安局历下区分局燕山派出所公安行政登记案①

基本案情

原告“北雁云依”出生于2009年1月25日，其父亲名为吕某某，母亲名为

① 最高人民法院指导案例89号，审理法院：山东省济南市历下区人民法院，案号：（2010）历行初字第4号。

张某某。因酷爱诗词歌赋和中国传统文化，吕某某、张某某夫妇二人决定给爱女起名为“北雁云依”，并以“北雁云依”为名办理了新生儿出生证明和计划生育服务手册新生儿落户备查登记。2009 年 2 月，吕某某前往燕山派出所为女儿申请办理户口登记，被民警告知拟被登记人员的姓氏应当随父姓或者母姓，即姓“吕”或者“张”，否则不符合办理出生登记条件。因吕某某坚持以“北雁云依”为姓名为女儿申请户口登记，被告燕山派出所遂依照原《婚姻法》第 22 条之规定，于当日作出拒绝办理户口登记的具体行政行为。原告请求法院判令确认被告拒绝以“北雁云依”为姓名办理户口登记的行为违法。该案经过两次公开开庭审理，原告“北雁云依”法定代理人吕某某在庭审中称：其为女儿选取的“北雁云依”之姓名，“北雁”是姓，“云依”是名。

法院判决

2014 年 11 月 1 日，第十二届全国人民代表大会常务委员会第十一次会议通过了《全国人民代表大会常务委员会关于〈中华人民共和国民法通则〉第九十九条第一款、〈中华人民共和国婚姻法〉第二十二条的解释》。该立法解释规定：“公民依法享有姓名权。公民行使姓名权，还应当尊重社会公德，不得损害社会公共利益。公民原则上应当随父姓或者母姓。有下列情形之一的，可以在父姓和母姓之外选取姓氏：（一）选取其他直系长辈血亲的姓氏；（二）因由法定扶养人以外的人扶养而选取扶养人姓氏；（三）有不违反公序良俗的其他正当理由。少数民族公民的姓氏可以从本民族的文化传统和风俗习惯。”

本案不存在选取其他直系长辈血亲姓氏或者选取法定扶养人以外的扶养人姓氏的情形，案件的焦点就在于原告法定代理人吕某某提出的理由是否符合上述立法解释第二款第三项规定的“有不违反公序良俗的其他正当理由”。首先，从社会管理和发展的角度，子女承袭父母姓氏有利于提高社会管理效率，便于管理机关和其他社会成员对姓氏使用人的主要社会关系进行初步判断。倘若允许随意选取姓氏甚至恣意创造姓氏，则会增加社会管理成本，不利于社会和他人，不利于维护社会秩序和实现社会的良性管控，而且极易使社会管理出现混乱，增加社会管理的风险性和不确定性。其次，公民选取姓氏涉及公序良俗。在中华传统文化中，“姓名”中的“姓”，即姓氏，主要来源于客观上的承袭，系先祖所传，承载了对先祖的敬重、对家庭的热爱等，体现着血缘传承、伦理秩序和文化传统。而“名”则源于主观创造，为父母所授，承载了个人喜好、人格特征、长辈愿望等。公民对姓氏传承的重视和尊崇，不仅仅体现了血缘关系、亲属关系，更承载着丰富的文化传统、伦理观念、人文情怀，符合主流价值观念，是中华民族向心力、凝聚力的载体和镜像。公民原则上随父姓或者母姓，符合中华传统文化和伦理观念，符合绝大多数公民的意愿和实际做法。反之，如果任由公民仅凭个人意愿喜好，随意选取姓氏甚至自创姓氏，则会造成对文化传统和伦理观念的冲击，违背社会善良风俗和一般道德要求。最后，公民依法享有姓名权，公民行使姓名权属于民事活动，既应当依照《中华人民共和国民法通则》第九十九条第一款和《中华人民共和国婚姻法》第二十二条的规定，还应当遵守《中华人民共和国民法通则》第七条的规定，即应当尊重社会公德，不得损害社会公共利益。通常情况下，在父姓和母姓之外选取姓氏的行为，主要存在于实际扶养关系发生变动、有利于未成年人身心健康、维护个人人格尊严等情形。本案中，原告“北雁云依”的父母自创“北雁”为姓氏、选取“北雁云依”为姓名给女儿办理户口登记的理由是“我女儿姓名‘北雁云依’四字，取自四首著名的中国古典诗词，寓意父母对女儿的美好祝愿”。此理由仅凭个人喜好愿望并创设姓氏，具有明显的随意性，不符合立法解释第二款第三项的情形，不应给予支持。

专家点评

本案是关于自然人是否可以完全自由选取姓氏的典型案例。民法典人格权编第1012条规定了自然人有权依法决定、使用、变更或者许可他人使用自己的姓名，这意味着自然人行使姓名权需要依法进行，人格权编第1015条对于姓氏选取的规定就是对于自然人姓名权行使的合理限制。公民选取或创设姓氏应当符合中华传统文化和伦理观念。本案中，“北雁云依”的父母自创“北雁”为姓氏，仅凭个人喜好和愿望在父姓、母姓之外选取其他姓氏或者创设新的姓氏，不属于《全国人民代表大会常务委员会关于〈中华人民共和国民法通则〉第九十九条第一款、〈中华人民共和国婚姻法〉第二十二条的解释》第2款第3项以及民法典人格权编第1015条第1款第3项规定的“有不违反公序良俗的其他正当理由”。

第一千零一十六条 自然人决定、变更姓名，或者法人、非法人组织决定、变更、转让名称的，应当依法向有关机关办理登记手续，但是法律另有规定的除外。

民事主体变更姓名、名称的，变更前实施的民事法律行为对其具有法律约束力。

【条文释义】

本条是对民事主体决定、变更姓名、名称及转让名称的规定。

无论是自然人决定、变更自己的姓名，还是法人、非法人组织决定、变更、转让自己的名称，都应当依照本条的规定，向有关机关办理登记手续。登记是一种公示手段，具有一定公信力，要求民事主体在姓名决定、变更以及转让后进行登记，与姓名和名称本身的标识作用相适应，有助于帮助民事主体通过姓名和名称辨识民事主体身份，降低其从事民事活动的成本。同时，登记是一种统计需要，对于民事主体姓名信息的登记也是我国人口户籍及相关统计工作的配合措施，依法对上述信息进行登记是我国公民应该履行的法律义务。

在本条生效前，关于民事主体决定、变更姓名、名称及转让名称及其登记规则集中在各单行法中。自然人决定和变更自己的姓名及相关登记规则规定在《居民身份证法》和《户口登记条例》中。一般而言，我国居民身份证登记的项目包括：姓名、性别、民族、出生日期、常住户口所在地住址、公民身份号码、本人相片、指纹信息、证件的有效期和签发机关，姓名是需要依法登记的个人信息之一。公民变更姓名登记时应注意，未满 18 周岁的人需要变更姓名的时候，由本人或者父母、收养人向户口登记机关申请变更登记；18 周岁以上的人需要变更姓名的时候，由本人向户口登记机关申请变更登记。法人、非法人组织决定、变更以及转让自己的名称，应当在有关管理机关进行登记，如营利法人应当在工商管理部门登记，非营利法人应当在民政部门或者其他相关部门进行登记。法人决定、变更名称及转让名称及相关登记规则原集中在《企业名称登记管理规定》之中，其适用于中国境内具备法人条件的企业及其他依法需要办理登记注册的企业。根据《企业名称登记管理规定》，企业名称在企业申请登记时，由企业名称的登记主管机关核定。企业名称经核准登记注册后方可使用，在规定的范围内享有专用权，此专用权属于民法典人格权编第 1013 条所规定的名称权的权能之一。此外，对于名称的变更还有一定限制，即企业名称经核准登记注册后，无特殊原因在 1 年内不得申请变更。

本条所说的转让名称，是法人、非法人组织全部转让自己的名称，这不仅是转让自己的名称，而且是让与自己的名称权，因此必须依照法律规定进行登记。这里的转让名称，不包括部分转让，即许可他人使用自己的名称。部分转让名称，适用许可使用合同的，依照许可使用合同的约定，确定转让方和受让方的权利义务关系。在企业转让时，企业名称可以随企业或者企业的一部分一并转让。

企业名称只能转让给一户企业。企业名称的转让方与受让方应当签订书面合同或者协议，报原登记主管机关核准。企业名称转让后，转让方不得继续使用已转让的企业名称。

民事主体的姓名和名称具有身份标识作用，但是姓名和名称与民事主体的资格以及民事主体的现实存在并不相同，姓名和名称的变更并不影响民事主体从事民事活动的能力，民事主体在姓名或名称变更前实施的民事法律行为不因变更姓名或名称效力受到影响，对其具有法律约束力。相应地，受让名称也不意味着必然一并受让转让名称的民事主体所负的一切民事法律关系，除民事主体的合并、分立以及另有约定一并受让一切民事法律关系的情况外，转让名称的民事主体在转让名称前所实施的民事法律行为，对受让名称权的民事主体没有约束力。

【案例评注】

陈某某与厦门某建设发展有限公司执行异议案[①]

基本案情

陈某某与某公司商品房买卖合同纠纷一案，厦门市中级人民法院于2007年4月28日作出民事判决，判决某公司应于判决生效之日起十日内支付给陈某某土地房屋权证被撤销后至今未办出而遭受的损失（自2005年7月10日产权证被判撤销失效之日起至某公司向房管部门提供符合办证要求的资料之日止，以购房款总额1435万元为基数，按中国人民银行规定的计收逾期贷款利息的标准计算）。该判决已发生法律效力。2007年6月7日，陈某某申请厦门市国土资源与房产管理局对涉案房屋进行更名登记，权属人由陈某某更名为陈某华，颁发了新的土地房屋权证。2010年6月1日，陈某华将涉案房屋转让变更登记为余某某等五人。经向厦门市国土资源与房产管理局调查，该局已于2010年8月通过嘉莲大厦新测绘成果审核，并于同年8月16日分别向沈某甲、沈某乙和某公司发函，告知新测绘成果已通过审核，具备申请登记条件。陈某华已于2010年4月将上列房地产出售给余某某等五人，并已办理房地产权属转移登记。

被执行人某公司提出执行异议，认为申请执行人陈某某于2007年6月7日申请将房产更名为陈某华，已经办理了新的房屋产权证，并于2010年6月1日将讼

① 审理法院：一审法院为福建省厦门市思明区人民法院，案号：（2008）思执行字第928号；二审法院为福建省厦门市中级人民法院，案号：（2014）厦执复字第1号。

争所涉房产转让过户给余某某等五人，不存在原判决所认定的“土地房屋权证被撤销后至今未办出而遭受的损失”，因此自陈某某办出新证之日起，不应该继续强制执行某公司损失赔偿责任。申请执行人陈某华认为，其土地房屋权证被另案判决撤销后，某公司未按照生效判决要求向房管部门提供符合办证要求的资料，其办理产权证更名手续并不影响继续提供办证资料的义务，因此被执行人某公司应当继续支付损失赔偿金。

法院判决

本案争议的关键是如何认定陈某某变更姓名为陈某华，并于2007年6月7日向房管部门申请办理涉案房屋产权证变更登记行为的性质。陈某某向房管部门申请办理涉案房屋产权人名字变更登记，房管部门于2007年6月7日重新向陈某某颁发了产权人为陈某华的新产权证。新的产权证不仅变更登记了产权人名字，而且登记了新的产权证号，并确认了讼争房产的面积、土地使用权出让使用年限等权属性质。因此，此登记及颁证行为应视为房管部门作出了一个新的行政行为。这个新行政行为除非经过法定程序被撤销，否则自然发生法律效力。此时，原产权证虽然仍处于被生效判决撤销状态，但是本案执行程序无权审查房管部门在原产权证被撤销状态下作出的新的颁证行政行为的效力问题。而且陈某华也根据房管部门新颁发的房屋产权证件一直合法、有效、充分地行使着对涉案房产的物权权利，并于2010年6月1日将涉案房屋转让过户至余某某等五人名下。根据本案据以执行的生效民事判决，某公司应于判决生效之日起十日内支付陈某某因土地房屋权证被撤销后至今未办出而遭受的损失（自2005年7月10日产权证被判撤销失效之日起至某公司向房管部门提供符合办证要求的资料之日止，以购房款总额1435万元为基数，按中国人民银行规定的计收逾期贷款利息的标准计算）。现陈某华既然已经办理了新的土地房屋权证，则不管某公司是否重新测绘面积并提供符合办证要求的其他资料，陈某华均已实现了新的办证诉求，自然不再发生生效判决所认定之“土地房屋权证被撤销后至今未办出而遭受的损失”问题。因此，自陈某华于2007年6月7日办理新的产权证之日起，原生效判决即已经失去了强制执行的内容。据此，裁定撤销厦门市思明区人民法院作出的执行异议裁定书，并驳回陈某华（原名陈某某）自2007年6月7日之后的执行申请。

专家点评

本案是关于民事主体变更姓名对其实施的民事法律行为效力是否产生影响的典型案件。根据民法典人格权编第1016条第2款规定，民事主体变更姓名、名称的，变更前实施的民事法律行为对其具有法律约束力，对此给出了明确答案。本案中，与某公司产生纠纷并最终胜诉的是陈某某，生效判决所确定的，自2005年7月10日房产权证被判撤销失效之日起至某公司向房管部门提供符合办证要求的资料之日止所遭受的损失的受偿人是陈某某。陈某某2007年变更姓名为陈某华，并办理了新的土地房屋权证。陈某某虽然变更姓名为陈某华，但是并不影响生效判决所指向的仍是原名陈某某现名陈某华的这个实体，也不影响先后顺利办理完成房产证并进行了房屋流转的行为是现名陈某华原名陈某某的这个实体所为。民事主体姓名变更后，变更前实施的民事法律行为对其具有法律约束力，所以，虽然陈某某已经改名为陈某华，但是自其顺利办理房产证之时起，原判决中因房产证被撤销而造成的损失就应停止计算。本案法院在执行异议审查程序中，没有刻板理解生效裁判主文的文字表述，按照生效裁判对纠纷作出判决的真正目的与实质目标，审查确定了其真正的执行范围，值得肯定。

第一千零一十七条 具有一定社会知名度，被他人使用足以造成公众混淆的笔名、艺名、网名、译名、字号、姓名和名称的简称等，参照适用姓名权和名称权保护的有关规定。

【条文释义】

本条是对笔名、艺名、网名、译名、字号及简称参照姓名权和名称权予以保护的规定。

广义的姓名包括姓名本名以及字、号、笔名、艺名、译名等区别自然人人身特征的文字符号。笔名，是作者在发表作品时使用的标表自己人格特征的署名。艺名，是艺术家在艺术领域使用的标表自己人格特征的署名。网名，是自然人以及其他主体在互联网等网络上使用的署名。译名，是指翻译之后得到的姓名或名称。如Karl Marx的中文译名为卡尔・马克思。字号，是法人、非法人组织的名号，根据原《民法通则》的规定，个人工商户和个人合伙可以起字号。根据《企业名称登记管理规定》的要求，企业名称应当由字号（或者商号）、行业或者经营特点、组织形式依次组成。企业可以选择字号，字号应当由两个以上的字组成。在字号的选择上，企业有正当理由可以使用本地或者异地地名作字号，但不得使用县以上行政区划名称作字号。私营企业可以使用投资人姓名作字号。姓名的简称，通常是只称谓姓、名或者其他简称，而法人、非法人组织名称的简称比较普遍，如将北京大学称为“北大”、将南京大学称为“南大”、将西南政法大学称为“西政”、将西北政法大学称为“西法大”等，对此，发生争议的并不少见。

上述这些对自然人、法人或者非法人组织的称谓，只有在具备法定条件的时候，才适用姓名权和名称权的保护方法进行同等保护：（1）具有一定知名度，即这些称谓必须达到一定的社会知名度，否则不予保护。例如，鲁迅、金庸这样的笔名具有相当的知名度，就应当适用姓名权的保护方法予以保护。（2）被他人使用足以致使公众混淆，如将北方工业大学或者北京交通大学称为“北大”，就会与北京大学相混淆。在本条生效前，我国《反不正当竞争法》第6条规定了引人误认为是他人商品或者与他人存在特定联系的混淆行为，其中就包括擅自使用他人有一定影响的企业名称（包括简称、字号等）、社会组织名称（包括简称等）、姓名（包括笔名、艺名、译名等）的行为。本条中关于混淆的认定可以参考《反不正当竞争法》的标准，即其他足以引人误认为是他人商品或者与他人存在特定联系。

不遵守对这些自然人、法人或者非法人组织的称谓的保护规则，进行干涉、盗用或者冒用，同样构成对姓名权、名称权的侵害行为，应当承担民事责任。

【案例评注】

天津市泥人张世家绘塑老作坊、张某诉陈某、××研究所、××公司擅自使用他人企业名称及虚假宣传纠纷案①

基本案情

原告张某系泥人张彩塑艺术创始人张明山的第六代孙，从事泥彩塑创作。2000年12月，张某投资成立个人独资企业天津市泥人张世家绘塑老作坊，主要经营泥彩塑工艺品等。2007年6月，张某曾被中国文学艺术界联合会、中国民间文艺家协会授予“中国民间文化杰出传承人”荣誉称号。

被告陈某十多岁开始师从天津泥人张彩塑工作室高级工艺美术师逯彤、杨志忠学习泥彩塑，系二人亲传弟子，后就职于天津泥人张彩塑工作室，从事泥人张彩塑的研究、创作。1949年以后，天津市政府开始投入财力、物力和人力以挽救、扶植和发展泥人张彩塑，张明山后代中部分从事彩塑创作的人员与天津市政府指派的人员共同创建了天津泥人张彩塑工作室，培养了一批张氏和非

---

① 审理法院：一审法院为天津市第二中级人民法院，案号：（2011）二中民三知初字第150号；二审法院为天津市高级人民法院，案号：（2012）津高民三终字第0016号。

张氏泥人张彩塑艺术传人，其中包括逯彤、杨志忠。张氏家族泥人张第四代传人张錩主编、2009 年出版的《中国民间泥彩塑集成泥人张卷》一书中，在“泥人张弟子代表作”部分收录了陈某的作品。同时，该书在泥人张彩塑艺术的非血缘传人介绍中称，新中国成立后，党和政府给予“泥人张”以关心和支持，使“泥人张”彩塑艺术得到新的发展，让这门“父传子承”的家庭艺术真正跨越家族门槛，成为社会艺术。其后，还重点介绍了非张氏家族成员“泥人张”弟子北京的郑于鹤、天津的杨志忠，泥人张弟子代表作中收录了逯彤、杨志忠的部分作品。

《收藏界》是被告××研究所下属刊物。《收藏界》2011 年第 2 期（总第 110 期）的封二介绍当期经典人物陈某，刊发《中国彩塑艺术的传统与创新》一文，其中包括照片、作品和文字，文字中使用了陈某为“泥人张”第六代传人的表述。

被告××公司的下属网站之一是凤凰网。2011 年 1 月 17 日，凤凰网“天津站文化大视野”栏目曾刊发网络文章，标题为《“泥人张”第六代传人陈某做客凤凰城市会客厅》，该文章介绍青年艺术家陈某系“泥人张”彩塑第六代传人，以其纯熟的技法、深刻的体悟形成了自己独具特色的艺术形式，作品屡屡获奖，为天津彩塑界争取了不少荣誉。

原告张某认为陈某与张家没有血缘关系，无权使用“泥人张”名称和“泥人张”第六代传人的称谓，陈某和使用“泥人张”第六代传人称谓形容陈某的媒体对该名称和称谓的使用属于侵害企业名称权和虚假宣传的行为，故将三被告诉至法院。

法院判决

法院认为，根据天津市高级人民法院已生效判决，张氏家族中从事彩塑创作的人员与天津泥人张彩塑工作室均有权使用“泥人张”称谓，二者共同负有“泥人张”彩塑艺术的传承责任。本案所涉“泥人张”称谓的使用争议，从案件事实来看，陈某、××研究所、××公司并未将“泥人张”作为商标、企业名称和服务标记使用，而是从陈某所具有的彩塑艺术高度的角度宣传其为“泥人张第六代传人”，虽然泥人张世家、张某分别以企业名称权和姓名权作为权利依据，但本案实质是传人身份之争，即宣称陈某为“泥人张第六代传人”是否虚假的争议。

“传人”一词，《辞海》定义为道德学问等能传于后世的人。就一门民间艺术而言，应理解为不但技艺得到真传，而且从前辈那里继承了艺术气质，获得了神韵。“泥人张”彩塑艺术的形成有其特定的历史渊源，艺术传承方式已不单纯依赖于张氏家族成员，天津泥人张彩塑工作室亦是该彩塑艺术的传承单位。由天津泥人张彩塑工作室培养起来、掌握“泥人张”彩塑技艺、作品具有其风格，并具有较高艺术成就的人可以作为“泥人张”彩塑艺术的传人，弘扬此项民间彩塑艺术，逯彤、杨志忠就是其中的代表。陈某师从逯彤、杨志忠，20 世纪 90 年代初期进入天津泥人张彩塑工作室工作至今，深得“泥人张”泥彩塑技艺的真传，并在此基础上发展、创新、研制铜彩塑作品。陈某 23 岁已获得民间工艺美术家称号，艺术成就得到工艺美术界认可，作为天津泥人张彩塑工作室培养的年轻一代工艺美术家，其作品的表达方式体现了“泥人张”彩塑的艺术风格，并在秉承传统的基础上创新发展了“泥人张”彩塑艺术，按照民间艺术传承有序的传承方式，作为“泥人张”第五代传人逯彤、杨志忠的亲传得意弟子，陈某应具备“泥人张第六代传人”的身份。

××研究所下属的杂志社出版的《收藏界》杂志 2011 年第 2 期，以及××公司所属的凤凰网在对陈某的宣传文稿中称陈某是“泥人张第六代传人”，仅是对陈某身份的描述，用以表明陈某的艺术成就。虽然《收藏界》杂志夹页中关于陈某作品的预定宣传带有一定的商业意味，但目前尚无证据证明在预售商品上使用了“泥人张”。虽然天津市高级人民法院的生效判决中已认定“泥人张”是知名彩塑艺术品的特有名称，只有包括张某在内的张氏家族部分后人和天津泥人张彩塑工作室有权在其艺术品上使用，他人不得使用，但这是对于“泥人张”在商品意义上使用的限制，并不排斥“泥人张”在艺术角度的合理使用。而陈某作为“泥人张”彩塑艺术的第六代传人，使用了“泥人张”正是从其具有较高“泥人张”彩塑艺术成就的艺术角度使用，并非《中华人民共和国反不正当竞争法》规定的商业性使用，相关公众对于陈某创作的作品与有权使用“泥人张”的单位和个人的作品不会因此产生混淆。

综上，泥人张世家、张某主张其享有“泥人张”及“泥人张第六代传人”专有名称权、姓名权，陈某、××研究所、××公司侵犯其权利并存在虚假宣传构成不正当竞争，缺乏事实和法律依据，不予支持。一审法院判决：驳回天津市泥人张世家绘塑老作坊、张某的诉讼请求。二审维持原判。

专家点评

本案是因“泥人张”称谓使用引发的纠纷。判断各方当事人是否有权使用“泥人张”、对其使用是否合理，需要先明确“泥人张”称谓的性质。在本案中，“泥人张”称谓的性质经历了发展变化的过程。最初，“泥人张”是彩塑创始人张明山的艺名，因张明山在世时形成了其彩塑艺术品的独特风格，得名“泥人张”。张明山去世后，张氏家族中从事彩塑行业的后代在自己创作的艺术品上一般均以泥人张第×代和自己的姓名署名，此时的“泥人张”并不是张氏家族中从事彩塑行业的后代任何一个人艺名，而是演化成一种身份的象征和艺术风格的代称。之后，“泥人张”经过长期创作积累和宣传成为知名彩塑艺术品的特有名称。对于长期与张氏家族中从事彩塑行业的后代合作密切泥人张彩塑工作室、泥人张世家绘塑老作坊而言，“泥人张”是其字号。本案判决详细地列举了各主体对于“泥人张”称谓有权使用的权利基础，张明山对于“泥人张”的使用可以适用民法典人格权编第1017条有关艺名的规定，泥人张世家绘塑老作坊等对于“泥人张”的使用可以适用民法典人格权编第1017条有关字号的规定。

此外，由于我国目前对有关传承人的法律地位、分类及保护制度等，尚无专门的法律予以规范，这也是本案的典型意义所在，其在“传人”称谓的使用合理上作出了指引。在司法实践中，判断民间艺术领域“传人”称谓的使用是否合理，主要依据《反不正当竞争法》及相关司法解释的规定，并结合具体的案情进行考虑。一般而言，当事人在介绍作者身份时使用民间艺术领域“××传人”称谓，是对作者所从事的艺术流派、传承及其在相关领域获得认可的一种描述。如果该称谓具有相应的事实基础，且不足以引人误解，则不构成虚假宣传行为。反之，如果当事人对“传人”称谓的使用，是出于攀附“传承人”身份所承载的声誉而有意制造混淆的，则其行为构成不正当竞争。

第四章　肖像权

第一千零一十八条　自然人享有肖像权，有权依法制作、使用、公开或者许可他人使用自己的肖像。

肖像是通过影像、雕塑、绘画等方式在一定载体上所反映的特定自然人可以被识别的外部形象。

【条文释义】

本条是对自然人享有的肖像权及其客体的规定。

肖像权，是指自然人以在自己的肖像上所体现的人格利益为内容，享有的制作、使用、公开以及许可他人使用自己肖像的具体人格权。

肖像的概念，本条第2款明确界定为“是通过影像、雕塑、绘画等方式在一定载体上所反映的特定自然人可以被识别的外部形象”。这个界定是比较准确的。肖像的要素是：(1）表现方法是艺术手段，如影像、雕塑、绘画等；(2）须固定在一定的载体之上，而不是镜中花、水中月；(3）可被识别，肖像具有人格标识的作用，可以通过固定在载体上的形象区分本人与他人人格特征的不同，不具有可识别性的形象就不是肖像；(4）自然人的外部形象，这个要素有些宽泛，因为通常界定肖像是“以面部形象为主的形象”，这里使用外部形象，并不专指面部形象，而且包含了“形象权”的概念。例如，可供识别的自然人的手、脚、背的外部形象被侵害，算不算是侵权呢？曾经讨论过的“半张脸”是否为肖像，在这个条文里就能够得到答案。但形象与肖像不同。肖像一定是自然人的面部形象再现在某种物质载体上，是再现的面部形象，而形象则是民事主体外貌、形状的本身，侵害肖像权一定是对肖像的非法使用，而侵害形象权既包括对形象的一般使用，也包括对形象的模仿、仿制等。设立形象权，将与肖像权的法律保护进行分工，以面部为主的形象再现，是肖像权保护的范围，而没有面部的形象再现，则为形象权的保护范围。这样，就把人的全部的形象再现都置于人格权法的保护之下。

理论上的肖像权是自然人享有的具体人格权，具有完善的权能体系，具体表现在：

1. 肖像保有权。肖像是民事主体的人格特征，是固有的人格利益，而不是一般的社会评价，不具有客观色彩。肖像权的内容之一，就是肖像保有权。肖像保有权是民事主体保持、维护其肖像人格特征，并借以区别该民事主体与其他民事主体的权利。肖像保有权的客体是肖像利益，这个利益包含两个部分：一部分是精神利益，是占有、保持、维护肖像不受侵害，保持自己的人格的利益；另一部分则是财产利益，即通过对肖像利益的开发利用，借以产生物质利益。因此，权利人可以不断增进其对公众的吸引力和信赖感，使其肖像具有更大的社会价值，并由此获得更大的物质利益。对于自然人是如此，对于法人或者其他组织，其肖像利益也同样具有两个方面的利益内容，即同样享有肖像保有权。

2. 肖像专用权。肖像权是固有权、绝对权。因此，肖像权的内容之一就是具有排他性的专有使用权，未经权利人的准许，任何人都不得非法使用他人的肖像。肖像专用权，就是指肖像权人对于自己的肖像专有使用的权利。这种独占的专有使用权的含义是：第一，肖像权人对自己的肖像有权以任何不违反公序良俗的方式进行利用，以取得精神上的满足和财产上的收益。第二，肖像权人有权禁止非权利人非法使用自己的肖像，任何未经肖像权人授权而使用权利人的肖像，都是对肖像使用专有权的侵害。

3. 肖像支配权。肖像权是绝对权，其性质是支配权。因此，肖像权的内容之一就是对肖像利益的支配。由于肖像对公众可能产生的吸引力、信赖感及其商业化条件下可产生物质利益的属性，肖像不仅对于肖像权人，而且对于他人乃至社会，都具有利用价值。肖像支配权就是权利人对这种肖像利益具有的管领和支配的权利。权利人可以采用合法方式，许可、授权他人使用其肖像，并获取应得的利益。应当注意的是，肖像权的性质为人格权，因而表现为处分自己的肖像为他人使用的支配权，并不是绝对的支配和处分，而是有限的支配和处分，并非对肖像权的权利的处分，而仅仅为处分肖像权的部分使用权，不具有处分全部权利的效力。民事主体不得将自己的肖像权全部转让而自己不再享有肖像权，主体许可他人合法使用自己的肖像权，本人并不因此丧失肖像权。

4. 肖像维护权。肖像维护权是关于维护权利人的肖像完整、维护肖像利益不受侵犯的权利内容。这个权利内容分为三个部分：一是维护肖像的完整、完善，任何人不得对民事主体的肖像进行侵害。二是维护肖像权中的肖像精神利益不受侵害。亵渎性地使用他人肖像，构成对肖像权人精神利益的侵害。即便是褒奖性地使用他人肖像，只要未经肖像权人许可，同样构成对权利人人格独立、人格尊严等精神利益的侵害。三是维护肖像权中的物质利益，肖像权中包含的任何物质利益都归属于权利人本人，他人不得侵害，任何人未经许可，对权利人的肖像进行商业性的开发、使用，都构成侵权行为。

本条重点突出的肖像权的权能包括：(1) 制作权：权利人可以依照自己的意愿，通过多种艺术表现形式制作自己的肖像，如自拍；(2) 使用权：权利人对于自己的肖像，依照自己的意愿决定如何使用，如自我欣赏；(3) 公开权：权利人有权依照自己的意愿决定自己的肖像是否可以公开、怎样进行公开；(4) 许可他人使用权：权利人可以与他人协商，签订肖像许可使用合同，准许他人使用自己的肖像，这实际上是对肖像使用权的部分转让。只要符合法律的规定，不违反法律规定和公序良俗，都是正当的行为，是行使本编第 993 条规定的公开权的合法行为。

【案例评注】

叶某诉某医院、××出版社、广告公司肖像权纠纷案①

基本案情

叶某曾在某医院就脸部先天的青黑色斑痕进行治疗，治疗效果良好。2001 年 10 月间，叶某发现被告××出版社在其出版发行的《北京交通旅游图》上，刊登由被告广告公司经营的被告某医院的广告。该广告使用了叶某治疗脸部斑痕前后的照片作为病案。后查《北京交通旅游图》已经十几次刊登这张照片，按地图上的记载，每次印数高达 50 万份。叶某认为，被告某医院、××出版社和广告公司的上述行为，侵害了其肖像权。请求判令被告某医院、××出版社和广告公司立即停止侵害，消除影响，赔礼道歉，并赔偿损失 10 万元。

法院判决

《中华人民共和国民法通则》第一百条规定，公民享有肖像权，未经本人同意，不得以营利为目的使用公民的肖像；第一百二十条第一款规定，公民的姓名权、肖像权、名誉权、荣誉权受到侵害的，有权要求停止侵害，恢复名誉，消除影响，赔礼道歉，并可以要求赔偿损失。

法律规定的肖像权，基于公民的肖像而产生。肖像，是指以某一个人为主体

---

① 《最高人民法院公报》2003 年第 6 期案例。

的画像或照片等。通过绘画、摄影、雕刻、录像、电影等艺术手段，在物质载体上再现某一个自然人的相貌特征，就形成肖像。肖像的特征，除肖像与原形人在客观上相互独立成为能让人力支配的物品外，就是具有完整、清晰、直观、可辨的形象再现性或称形象标识性。这里所说的形象，是指原形人相貌综合特征给他人形成的、能引起一般人产生与原形人有关的思想或感情活动的视觉效果。画像、照片等载体，如果其内容不能再现原形人的相貌综合特征，不能引起一般人产生与原形人有关的思想或感情活动，一般人不能凭直观清晰辨认该内容就是某一自然人的形象，这样的载体不能称为肖像。如果载体所表现的内容，只有凭借高科技技术手段进行对比，才能确定这是某一自然人特有的一部分形象而非该自然人清晰完整的形象，一般人不能凭直观清晰辨认载体所表现的内容就是该自然人，则这一载体也不能称为该自然人的肖像。该自然人只是载体所表现内容的原形人，不是肖像人。由于这样的载体所表现的内容不构成肖像，原形人也就对这一内容不享有肖像权。

肖像权，是肖像人对自己的肖像依法享有的制作、使用专有权及利益维护权。原告叶某所诉的这张照片，只有脸上的鼻子和嘴部分，不是完整的特定人形象。这张照片不能反映特定人相貌的综合特征，不能引起一般人产生与特定人有关的思想或感情活动，因此不是法律意义上的肖像。叶某据此照片主张保护肖像权，理由不能成立。法院判决驳回叶某的诉讼请求。二审维持原判。

专家点评

本案是我国司法实践中出现较早的肖像权侵权案件，案件裁判对于肖像的定义做出了贡献，法院裁判阐明肖像是“完整的特定人形象”，“不能反映特定人相貌的综合特征，不能引起一般人产生与特定人有关的思想或感情活动”的图像不是法律意义上的肖像。本案对于肖像定义的裁判对后期我国司法实践和理论界对于肖像的理解有所影响。但随着自然人人格利益商业化利用的不断扩张，对于肖像的定义也在不断发展，民法典第 1018 条第 2 款规定“肖像是通过影像、雕塑、绘画等方式在一定载体上所反映的特定自然人可以被识别的外部形象”，表明“可被识别性”已经替代之前的“面部特征”以及“肖像完整性”成为判断是否构成肖像的核心要素。

第一千零一十九条 任何组织或者个人不得以丑化、污损，或者利用信息技术手段伪造等方式侵害他人的肖像权。未经肖像权人同意，不得制作、使用、公开肖像权人的肖像，但是法律另有规定的除外。

未经肖像权人同意，肖像作品权利人不得以发表、复制、发行、出租、展览等方式使用或者公开肖像权人的肖像。

【条文释义】

本条是对不得非法使用肖像权人肖像的规定。

肖像权的权利主体是肖像权本人，其义务主体是其他任何自然人、法人、非法人组织，即任何组织或者个人。在理论上，认定侵害肖像权的构成要件应当是违法行为、损害事实、因果关系和过错。

1. 侵害肖像权的违法行为表现在：一是使用。包括对他人肖像的使用、复制、模仿等。二是未经本人同意。未经权利人许可，擅自对他人肖像进行使用，即构成侵权。在判断上，必须确定权利人的肖像特征与所使用的肖像特征相一致。对于名人肖像而言，只要有相当数量的一般社会公众能够辨别出使用的是权利人肖像，就构成侵权，而对于非名人而言，权利人必须证明所使用的肖像要素在事实上就是指向自己。三是对法定义务的违反。对于肖像权的权利主体，其他任何人都是该权利的义务主体，都负有不得侵犯的义务。违反这个义务就构成违法性。

2. 损害事实首先是权利的被侵害，即肖像权的完整性受到了损害。其次表现在肖像权所保护的肖像利益受到损失，一方面是其精神利益的损失，另一方面是财产利益的损失。无论具备哪一种肖像利益的损失，都构成侵害肖像权的损害事实。其损失的后果，可以是精神痛苦，也可以是财产利益的丧失。

3. 侵害肖像权的因果关系，较为容易判断，侵害肖像权的行为一经实施，肖像及其利益被非法使用、复制、模仿，其二者之间就具有引起与被引起的因果关系。

4. 侵害肖像权的过错主要是故意，是明知他人享有肖像权而恶意使用他人的肖像，侵害他人的肖像利益。应当注意的是，在侵害肖像权的行为人中，多数情况下是故意使用、复制或者模仿，但是在主观上并没有恶意，基本上是善意的居多。存在这种现象的原因在于，绝大多数的民事主体并不知道法律对肖像权的保护。尽管如此，这种善意并不能阻却违法，仍然是故意所为，符合侵害肖像权对过错的要求。此外，也不排斥过失侵害肖像权的形态，违反注意义务，尽管没有故意，擅自使用他人肖像，造成损害后果的，同样构成侵权责任。

本条对典型的侵权行为进行了重点强调，即肖像权的义务主体负有的义务是不可侵义务，包括：(1) 不得以丑化、污损，或者利用信息技术手段伪造等方式侵害他人的肖像权。丑化、污损他人肖像，或者利用信息技术手段“深度伪造”他人的肖像，都属于侵害他人肖像权的行为，丑化和污损肖像应当具有恶意，深度伪造肖像可能为恶意，也可能为善意，只要未经本人同意，都是侵害肖像权。(2) 未经肖像权人同意，不得制作、使用、公开他人的肖像。制作、使用和公开肖像，是肖像权人本人的权利，他人都不得实施，经过权利人授权的，当然不为侵权。只要未经本人同意，制作、使用和公开他人的肖像，都是侵权行为。

在肖像权保护中，有一种特殊的义务主体，即肖像作品的权利人。本条第2款关于发表、复制、发行、出租、展览等方式的列举基本对应了著作权的各基本权能。由于肖像是通过艺术方式固定在特定的载体之上，构成作品，因而就存在作品的著作权人，除非权利人本人自己作为作者，如自画像。从原则上说，肖像的作者虽然享有肖像作品的著作权，但是受到肖像权的拘束，肖像权对于该作品作者的著作权而言属于在先权利，只要是未经权利人的同意，肖像作品的权利人也不得以发表、复制、发行、出租、展览等方式使用或者公开肖像权人的肖像。因此，本条第2款的规定是很重要的，需要特别强调。

不过，这里一是没有提到人体模特的肖像权问题，二是没有提到肖像权人死亡后的保护期限问题。这两个问题都须明确。人体模特的肖像权，原则上无明确规定者应当视为可以公开。死者肖像权的保护期限，就肖像作品的作者而言，一般保护10年，10年之后肖像著作权人可以使用、公开，不受本编第994条规定的限制。

【案例评注】

葛某诉某公司侵害肖像权纠纷案[①]

基本案情

葛某为我国知名演员，其曾在电视剧《我爱我家》中扮演纪春生（二混子），角色特点为懒惰耍赖、骗吃骗喝。该角色在剧中将身体完全瘫在沙发上的放松形象被称为“葛某躺”，成为2016年网络热词。“某旅行网”微博号实名认证为“某公司”，截至2016年8月，该微博有粉丝232万人，发布近2万条微博。

2016年8月1日，葛某申请公证，证实7月25日上述微博发布如下内容：

① 审理法院：北京市海淀区人民法院，案号：(2016) 京0108民初39764号。

“不经历周一的崩溃，怎知道周五的可贵。为了应对人艰不拆的周一，小艺爆出葛某躺独家教学，即学即躺，包教包会！”该微博共使用7幅葛某图片18次，文字内容包括直接使用文字和在图片上标注文字，其中第一张不是剧照，为葛某个人身着西服给其他企业代言的照片，所配文字内容为“如何用一招学葛某躺出人生新高度”，并有嘴部文字“一般人我不告诉他”。其余图片除一张为其他剧照外，均为《我爱我家》剧中人物纪春生在沙发上瘫坐的截图（其中一张为三人照片），图中和图下文字内容包括“最近各位同学都表示人生过得好艰难”“别理我，我废柴了”“无论干什么都提不起劲儿啊”“不如躺着，学习不如葛某躺”“不如躺着，工作不如葛某躺”“不如躺着，去玩不如葛某躺”“你看看这神态、你看看这体位、你看看这身体舒展的程度、你看看这环境的布置”“独家揭秘葛某躺”“快搬个板凳坐下来听我好好给你分析一下如何学好葛某躺”，并通过画线出图后挂文字的说明方式具体描述了“葛某躺”图片中人物和环境设置的内容。最后几张图配了大床、浴室等酒店背景，微博后附“订酒店用某”的文字，并附二维码和某网标识。该微博转发4次，评论4次，点赞11次。葛某认为上述文字中提到“葛某”的名字，并非剧中人物名称，宣传内容为商业性使用。同年8月18日，某公司收到通知后删除了上述微博。

2016年12月7日，某公司未经葛某审核同意，在其微博发布致歉信，内容为：“真诚向人民艺术家葛某先生致歉。葛某老师是喜剧界瑰宝，给当代人塑造了太多形象，让小编铭记于心。小编微博使用过葛某躺图片，给葛某老师造成困扰，在此诚挚地道歉。招来官司实非小编所愿，实属对葛某老师的个人崇拜犹如滔滔江水连绵不绝，一发不可收拾。小编以后一定严格控制自己的情绪，将对葛某老师的崇拜之情放在心里不再炫耀。21世纪什么最贵？服务。我们将继续给消费者带来最舒适的服务和享受，借用葛某老师的一句经典台词：帝王般的享受，就是把脚当脸伺候着。Fighting，fighting！”该致歉微博转发24次，评论197次，点赞58次，网友评论多认为该致歉态度不端正，还有“花40万做了个400万广告”“关注频频上涨”“小编被提拔，这事已经热搜了，广告打得好”“建议再深刻一点”等，葛某认为上述内容说明网友也认为此为广告宣传。葛某提交上述致歉信打印件，证明某公司承认侵权事实，并就此作出极不诚恳的名为致歉、实为再次利用葛某进行商业宣传的内容，其致歉没有诚意。

法院判决

肖像是通过绘画、摄影、电影等艺术形式使自然人的外貌在物质载体上再现的视觉形象。肖像权，是指自然人对自己的肖像享有再现、使用或许可他人使用的权利。其载体包括人物画像、生活照、剧照等。剧照涉及影视作品中表演者扮演的剧中人物，当一般社会公众将表演形象与表演者本人真实的相貌特征联系在一起时，表演形象亦为肖像的一部分，影视作品相关的著作权与肖像权并不冲突。

《我爱我家》中的“葛某躺”造型确已形成特有网络称谓，并具有一定的文化内涵，但一般社会公众看到该造型时除了联想到剧目和角色，也不可避免地与葛某本人相联系，该表现形象亦构成葛某的肖像内容，并非如某公司所称完全无肖像性质。即便该造型已成为网络热点，商家亦不应对相关图片进行明显的商业性使用，否则仍构成对葛某肖像权的侵犯。

本案中某公司在其官方微博中使用了多幅系列剧照，并逐步引导与其业务特征相联系，最终将“葛某躺”图片的背景变更为床、浴室等酒店背景，附某网宣传文字和标识、二维码。虽然上述方式并不能使网友认为葛某为某公司进行了代言，但仍有一定商业性使用的性质，且该微博还同时使用了一张葛某此前的单人广告照片，故某公司在涉案微博中的使用行为侵犯了葛某的肖像权，应承担相应的法律责任。

某公司在接到葛某的起诉后及时删除了涉案微博，已经停止侵权。某公司编辑在微博中发表的“致歉声明”中的部分内容和语气表达并未对葛某起到正向的抚慰作用，且再次宣传其品牌，葛某现要求某公司在微博中正式致歉的诉讼请求法院予以支持。

关于赔偿数额，葛某所诉较高。法院综合考虑以下情节，对赔偿数额酌情认定。（1）葛某为著名演员，公众对其关注度较高。（2）某公司的使用行为提高了网络用户对其微博的关注度。（3）某公司微博的关注人数虽高，但从涉案微博的点赞、评论和转发数量看，涉案微博的阅读量一般，影响范围有限。（4）某公司接到通知后立即进行了删除，并表达了与葛某协商解决纠纷的意愿。（5）对“葛某躺”剧照的使用，确实不同于直接使用葛某个人照片，具有迎合网络热点、幽默夸张的特点，其使用行为与传统商业直接使用名人肖像进行宣传的行为存在区别，本案中的使用情况一般不会使网络用户误认为葛某为某公司产品进行了代言。（6）因涉案图片大部分为剧照，本案判决仅涉及葛某个人的肖像权，应为剧照权利人留有部分赔偿份额。

法院依据《中华人民共和国民法通则》第一百条、第一百二十条第一款，《中华人民共和国侵权责任法》第二十条之规定，判决：一、判决生效后十日内，某公司在其运营的“某旅行网”微博账号，针对未经许可使用葛某剧照及照片的行为公开发布致歉声明，置顶72小时，三十日内不得删除；声明内容需经本院审核；如不能履行本项判决，本院将在相关媒体公开判决书的主要内容，费用由某公司负担；二、某公司赔偿葛某经济损失 70000 元，支付其维权合理支出 5000 元，以上共计 75000 元，本判决生效后十日内给付；三、驳回葛某的其他诉讼请求。

专家点评

本案是近年来关于肖像权侵权的热点案件，在多方面具有典型裁判参考价值。第一，本案明确演员与其所塑造形象之间的关系。民法典人格权编第 1018 条规定了肖像的概念，本案就被塑造的形象对肖像的认定提供了参考，其认为在某一造型确已形成特有名称并具有一定的文化内涵时，一般社会公众看到该造型时除了联想到剧目和角色，也不可避免地与演员本人相联系，在这种情况下，该表现形象亦构成该演员的肖像内容。第二，本案展现了肖像权侵权的认定方式。民法典人格编第 1019 条规定了侵害肖像权的常见方式，本案中，某公司未经葛某同意将其肖像适用于广告宣传的行为，属于侵害肖像权的行为，对使用行为本身也具有行为故意。第三，本案在侵害肖像权的损失赔偿金额认定上采取了综合考量的做法，考虑了包括公众人物社会关注度、使用肖像的行为目的、使用肖像带来的影响范围和后果、侵权人态度及相关权利人情况在内的多种因素。

第一千零二十条 合理实施下列行为的，可以不经肖像权人同意：

（一）为个人学习、艺术欣赏、课堂教学或者科学研究，在必要范围内使用肖像权人已经公开的肖像；

（二）为实施新闻报道，不可避免地制作、使用、公开肖像权人的肖像；

（三）为依法履行职责，国家机关在必要范围内制作、使用、公开肖像权人的肖像；

（四）为展示特定公共环境，不可避免地制作、使用、公开肖像权人的肖像；

（五）为维护公共利益或者肖像权人合法权益，制作、使用、公开肖像权人的肖像的其他行为。

【条文释义】

本条是对肖像合理使用的规定。

符合本条规定的特定事由，可以不经过肖像权人的同意，直接使用肖像权人的肖像，不构成侵害肖像权，是肖像权侵权的抗辩事由。合理使用的事由是：

1. 为个人学习、艺术欣赏、课堂教学或者科学研究，在必要范围内使用肖像权人已经公开的肖像。(1) 合理使用的方式有个人学习、艺术欣赏、课堂教学、科学研究。(2) 合理使用的范围是必要范围，即在上述方式的可控范围内，不得超出该范围。(3) 使用的是肖像权人已经公开的肖像，而不是没有公开的肖像，更不是自己制作的他人肖像。

2. 为实施新闻报道，不可避免地使用、公开肖像权人的肖像。这种合理使用称为"新闻性"，当一个人的肖像淹没在新闻事件里的时候，肖像权人不得主张肖像权。在理论上，新闻性作为抗辩事由主要在于两个方面：第一，在公众视野中具有新闻性的人物，如元首、政治家等，凡具有新闻兴趣的人皆不得主张肖像权和姓名权。① 第二，具有新闻性的事件，如在公众视野中参加集会、游行、仪式、庆典或者其他活动的人，由于这类活动具有新闻报道价值，任何人在参加这些社会活动时，都允许将其肖像和姓名、名称用于宣传报道，② 不得主张肖像权和姓名权、名称权。应认识到，对于新闻报道的可以不经肖像权人同意直接使用其肖像的规定，其根源的正当性基础还是来自公共利益，这是由新闻的舆论监督属性决定的。

3. 为依法履行职责，国家机关在必要范围内使用、公开肖像权人的肖像。最典型的方式是对逃犯公开使用其肖像进行刑事通缉。

4. 为展示特定公共环境，不可避免地使用、公开肖像权人的肖像。例如，为了拍摄天安门城楼而不可避免地将路人拍摄在画面之中，对此不得主张肖像权。

5. 为维护公共利益或者肖像权人合法权益，合理使用、公开肖像权人肖像的其他行为。例如，在寻人启事中使用走失者的肖像，是为了肖像权人的合法权益而进行的合法使用。

本条对于肖像权合理使用认定的规则，与我国《著作权法》中有关著作权合理使用的认定有一定相似性。《著作权法》中规定 12 种合理使用情形，分别是

---

① 史尚宽：《债法总论》，台北荣泰印书馆 1978 年版，第 150 页。

② 王利明主编：《人格权与媒体侵权》，中国方正出版社 2000 年版，第 680 页。

(1) 为个人学习、研究或者欣赏，使用他人已经发表的作品；(2) 为介绍、评论某一作品或者说明某一问题，在作品中适当引用他人已经发表的作品；(3) 为报道时事新闻，在报纸、期刊、广播电台、电视台等媒体中不可避免地再现或者引用已经发表的作品；(4) 报纸、期刊、广播电台、电视台等媒体刊登或者播放其他报纸、期刊、广播电台、电视台等媒体已经发表的关于政治、经济、宗教问题的时事性文章，但作者声明不许刊登、播放的除外；(5) 报纸、期刊、广播电台、电视台等媒体刊登或者播放在公众集会上发表的讲话，但作者声明不许刊登、播放的除外；(6) 为学校课堂教学或者科学研究，翻译或者少量复制已经发表的作品，供教学或者科研人员使用，但不得出版发行；(7) 国家机关为执行公务在合理范围内使用已经发表的作品；(8) 图书馆、档案馆、纪念馆、博物馆、美术馆等为陈列或者保存版本的需要，复制本馆收藏的作品；(9) 免费表演已经发表的作品，该表演未向公众收取费用，也未向表演者支付报酬；(10) 对设置或者陈列在室外公共场所的艺术作品进行临摹、绘画、摄影、录像；(11) 将中国公民、法人或者其他组织已经发表的以汉语言文字创作的作品翻译成少数民族语言文字作品在国内出版发行；(12) 将已经发表的作品改成盲文出版。前款规定适用于对出版者、表演者、录音录像制作者、广播电台、电视台的权利的限制。相比之下可以发现，本条对于合理使用情形的规定相比《著作权法》更为抽象，也基本上涵盖了《著作权法》规定的相关内容，是立法技术的进步。

在《著作权法》中，合理使用意味着使用人在符合上述合理使用情形的条件下，可以不经著作权人许可使用其作品，并不向其支付报酬，只负有指明作者姓名、作品名称且不侵犯著作权人其他权利的义务，这是《著作权法》中著作权合理使用和法定许可的重要区别。在本条中，合理实施本条所规定的行为，意味着行为人可以不经肖像权人同意使用其肖像，但是否也意味着可以不支付报酬？虽然本条对于是否必然不需支付报酬没有明文规定，但是仍应将其理解为无偿使用其肖像。其主要原因在于，著作权本质上是以财产权为主的权利束，著作权保护的是作品，著作权本身具有财产属性，其权利实现形式就是被支付报酬获取对价；与著作权相比，肖像权是人格权，其客体是肖像，肖像是人格利益，本身不具有财产属性，只有经肖像权人商业化利用之后才产生财产利益，所以当行为人合理实施了本条所规定的情形使用肖像权人肖像时，本身没有商业化利用该肖像，没有从中获取财产利益的增量，应理解为无偿使用，这与我国原《民法通则》中对于肖像权侵权的认定方式相呼应。

【案例评注】

刘翔诉精品报社等侵害肖像权案[①]

基本案情

精品报社的主办报纸为《某某购物指南》。卓越公司基于与精品报社签订的合作协议，在所属的网站上承揽《某某购物指南》的上传发布业务，作为该报的电子版。2004年10月21日，精品报社出版千期专刊，在专刊封面中央载有大幅的刘翔跨栏动作肖像，占整个封面约1/2。该肖像来自北京百联网图科技有限公司提供的刘翔在第28届奥运会上进行比赛的新闻图片，但精品报社在使用该图片作千期专刊封面时，作了以下修改：(1) 奥运现场背景被一面红旗所取代；(2) 图片上的跨栏为半截，只有一个竖杆，被修改为艺术化的整个跨栏，有两个蓝色竖杆；(3) 跨栏上的奥运标志和刘翔运动服装上的耐克商标都被去掉了；(4) 刘翔肖像的头部与文字"影响2004"相连。千期专刊封面还刊登了宣传中友公司第6届购物节的广告，该广告为矩形，底色为浅蓝，周边有彩灯状圆点形成的线条，位于封面下边，约占整个封面的六分之一，与跨栏两个竖杆直接相连，和刘翔肖像跨过横杆的左脚几乎相连。整个封面中，除中友公司购物节广告背景为浅蓝色外，其他部分包括购物节广告四周的背景均为红色，只有文字"影响2004"和跨栏横杆与刘翔肖像直接相连。千期专刊中的"影响2004"系列报道，是分11个主题描述在2004年我国各个领域发生的事件，其中包括刘翔奥运夺金事件。精品报社在千期专刊中使用刘翔肖像，未经刘翔本人同意。以上千期专刊的内容均被卓越公司在网站上以电子版方式传发，但因卓越公司与中友公司无发布广告的约定，卓越公司删除了购物节广告。中友公司与精品报社之间有协议，约定中友公司连续在《某某购物指南》上发布广告，期限为一年，其中包括千期专刊封面的购物节广告。精品报社发布封面通栏广告价格为78000元，中友公司按优惠价格实际支付44460元。中友公司的购物节广告不仅在千期专刊上发布，同日还在《北京晚报》《娱乐信报》等报纸上发布，并且还发布在之后的《某某购物指南》封面上。《某某购物指南》自创刊以来，长期采用人物肖像作封面，并在封面下方发布广告，形成了独特的风格。刘翔认为精品报社、卓越公司、中友公司的行

① 审理法院：一审法院为北京市海淀区人民法院，案号：(2005) 海民初字第2938号；二审法院为北京市第一中级人民法院，案号：(2005) 一中民终字第8144号。

为共同侵犯了其肖像权。请求判令精品报社等停止使用肖像、公开赔礼道歉、赔偿经济损失100万元和精神损害抚慰金25万元。

法院判决

法院认为，就本案而言，争议焦点在于精品报社在千期专刊封面中使用刘翔肖像是否构成侵权。千期专刊内容中虽然有关于刘翔奥运夺金的信息，但千期专刊封面使用的刘翔肖像，其背景、衣着、跨栏均有较大改动，而且头部紧连文字“影响2004”。可见封面刊载刘翔的肖像并不完全是为了报道刘翔奥运夺金这一事件，故不属于单纯的新闻报道。《中华人民共和国广告法》第十三条规定“广告应当具有可识别性，能够使消费者辨明其为广告”，同时规定“通过大众传播媒介发布的广告应当有广告标记，与其他非广告信息相区别，不得使消费者产生误解”。可见，报纸等新闻媒体发布广告，除广告本身应当具有可识别性外，还必须使广告与其他非广告信息之间具有不使消费者产生误解之标记区别。因此，就本案封面的刘翔肖像与购物节广告而言，首先应确定刘翔肖像是否是购物节广告的组成部分，其次要确定刘翔肖像与购物节广告是否具有不使他人产生误解的标记区别。对前者，可称之为是否具有“直接的广告关系”；对后者，则可称之为是否具有“广告性质的关联性”。两者共同组成刘翔肖像与购物节广告之间的关联性的具体内容。

就购物节广告本身的观察分析而言：该广告居于千期专刊封面下方，仅约占封面六分之一。广告以浅蓝色为背景，与千期专刊封面的整体红色背景反差较大。不同颜色之间形成的自然整齐的分界线，以及购物节广告周边的由彩灯状圆点形成的整齐线条，明确显现购物节广告为相对独立的画面。广告中的文字图像等内容无一与刘翔肖像有关，而且购物节广告中自有一个卡通形象作为代言。可见，刘翔肖像并不是该广告的组成部分，该广告自身内容与刘翔肖像没有联系，不存在“利用刘翔肖像做广告”。

在千期专刊封面上，虽然不存在“利用刘翔肖像做广告”，但就封面的整体设计所反映出的整体视觉效果而言，确实足以令公众产生“刘翔在为中友公司做广告”之误解，且此种误解源自精品报社在对载有刘翔肖像的图片进行修改时，去除了一些能够反映当时新闻信息的背景环境，特别是将比赛现场的半截跨栏改为整体艺术跨栏，并将跨栏两竖杆与购物节广告对称的直接相接，而且广告背景与跨栏两竖杆颜色相近；故此种误解具有一定的合理根据，而并非无合理根据的单纯的主观想象。所以，千期专刊封面上的刘翔肖像与购物节广告之间，虽然不具有直接的广告关系，但具有一定的广告性质的关联性。

肖像为人格要素之一，是个人正常形象的客观反映。肖像之所以受保护，在于保障个人正常的客观形象不受外来的不良影响和歪曲，从而确保人格的圆满无缺、不受侵害。因此，对肖像的侵害，即体现为人格受侵害；而对人格的侵害，就其侵害后果而言，通常可分两种：一为使人格缺失，如使个人身体受损或者使个人的社会评价降低；二为使人格商业化，即使人格等同于金钱，从而导致人格价值受贬损。

依据《中华人民共和国民法通则》第一百条规定可知，在未经他人同意的情况下，以营利为目的使用其肖像，即构成侵犯肖像权。而所谓“以营利为目的使用肖像”，是指对他人肖像进行具有商业性质的使用，以谋取经济利益，进而给其人格带来商业化的负面影响。例如，司法解释规定的利用肖像做商标、广告、装饰橱窗等。

因此，就本案而言，精品报社在千期专刊的整体封面设计中，使刘翔肖像与购物节广告产生一定的广告性质的关联性，从而使社会公众产生“刘翔为中友公司购物节做广告”之有合理根据的误解，进而使刘翔人格受到购物节广告的商业化侵害。此与直接使用刘翔肖像做广告相比，两者在对刘翔人格的侵害样态上并无本质区别；而究此侵害之原因，精品报社在发布千期专刊封面广告之时，未尽力注意避让他人肖像权，从而对载有刘翔肖像的图片进行了不妥当的修改，违反了《中华人民共和国广告法》第十三条广告必须“与其他非广告信息相区别，不得使消费者产生误解”之规定，显然具有过错。故就精品报社此种行为，确认其侵犯刘翔的肖像权，与《中华人民共和国民法通则》第一百条之规范宗旨并无违背。

卓越公司只是千期专刊网络电子版上传发布业务的承揽者，其对千期专刊及其电子版的自身内容并无决定权，不存在使用刘翔肖像的行为，也就不存在与精品报社共同侵犯刘翔肖像权的前提；而且卓越公司在千期专刊的电子版中已经删除了购物节广告。因此在本案中，卓越公司没有侵犯刘翔的肖像权。

如前所述，刘翔肖像并非购物节广告的组成部分；而且没有证据显示是中友公司要求精品报社在千期专刊封面中将购物节广告与刘翔肖像设计在一起；也没有证据显示中友公司参与了千期专刊的封面设计。故中友公司也不存在使用刘翔肖像的行为，同样没有侵犯刘翔的肖像权。

专家点评

本案是判断是否成立肖像权侵权的典型案件。在民法典生效前，对于肖像权侵权的认定规则主要是原《民法通则》第 100 条，即未经本人同意，以营利为目的，使用权利人肖像的，构成肖像权侵权。限于当时侵权法理论水平的发展，该条对于肖像权侵权行为的认定尚未要件化，并且强调了使用行为的营利目的，这对当时司法实践的影响就是：是否营利成为判断是否构成侵权的黄金标准。这导致如果行为人非以营利目的未经同意使用了他人肖像，虽然根据现在的侵权理论在不具备抗辩事由的情形下也构成肖像权侵权，但是却不在该条的规制范围内。本案的裁判也适用了原《民法通则》第 100 条，着力在营利性上进行了论证。

民法典生效后，判断行为是否构成肖像权侵权，应综合适用民法典人格权编关于肖像权的条款以及民法典侵权责任编。对于其中合理使用的判断，应适用民法典人格权编第 1020 条。本案中，判断某精品报社未经刘翔本人同意，在期刊杂志上使用了其肖像，其行为是否构成侵权，应考察其是否属于民法典人格权编第 1020 条规定的合理使用的情形。民法典人格权编第 1020 条第 2 项规定，为实施新闻报道，不可避免地制作、使用、公开肖像权人的肖像属于合理使用。本案中，精品报社对于刘翔夺冠照片的使用不是出于新闻报道的目的，且对原新闻图片作了一定服务于其表意目的的修改，其在封面使用刘翔肖像时与其他广告信息产生了关联性，引起了消费者的误解，不属于新闻报道行为。相反，我国《广告法》第 13 条规定："广告应当具有可识别性，能够使消费者辨明其为广告。大众传播媒介不得以新闻报道形式发布广告。通过大众传播媒介发布的广告应当有广告标记，与其他非广告信息相区别，不得使消费者产生误解。"这意味着报纸等新闻媒体发布广告，除广告本身应当具有可识别性外，还必须使广告与其他非广告信息之间具有不使消费者产生误解之标记区别。精品报社对于刘翔肖像的使用并未作合理区分，使其产生了广告性关联，不属于合理使用他人肖像权的行为，构成肖像权侵权。

第一千零二十一条 当事人对肖像许可使用合同中关于肖像使用条款的理解有争议的，应当作出有利于肖像权人的解释。

【条文释义】

本条是对肖像许可使用合同的规定。

肖像许可使用合同，是肖像权人行使公开权，与授权使用人签订的肖像使用范围、方式、期限、报酬等进行约定的合同。对此，双方当事人应当遵守约定，行使约定的权利和履行约定的义务，实现各自的利益。

肖像许可使用合同可以对肖像使用的范围、方式、报酬等进行约定。双方当事人如果对这些约定发生争议，应当依照本法合同编规定的合同解释原则进行解释。由于肖像许可使用合同是支配人格利益的合同，因此在解释时，应当作出有利于肖像权人的解释，以保护肖像权人的合法权益。例如，约定的使用方式不够明确，双方发生争议，为保护肖像权人的合法权益，可以采用肖像权人的理解作为解释的基础。

在司法实践中，肖像权的许可使用合同与著作权的许可使用合同关联密切，且本条在立法技术和立法精神上也与《著作权法》有关著作权许可使用的规定相贯通。根据《著作权法》第24条和第27条的规定，著作权许可使用合同一般应约定许可使用的权利种类，许可使用的权利是专有使用权或者非专有使用权，许可使用的地域范围、期间、付酬标准和办法，违约责任和双方认为需要约定的其他内容，且对于许可使用合同中著作权人未明确许可的权利，未经著作权人同意，另一方当事人不得行使。这种权利许可需要明示，未明示推定未许可的解释方式是典型的有利于权利人的解释，应该被纳入本条所述的“有利于肖像权人的解释”的范围内。

【案例评注】

PARKCHAELIM（艺名：蔡琳）诉广州市某化妆品有限公司肖像权纠纷上诉案①

基本案情

蔡琳系韩国明星，2014年其向广州市某化妆品有限公司出具授权书，内容为“兹有韩国影视演员蔡琳授权广州市某化妆品有限公司旗下‘铂金・碧兰莎’品牌彩妆类产品使用本人肖像用于平面广告的宣传，使用时间为两年，自2014年5月20日到2016年5月19日（不含三个月广告撤销期），使用范围为产品覆盖区，中国大陆地区（不包括港澳台地区）”，并在“签字”一栏签上蔡琳的韩语签名。但随后蔡琳就该授权书的解释与广州市某化妆品有限公司产生分歧。蔡琳的委托代理人于2014年7月14日通过联网计算机登录网页“http：//www.pt020.com/”，网页打开后显示“广州市某化妆品有限公司”，首页有广州市某化妆品有限公司的彩妆产品图片及蔡琳的肖像并附有“我是蔡琳，韩国影视巨星，铂金品

① 审理法院：一审法院为广州市白云区人民法院，案号：（2014）穗云法民一初字第2002号；二审法院为广东省广州市中级人民法院，案号：（2016）粤01民终6927号。

牌代言人，我为铂金代言”等宣传字样。蔡琳的委托代理人于2015年9月8日通过联网计算机登录搜索网站“百度”搜索出广州市某化妆品有限公司的网页并打开，网页打开后显示“广州市某化妆品有限公司”，首页有广州市某化妆品有限公司的彩妆产品图片及蔡琳的肖像并附有“我是蔡琳，韩国影视巨星，铂金品牌代言人，我为铂金代言”等宣传字样。蔡琳认为广州市某化妆品有限公司行为侵害了其肖像权，诉至法院。

法院判决

《中华人民共和国民法通则》第一百条规定，公民享有肖像权，未经本人同意，不得以营利为目的使用公民的肖像。广州市某化妆品有限公司主张，其使用蔡琳的肖像，是基于蔡琳的授权。而蔡琳在二审期间，对广州市某化妆品有限公司提供的授权书并无否认，却认为授权书是其在误以为是给粉丝签名的情况下签的。但从授权书的格式体例看，最上方是标题“授权书”，中间有四行是授权书的内容，蔡琳则在右下方签名。即使蔡琳不懂中文，在此种格式体例的文书上签名，会误认为是给粉丝签名，显然与常理不符。至于蔡琳手持“聘书”字样的文件与广州市某化妆品有限公司负责人合影，蔡琳认为也是基于作为演员与别人合影的习惯的理由，显然也缺乏依据，不予采信。

根据授权书的内容，广州市某化妆品有限公司可于2014年5月20日至2016年5月19日期间在其旗下“铂金·碧兰莎”品牌彩妆类产品使用蔡琳的肖像。对于“铂金·碧兰莎”，蔡琳认为应理解为“铂金碧兰莎”一个品牌，广州市某化妆品有限公司则认为是“铂金”和“碧兰莎”两个品牌。而事实上，广州市某化妆品有限公司并无“铂金·碧兰莎”或“铂金碧兰莎”品牌的产品。如果授权广州市某化妆品有限公司在其没有的品牌上使用蔡琳的肖像，则与蔡琳出具授权书的行为相矛盾。故蔡琳该部分主张亦缺乏依据，亦不予采信。

至于蔡琳主张，广州市某化妆品有限公司在使用蔡琳肖像的过程中通过电脑技术手段将其肖像与广州市某化妆品有限公司负责人的肖像拼接为合照，亦对蔡琳构成侵权的问题，因广州市某化妆品有限公司是在蔡琳授权其将蔡琳的肖像作商业用途的情况下使用的，且这种使用方式并未对蔡琳的名誉造成社会评价的降低和损害，故蔡琳主张广州市某化妆品有限公司对肖像的使用构成侵权的理由，缺乏足够的依据，依法不予支持。

专家点评

“当事人对肖像许可使用合同中关于肖像使用条款的理解有争议的，应当作出有利于肖像权人的解释”是基于人格利益人身伦理属性作出的在交易领域的特别规定。但这并不意味着法律对于人格利益享有者绝对偏袒，不意味着在以人格利益为许可使用对象的合同中，人格利益享有者可以据此任意解释合同条款，对于该类案件的裁判应兼顾合同法原理与被许可人的实际利益。本案中，人格利益享有者与被许可人对于代言品牌范围的条款产生了解释上的分歧，人格利益享有者对于合同条款提出了有利于自己的解释，但是该解释明显与事实不符、明显不属于基于一般社会认知双方可达成合意的情形，最终没有得到法院支持。本案法院虽然作出了结果上不利于人格利益享有者的解释，但其实质上遵循了客观事实，并不违背民法典人格权编第1021条的规定。

第一千零二十二条 当事人对肖像许可使用期限没有约定或者约定不明确的，任何一方当事人可以随时解除肖像许可使用合同，但是应当在合理期限之前通知对方。

当事人对肖像许可使用期限有明确约定，肖像权人有正当理由的，可以解除肖像许可使用合同，但是应当在合理期限之前通知对方。因解除合同造成对方损失的，除不可归责于肖像权人的事由外，应当赔偿损失。

【条文释义】

本条是对肖像许可使用合同解除权的规定。

肖像许可使用合同的解除权分为两种情况：（1）没有约定期限或者约定不明确的解除规则；（2）有明确约定的解除规则。

对于肖像许可使用合同，当事人对使用期限没有约定或者约定不明确的，采用通常的规则，即任何一方当事人都可以随时解除肖像许可使用合同，终止合同的履行。唯一的要求是，解除合同之前要留出适当的合理期限，并应当在合理期限之前通知对方。这种解除权是任意解除权，不受法定解除权、约定解除权、协商解除权的限制，只要一方提出行使解除权，通知对方之后，该合同即解除。原因在于，这是有关人格利益的许可使用合同，不是一般的交易关系，因而尊重肖像利益使用各方的意志。

当事人对肖像许可使用期限有明确约定，只有肖像权人享有解除权，且须有正当理由，才可以解除肖像许可使用合同，但是也应当在合理期限之前通知对方。与没有约定使用期限或者约定不明确的解除权的区别是，使用期限有明确约定的，在使用期限内行使解除权是肖像权人的权利，且须肖像权人有正当理由，使用肖像的一方当事人没有这种解除权。肖像权人没有正当理由也不得行使解除权。正当理由应当根据具体情形判断。肖像权人没有正当理由而解除合同的，构成违约，应当承担违约责任。肖像权人行使解除权，因解除合同造成对方损失的，应当承担赔偿责任，但是对于不可归责于肖像权人的事由而行使解除权的，不承担赔偿责任。

【案例评注】

管某某诉某文化广播影视集团有限公司、某传媒公司等名誉权纠纷案[①]

基本案情

2014年8月18日、19日，某文化广播影视集团有限公司（以下简称文广集团公司）连续两天于20时，在其上海电视台纪实频道的纪录片编辑室栏目先后播出纪录片《告别苏河湾》上、下集，该片记录了本市静安区（原闸北区）晋元地块部分居民在房屋征收中的真实经历，其中包括位于本市曲阜西路×××弄×××号×××室乙房屋的管某某户。片中包含大量管某某真人肖像镜头，并多次在含有管某某正面肖像的画面右侧打出字幕："管某某，80岁。"影片包含管某某拆迁事宜的片段，如上集起始段旁白解说称："老二一家和老三一家的户口都落在五平米的房子里，一家七个户口分到了郊区的四套房子，签约都已完成，但管老爷子却反悔了，他和老伴分到的那套房子，地处泗泾，生活不便，他希望能够换到本区保德路的房子，但保德路房价偏高，由此会触犯到女儿们的利益。"

2013年10月，由苏州某公司参与组建的《迁动人心》剧组首次进驻管某某所承租的房屋开展现场拍摄，拍摄持续至2014年1月。2014年2月13日，管某某与该剧组签订《肖像许可使用协议》。协议载明，甲方为"管某某壹家"，乙方为《迁动人心》剧组。协议约定：乙方因拍摄真实电影《迁动人心》，需要使用甲方的肖像权；甲方为本合同中的肖像权人以及其家人，自愿将自己的肖像权许可乙方作符合本合同约定和法律规定的用途；拍摄内容为：真实电影《迁动人

① 审理法院：一审法院为上海市静安区人民法院，案号：（2015）静民一（民）初字第3307号；二审法院为上海市第二中级人民法院，案号：（2016）沪02民终3972号。

心》，使用形式为用于乙方所有的播出平台，包括电影、电视、广播以及交互式或非交互式方式传播的新媒体平台；甲方应及时配合乙方拍摄其肖像，并保证依照本合同的约定许可乙方使用其肖像。此后，该剧组又于2014年6月续拍了部分镜头，即系争影片临近片尾处管某某及其妻子、女儿共同围坐在征收组办公室的片段。本案所涉纪录片《告别苏河湾》（包括上、下集）系由文广集团公司以某传媒公司、苏州某公司共同向其提供的长度为1小时30分20秒的电影《迁动人心》为母本进行剪辑而成，全部纪实画面均取自电影《迁动人心》。

关于2014年2月13日签订的《肖像许可使用协议》，管某某称，该协议是由其先签字的，但其签好后就立即反悔了，并于次日要求摄制方返还协议原件，但当时要回的可能只是尚未盖章的复印件，故认为文广集团公司、某传媒公司、苏州某公司提供的《协议》是不真实的、无效的。管某某诉至法院，请求判令：1. 文广集团公司、某传媒公司、苏州某公司以书面形式在上海电视台纪实频道纪录片编辑室栏目刊登向管某某赔礼道歉、恢复名誉、消除影响的声明；2. 文广集团公司、某传媒公司、苏州某公司共同赔偿管某某精神损害抚慰金20000元；3. 文广集团公司、某传媒公司、苏州某公司赔偿管某某保全证据、刻录光盘所支出的费用60元。

法院判决

本案争议涉及苏州某公司与某传媒公司在涉案影片的摄制过程中以及文广集团公司在系争影片的播出过程中，是否侵害管某某的姓名权、肖像权、名誉权。苏州某公司、某传媒公司作为涉案影片的制作方，在影片的摄制过程中依法不得侵害管某某的姓名权、肖像权、名誉权，文广集团公司作为该片的播出单位，依法应尽合理的审查义务。

第一，姓名权。公民的姓名权，是指公民依法有权决定、使用和依照规定改变自己的姓名，禁止他人干涉、盗用、假冒。因此，任何干涉他人决定其姓名、干涉他人使用其姓名以及盗用、假冒他人姓名从事民事活动的行为构成对他人姓名权的侵犯。本案系争的纪录片中以管某某的真实姓名来指称管某某本人，并不存在盗用、假冒管某某姓名的情况，亦不属于干涉管某某决定、使用或改变自己姓名的行为，故并未构成摄制方或播出方对管某某姓名权的侵犯。

第二，肖像权。双方当事人的主要争议在于文广集团公司、某传媒公司、苏州某公司使用管某某的肖像是否事先征得了管某某的同意。首先，根据查明的事实，自2013年10月《迁动人心》剧组首次进驻管某某承租房屋内开展拍摄开始直至2014年1月，管某某在认为拍摄方系上海电视台工作人员的认知前提下，持续自愿配合拍摄。可见，管某某的行为显然表明其同意被拍摄，且对于所拍摄的内容会在电视台被播出是具有预期的。其次，从拍摄内容来看，涵盖了征收过程中家庭成员之间、与征收组工作人员之间就征收补偿进行的多次协商、沟通细节以及买菜、就诊、节庆等大量日常生活片段。管某某自认，片中还包括管某某根据摄制人员的指导进行说辞等具有表演性质的部分内容。可见，管某某积极配合拍摄的内容已超出一般新闻片段报道的范畴。再次，针对2014年2月13日的《肖像许可使用协议》，管某某虽称签字后即反悔，但其未就此主张提供有效证据。根据法律规定，依法成立的合同，对当事人具有法律约束力，现管某某主张该协议无效，缺乏事实依据，法院不予采信。根据该协议，管某某自愿将自己的肖像权许可真实电影《迁动人心》剧组使用，用于拍摄真实电影《迁动人心》并同意用于该剧组所有的播出平台，包括电影、电视、广播以及交互式或非交互式方式传播的新媒体平台。现苏州某公司与某传媒公司将摄制成的电影交与文广集团公司以《告别苏河湾》形式在电视台播出，并未超出协议约定的使用用途。最后，2014年6月，管某某再次配合剧组拍摄；基于其已于同年2月看到《肖像许可使用协议》文本内容的事实，且不论其就协议的达成是否曾反悔，其当时应已知晓拍摄的目的，却仍然予以配合，故法院有理由相信管某某对自身肖像被用于拍摄关于征收经过的纪实影片是持同意的态度。综上，管某某称文广集团公司、某传媒公司、苏州某公司未经其同意擅自使用其肖像，缺乏事实依据，法院不予采纳。

第三，名誉权。根据法律规定，行为人虚构、捏造事实，擅自公布他人的隐私，侮辱、诽谤他人，造成他人名誉受损的，构成对他人名誉权的侵害。就本案中管某某主张失实、侵权的影片片段，法院逐一认定如下：第一，关于被征收房屋的面积，苏州某公司在摄制过程中未经审慎核实，披露的数据确属失实，但相关解说词仅涉及房屋的面积，不涉及对管某某的人格贬低，管某某并未提供证据证明该内容的失实实际造成管某某名誉受损，故管某某主张该不实内容构成名誉侵害，法院不予采信。第二，根据查明的事实，管某某在其女儿管某芳代理其签订征收补偿协议后，提出要求将已确定用于安置其与妻子两人的、位于较偏远的泗泾的安置房屋调换为价值更高的位于市区的保德路房屋，据此，片中解说词称“老爷子反悔”并无失实；同时，结合公有房屋征收补偿的常规，征收补偿权益通常以一个承租户作为整体核定，总补偿利益价值恒定，故管某某关于调换房屋的要求，必然关系到其他被安置对象的利益，故解说词称“会触犯到女儿们的利益”亦无明显失实。第三，片中征收组工作人员向管某某解释称征收补偿协议可以在征收组的电脑屏幕上显示，征收活动是合法公平公正的。管某某并无证据证明上述说辞纯属摄制方的捏造，且该说辞本身并不涉及对管某某的人格贬低、人身攻击，故亦不构成对管某某名誉的侵害。第四，片中关于管某某前往医院就诊的内容，管某某确认其曾因胸痛前往医院就诊，片中内容属实，故该内容并非捏造，亦不构成侵权；此外，片中管某某自述的“我现在要房子……”等内容，根据管某某的自认，系管某某为争取到更理想的补偿利益而根据摄制人员的指导所进行的陈述，从查明的事实来看，其中的内容并无明显失实，即便存在失实，亦是管某某为配合拍摄而自愿、自主、自觉所为，故不存在他人捏造事实、擅自公布隐私、侮辱或诽谤管某某，不构成名誉侵权。第五，关于管某某与管某平、孙某琪一同前往原闸北区房管局信访部门交涉的片段，根据查明的事实，成片中的配音内容均系来源于母片中相关政府机构工作人员的原话，只是成片中省略了母片中包含的撤销委托的确认、房管局工作人员坦承征收工作中“有所欠缺”等细节事实。从成片的内容来看，反映了管某某向相关部门要求了解征收协议签订的日期以及相关部门针对委托签约的法律后果进行告知解答的过程，并不存在指向管某某无理上访的内容，管某某亦无证据证明影片中该内容的播放客观上造成他人认为其无理上访，对管某某的社会评价降低。因此，管某某主张上述片段内容失实、给观众造成管某某无理上访的印象，缺乏事实依据，法院不予采纳。

综上所述，管某某称系争影片内容失实、擅自披露管某某隐私，侵害管某某名誉权，缺乏事实依据，法院不予采纳。综上，管某某主张某传媒公司、苏州某公司在系争影片制作环节上以及文广集团公司在系争影片播放环节上侵害管某某的姓名权、肖像权、名誉权，缺乏事实依据，故其要求文广集团公司、某传媒公司、苏州某公司公开赔礼道歉、消除影响并赔偿精神损害抚慰金等诉讼请求，于法无据，法院依法不予支持。

专家点评

本案是关于自然人商业化利用个人人格利益所签订的许可使用合同纠纷的典型案例。商业化利用人格利益合同中人格利益享有人有任意解除权，这是基于人格利益不同于一般合同标的物的人身属性所作出的特殊规定，其制度目的是充分保障权利人人格尊严与人权。但这绝不意味着在履行人格利益许可使用合同的过程中无需遵守诚实信用原则，绝不意味着权利人在行使人格权的过程中可以基于人格权的伦理属性而不用承担民事责任。本案中，众被告公司拍摄节目和影视作品前已经征得了管某某的同意，并与管某某书面签订了《肖像许可使用协议》，协议对于肖像许可使用事项约定明确，在协议履行过程中，被告亦没有原《合同法》中规定的法定解除事由，《肖像许可使用协议》对双方具有约束力。管某某主张对《肖像许可使用协议》签订后后悔并认为原意思表示存在瑕疵，应提供可以支持其观点的证据，但事实上其并未提供。支持管某某诉请的判决是理性裁判兼顾人格利益保护与市场交易诚信原则的典型，值得肯定。

民法典生效后，会对本案裁判产生一定影响。如果该《肖像许可使用协议》中未明确约定肖像许可的使用期限，根据该条规定，管某某可以随时解除合同，但应该在合理期限之前通知对方；如果该《肖像许可使用协议》中对肖像许可使用期限有明确约定，管某某如果出于隐私保护等正当理由，依然可以解除肖像许可使用合同，仍应当在合理期限之前通知对方，并赔偿对方因解除合同造成的损失。管某某若主张侵权，应以解除合同为前提，若合同解除后被告仍对其肖像进行使用，才有构成侵权的可能。

第一千零二十三条 对姓名等的许可使用，参照适用肖像许可使用的有关规定。

对自然人声音的保护，参照适用肖像权保护的有关规定。

【条文释义】

本条是对其他人格利益许可使用和声音权的规定。

本条规定了两个准用条款：（1）对姓名等其他人格权行使公开权参照肖像许可使用合同规则的准用条款；（2）声音权参照适用肖像权保护的规则。

公开权是本编第993条规定的，包括姓名、名称、肖像等。对于公开权的具体行使规则，本编只在肖像权的规定中规定了肖像许可使用合同规则，没有对其他人格利益的公开使用作出具体规定。实际上，人格权人行使公开权，具体规则基本上都是一样的，因此采取了只规定肖像许可使用合同规则，然后规定本条的准用条款，规定其他人格利益的许可使用，准用肖像许可使用合同的规则。这样明确、简洁，既便于操作，又节省立法的篇幅。准用的条款是本编第1021条和第1022条。

在所有的人格利益中，与肖像权的肖像利益最相似的就是声音，与姓名一样，都能够标表特定自然人主体的人格特征，不仅便于识别，而且具有相当的财产利益。在人格权编立法过程中，笔者一直主张应当规定声音权，并且提出比照适用肖像权保护规则的准用条款。立法者在二审稿开始采用了这个建议，增加了这个准用条款。

自然人的声音是声音权的客体，声音权是指自然人自主支配自己的声音利益，决定对自己的声音进行使用和许可他人使用的具体人格权。声音权首先体现的是精神利益。声音权作为自然人的基本人格权，所体现的基本利益是精神利益。法律保护自然人的声音权，需要注意保护声音权所体现的这种精神利益。这种保护，保护的是人之所以作为人而存在的人格。声音权的精神利益是最重要的内容之一。这种对声音权精神利益的保护，包含自然人对自己声音享有专属利用、许可和维护的权利。与自然人的名誉权等其他人格权一样，任何歪曲、偷录、剪接、模仿、窃听其声音的行为，都会使声音权人精神利益受到损害，使其作为自然人的人格尊严和人格自由等构成侵害。法律保护自然人的声音权，最首要的就是保障自然人人格尊严和人格自由，保护声音权所体现的这种精神权利。

声音权具有明显的财产属性。作为声音权客体的声音，与商标具有共同的特点，就是作为标识能够较为有效地降低消费者搜索商品的成本。因此，声音在这一点上具备成为财产的潜力。利用声音等个人形象在商品营销上做文章也是各行各业商家的重要营销策略之一。权利人可以和商家通过签订声音使用许可合同把自己声音的财产潜力挖掘出来。这一点和以往所认识的人格权只是消极的权利不同，因而使得声音权能够成为一种积极人格权，可以公开化，成为人格性财产权的客体。

声音权具有专属性。声音权的专属性表现在两个方面：首先，声音权是由特定的主体专属所有的。声音是自然人有关声音的人格标识，反映的是自然人的听觉属性。如前所述，该声音具有身份属性，因此声音权也只能由自然人所享有，且须特定的自然人所享有。由于法人不具有像自然人一样的实体，因此法人不享有声音权。其次，声音权的专有性还体现在对声音的利用上。声音权人对声音的再现享有专属权，即自然人享有是否允许他人再现自己的形象的权利。换言之，他人是否可以取得声音权人的声音，属于声音权人的权利，以偷录等方式取得他人的声音，是对声音专有权的侵犯。声音权人对声音使用具有自主的处分性。声音的使用权原则上属于声音权人。声音使用权的处分，是声音权人对其声音使用权的转让。声音的取得和声音的使用，是声音权专有性的两个基本内容，从侵害声音权的角度分析，后者具有更重要的意义。未经声音权人同意而擅自使用，属于对声音权的侵害。当然，声音权的专有性是相对的，法律准许在一定的条件下使用自然人的声音，但是这种使用必须具有阻却违法的事由。同时，如果声音权人允许他人使用自己的声音，那么相对人可以此许可作为侵权的抗辩事由。

声音权是一个独立的人格权。在学理上，确认一个人格利益是不是构成一个独立的人格权，最重要的标准，就是这个人格利益是不是具有独立的属性，是不是能够被其他具体人格权所概括、所涵盖。如果一个具有独立意义的人格利益不能够被其他人格权所涵盖、所概括，并且与一般人格利益相比具有鲜明的特征和内容，就应当认为这个人格利益应当作为一个具体人格权。声音人格利益的独特性，就在于它的人格标识的作用。因此，它与一般人格利益相比具有特异的内容和特征。一般人格利益具有趋同性，所涵盖的人格利益都具有大体相似的内容，因此不能独立，只能作为一般人格利益对待，用一般人格权进行保护。声音人格利益是独特的，它的内容能够与其他一般人格利益相区别，具有独特的属性和特征。这正是其他国家和地区立法承认声音权的基础。声音人格利益不能为其他具体人格权所涵盖、所包括。与其最近似的，是姓名权和肖像权。但是，姓名权只是对文字类的人格标识设立的人格权，并不包括声音的内容。肖像权也只是对图像类的人格标识设立的人格权，也不包括声音人格利益。

最值得研究的是隐私权。在美国和加拿大等国，隐私权中包含姓名权、肖像权以及声音权等内容。那么，是不是可以参照它们的立法，将声音权概括在隐私权中呢？事实上，在美国、加拿大等国的法律中的隐私权，差不多相当于大陆法系民法的一般人格权，是一个弹性极大的人格权，包含了太多的内容。美国、加拿大等国隐私权的绝大多数内容，在我国都是由一般人格权承载和保护的，况且声音人格利益也不是隐私利益所能够涵盖的。因此，声音权不能放在隐私权中，不能成为隐私权的组成部分，应当作为一个独立的具体人格权进行保护。

此外，声音权有作为具体人格权的事实基础。在现实生活中，一个确定不移的事实是一个人的声音可以和姓名、肖像一样起到人格标识的作用。声纹和人的指纹、掌纹等身体特征一样，都具有唯一性、稳定性的特征，每个人的这些特征都与别人不同，且终生不变。由于人的身体特征不可复制，基于这些特征应运而衍生了多种生物识别手段，如指纹识别、声纹识别、掌纹识别等，并已被广泛应用于诸多领域。其中，声纹识别是用仪器对人的说话声音所作的等高线状记录，根据声音波形中反映讲话人生理及行为特征的声音参数，进行身份识别的技术，可以起到准确的身份辨识作用。从当前的技术来看，声音和个人的姓名、肖像在逻辑上属于同一层次的人格特征，都是个体的人格标识，它能起到姓名和肖像作为人格标识同样的作用。

声音权作为自然人享有的学理上的具体人格权，具有完备的权能体系，其主要体现是：

1. 自我使用权。即声音权人对自己的声音可以进行使用，利用声音表达自己的意志，也可以利用自己的声音创造财产利益，全凭权利人本人自主决定，准用的条款是本编第 1018 ~ 1020 条。这表现为声音录制专有权和声音使用专有权。声音的录制有如肖像的摄取，正是有了可以再现的科技，声音权和肖像权才有了保护的必要性。和肖像权一样，声音权的首要内容体现在对声音的录制上。声音使用专有权包括两方面的内容。首先是精神利益的使用权，权利人对自己的声音如何使用具有支配权。这又可以分为作为和不作为两种方式。比如，朗诵、歌唱等都会给人带来精神上愉悦享受，这就是以作为的方式支配声音利益。又如，有的人想保持生活的低调，不想让其他人知悉自己的生活，那么其就不愿意将自己的声音公布于众，这就是以不作为的方式支配声音利益。其次是财产利益的使用权，权利人可以将自己的声音进行商业化的利用，并因此而获得收益。这可以视为是权利人积极利用声音权的表现。当权利人自己没有积极地将声音利益运用于商业领域，而其他人盗用或者模拟其声音运用于商业领域的时候，声音权人可以依据不当得利请求权或者侵权损害赔偿请求权请求救济。

2. 许可他人使用权。声音权人可以将自己的声音许可他人使用，并从中获得利益或者不获得利益，许可他人使用就是行使公开权，准用的是本编第1021条和第1022条。这也是声音处分专有权的体现。在声音财产利益的许可使用上，许可使用有排他性许可使用和非排他性许可使用之分。在排他性许可使用的情况下，被许可人在不违背许可人利益的前提下具有专属使用权。[①]

3. 声音利益保护请求权。和任何人格权一样，如果声音权受到侵犯，那么权利人可以依据侵犯事实，依法维护自己的利益。声音权的请求权主要包括声音权请求权和声音权侵权请求权。正是因为声音权是人格权的一种，所以声音权也可以适用人格权请求权的一般规定，其基本类型可以分为停止妨害请求权和排除妨害请求权。[②] 声音权请求权所针对的对象，是存在妨害行为或者极有可能存在妨害行为，而不是权利损害的结果。对于可能发生的妨害，权利人可以通过排除妨害请求权请求救济；对于已经存在的妨害，权利人可以通过停止妨害请求权请求救济。排除妨害和停止妨害这两种请求权都直接指向于妨害，其目的也只是积极地预防或者保全权利人的人格权不受损害。

侵犯声音权的表现形态应该主要有：（1）歪曲。歪曲他人的声音，对声音权人的人格尊严造成了较大损害。当然，这种侵权必须符合一般侵权行为的构成要件。而且主观上还需要为故意和重大过失。一般过失造成他人声音歪曲的，应该属于可容忍的范畴。（2）偷录。未经允许私自录取他人声音和偷拍他人肖像具有同样的性质。未经同意，不得私自录制他人的声音，但法律另有规定的除外。

---

① 关于姓名、肖像等人格要素许可使用合同的效力，德国法上的NENA案较为典型，参见谢铭洋：《论人格权之经济利益》，载戴东雄六轶华诞祝寿论文集编辑委员会编：《固有法制与当代民事法学》，台北三民书局1997年版，第134～135页。

② 关于人格权请求权，请参见杨立新：《论人格权请求权》，载《法学研究》2003年第6期。

(3) 剪接。未经允许录取他人声音，或者即使经过允许录制他人声音，但是不按照预定的目的使用，任意剪接录音记录的，为侵犯他人声音权。(4) 模仿。模仿他人声音类似于恶意混同他人姓名。(5) 公开。未经他人允许录制他人声音，并将录音擅自公开的，或者是虽然经过他人允许录制，但是未经过他人允许公开而擅自公开的，为侵犯他人隐私权和声音权的竞合。(6) 声音是一个人的身份标识，其在一定程度上表明了主体的存在，因此恶意对他人的声音进行失真处理会对他人的人格尊严造成伤害。同时，应当作失真处理而未作失真处理的，也构成对他人声音权的侵害。①

【案例评注】

谭某诉某公司申请确认仲裁协议效力案②

基本案情

2015 年 8 月 31 日，某公司作为甲方、谭某作为乙方签订《游戏主播经纪协议》。该协议的主要内容为："一、合作内容：1. 由某公司担任谭某全世界范围内的独家经纪公司，独家享有谭某的全部主播事业经纪权。2. 经纪权包括但不限于互联网演艺：指基于互联网平台的开发和运营的一切演艺活动，包括但不限于第一视角或第三视角游戏直播、游戏解说、游戏视频录制等；线下活动；商务经纪；主播周边；法律事务等。3. 合作期间内，某公司为谭某提供游戏直播的平台及资源；谭某主播事业方面的规划及可能涉及谭某形象设计、包装及宣传推广等。二、合作期限：双方合作期限为 3 年，即 2015 年 9 月 1 日至 2018 年 8 月 31 日。三、双方权利义务：1. 某公司的权利义务为：某公司有权独家在全球范围内为谭某接洽、安排、策划主播事业。某公司得以全权代表谭某与第三方签订经纪或演艺工作相关合约。某公司有权享有谭某姓名、名称、声音、形象以及由此衍生的相关权利之使用权和经纪权，并有权在自身活动或者其他商业活动中使用、授权合作方使用谭某的姓名、名称、声音、形象及相关衍生权利。为提升谭某知名度和影响力，某公司有权以授权、许可、合作经营等方式，转让给本协议外的其他合作方全部或部分权利、义务，即有权与任何本协议外的其他合作方共同享

① 相关荷兰案例参见［德］克里斯蒂安·冯·巴尔：《欧洲比较侵权行为法》(下卷)，焦美华译，张新宝校，法律出版社 2001 年版，第 127 页。

② 审理法院：广东省广州市中级人民法院，案号：(2018) 粤 01 民特 139 号。

有和承担本协议项下权利义务，谭某应予配合和服从。合约期间，经谭某同意后，某公司有权将谭某在其虎牙直播平台的个人直播间授权给第三方运营管理，未经某公司同意，谭某不得私自到非该合作方所运营的其他频道进行演艺活动。某公司不得安排谭某从事危险、暴力以及违反法律强制性规定及其他有损谭某人格、名誉和损害谭某身心健康的表演要求和活动。2. 谭某的权利义务为：合作期间，谭某全面服从某公司对其演艺事业的安排，对某公司与第三方就谭某演艺经纪工作所签署的全部合约予以认可，并保证尽最大能力，以专业、守时、敬业的工作态度，积极投入到某公司安排的各项演艺及商业活动中，并积极配合某公司发起的各类活动。谭某保证于本合约签订时，并未与任何第三方存在经纪合约或与本合约有冲突的约定。谭某保证，未经某公司书面同意，不得以任何方式到与某公司的虎牙直播业务相竞争的网络平台（包括但不限于……）从事互联网游戏直播等演艺活动。合约期间，未经某公司书面同意，谭某不得自行接洽或授权第三方接洽安排任何与游戏直播事业相关的事项。未经某公司书面同意，谭某不得再与其他任意第三方（含自然人、经纪人、公司等）直接或间接地进行任何相关演艺活动或演艺事务。谭某对某公司安排的线下演艺工作享有知情权，有权参与形象策划。谭某有权拒绝色情、暴力、违反法律强制性规定及其他有损谭某人格、名誉和损害谭某身心健康的表演要求及工作。四、收益分配：由某公司或授权第三方安排的谭某在某公司的直播平台上进行互联网演艺产生的一切互联网演艺收入（包括虚拟礼物收益及贵族守护佣金），双方一致同意按照某公司指定的虎牙直播平台营收规则进行收益分配。”该协议还就违约责任、保密条款以及争议解决与适用法律等问题作了约定。其中第 9.2 条约定：“因本协议引起的相关争议，双方应友好协商解决，若协商不成，各方同意将纠纷提交至广州仲裁委员会，按照该机构有效的仲裁规则仲裁解决。”谭某请求确认其于 2015 年 8 月 31 日与某公司签订的《游戏主播经纪协议》约定的仲裁条款为无效条款。

法院判决

法院认为，劳动关系是双方当事人通过合意，由劳动者提供劳动，用人单位给付报酬所形成的具有经济人身从属性的权利义务关系。确定是否属于劳动关系，其核心是在劳动关系存续的情况下，劳动者在劳动的地点、内容、方式、过程等方面是否均受用人单位的约束，约束的方式既包括规章制度，也包括具体的管理行为。从涉案《游戏主播经纪协议》的内容看，该协议是谭某与某公司就开展网络直播等演艺活动的权利义务进行的约定，没有订立劳动合同的合意；谭某获得部分报酬的方式是其以自己名义接受游戏用户赠送的虚拟道具等，按照某公司制定的营收规则获取收益。同时，谭某自主决定工作时间、地点、内容和方式，不受某公司规章制度约束。鉴此，涉案《游戏主播经纪协议》实质为服务合同，协议双方之间权利义务关系的约定不符合劳动关系的特征，双方不构成事实劳动关系。

《中华人民共和国仲裁法》第十六条规定："仲裁协议包括合同中订立的仲裁条款和以其他书面方式在纠纷发生前或者纠纷发生后达成的请求仲裁的协议。仲裁协议应当具有下列内容：（一）请求仲裁的意思表示；（二）仲裁事项；（三）选定的仲裁委员会。"涉案《游戏主播经纪协议》第 9.2 条约定："因本协议引起或与本协议有关的任何争议，双方应本着友好协商的原则协商解决，协商不成，任何一方可向广州仲裁委员会提起仲裁。"可见协议签订双方对以仲裁方式解决合同争议以及由中国广州仲裁委员会管辖合同争议的意思表示真实明确。谭某以涉案协议实际上是《劳动合同》，双方构成劳动关系为由，请求确认本案仲裁条款无效的理由不成立，不予支持。

专家点评

人格利益的商业化利用在实践中常呈现集合许可、打包许可的方式，本案中所涉合同关于谭某人格利益许可使用的表述为"某公司有权享有谭某姓名、名称、声音、形象以及由此衍生的相关权利之使用权和经纪权，并有权在自身活动或者其他商业活动中使用、授权合作方使用谭某的姓名、名称、声音、形象及相关衍生权利"就是打包许可的典型，这是商业实践出于降低成本交易便利的考虑形成的习惯。民法典人格权编第 1023 条对于姓名和声音的许可使用参照肖像许可使用的做法符合现实需求。应注意的是，声音权在我国的立法中尚不具有明确的具体人格权地位，但是民法典人格权编第 1023 条第 2 款的存在明确了声音作为可被许可使用、被商业化利用的人格利益，其在实践当中常与权利人的姓名、肖像等人格利益一并通过签订许可合同的方式被权利人使用。人格权的商业化利用是权利人积极行使人格权的重要方式，相对实践中被广泛承认的姓名、肖像等人格利益，声音、隐私、信用等人格利益在实践中也逐渐出现了被商业化利用的情形，其商业化利用规则应参照已有的人格权商业利用规范。

第五章　名誉权和荣誉权

第一千零二十四条　民事主体享有名誉权。任何组织或者个人不得以侮辱、诽谤等方式侵害他人的名誉权。

名誉是对民事主体的品德、声望、才能、信用等的社会评价。

【条文释义】

本条是对名誉权及其客体的规定。

名誉权，是指自然人和法人、非法人组织就其自身属性和价值所获得的社会评价，享有的保有和维护的具体人格权。名誉权的基本内容是对名誉利益的保有和维护的权利。

名誉是名誉权的客体，本条第2款是对名誉概念的界定。应当区别的是，名誉分为客观名誉和主观名誉，又称为外部名誉与内部名誉。外部名誉与内部名誉的区别是：第一，外部名誉是第三人对特定民事主体存在价值的评价，这种评价是由他人作出，存在于社会之中，具有客观的属性，有判断其损益的尺度，因而能为他人所感知。内部名誉是特定民事主体对自己内在价值的感受，是自己对自己的评价，存在于特定民事主体的主观世界之中，作为一种感觉、思想、意识的形态，为自己所感知，因而为主观上的名誉。正因如此，外部名誉才称为客观名誉，内部名誉才称为主观名誉。第二，从权利主体上看，凡民事主体均有外部名誉，人人平等。而对于内部名誉，一方面，人与人的自我感受颇不一致，可能自我评价与社会评价相距遥远，也可能因为情感的差异而对同一种行为感受完全相反，如对同一个玩笑，有人可能认为是赞美，而有人可能认为是诽谤；另一方面，法人作为团体组织，只有名誉而无名誉感，丧失意识的人或无民事行为能力人在主观认识能力上存在缺陷，不可能或不完全能具有名誉感。第三，在受到侵害的表现形态上，内部名誉与外部名誉也不相同。内部名誉受到侵害，在未被他人知晓时，显然不会降低公众对该人的社会评价，不影响受害人的外部名誉。而外部名誉是公众对特定主体的客观评价，侵害行为只有被第三人知晓后，方构成损害事实。本条规定作为名誉权客体的名誉是客观名誉（外部名誉），即独立于权利主体之外的“对民事主体的品德、声望、才能、信用等的社会评价”，既不是权利人对自己的自我评价，也不是权利人的本身，而是社会对权利人的客观评价。对主观名誉，即名誉感，名誉权不予以保护，只保护主体的客观名誉不为他人的非法行为侵害而降低。

在法律上，名誉有以下特征：

1. 社会性。名誉是一种社会评价，无论从内容上还是形式上都具有社会属性。评价的内容，源于特定主体在社会生活中的行为表现，都是社会生活的反映。离开公众的社会反映，就无所谓名誉。

2. 客观性。名誉是客观的评价，即外部社会对特定主体的评价，而不是个人的自我认识。名誉的客观性是基于特定主体而言的，即公众的评价相对于特定主体，是外部的、客观的，它不取决于主体内在的感情、认识和评断。

3. 特定性。名誉是公众对特定主体的社会评价，包括特定的自然人和特定的法人。名誉的特定性表现为社会评价的是“这个”主体，而非“这些”主体。学者有称“家庭名誉”者，违背了名誉特定性的原理。离开特定的民事主体，则无所谓名誉，也无法进行法律保护。

4. 观念性。名誉虽具客观性特征，但它的表现形态却是观念，存在于公众的观念之中。按照一般的哲学原理，观念属于主观的范畴。在这种特定的场合，其客观性是相对于特定民事主体主观认识而言，其评价具有客观的属性。因此，名誉的观念性与名誉的客观性并不矛盾。

5. 综合性。依据本条第 2 款的规定，名誉是对民事主体品德、声望、才能、信用等的社会评价，其评价的对象涵盖行为人日常生活的诸多方面，对于不同对象的评价多存在评价标准的差异。品德评价一般以伦理道德作为评价维度，评价标准为善与恶；声望和才能评价一般是基于客观事实的评价，但有关一个人声望的高低和其才能的大小的评价也与该当事人所处环境的社会普通个体的认知能力有关；信用评价一般以信用评价体系规定的具体规则为评价标准。

6. 时代性。不同时代的名誉观有所不同，不同名誉观背后是不同价值观的支撑。在封建社会，妇女从一而终、丧夫不嫁被视为名誉之大节。而现代社会对丧夫改嫁、离婚自由视为正当行使权利。同时，亦不应否认名誉观有一定的继承性，勤俭、奋斗、好学等，在各时代均是好名声。掌握名誉时代性特点，有利于把握名誉的准确内涵。在我国当下，应以社会主义核心价值观构建当代中国名誉观。其中，富强、民主、文明、和谐是国家层面的价值目标；自由、平等、公正、法治是社会层面的价值取向；爱国、敬业、诚信、友善是公民个人层面的价值准则。在判断名誉是否受到损害的过程中，应以社会主义核心价值观为标准，在核心价值观所倡导的价值上有所增量的应被评价为名誉的提高，反之则为名誉的贬损。

名誉权是指自然人和法人、非法人组织就其自身属性和价值所获得的社会评价，享有的保有和维护的具体人格权。名誉权的主体包括自然人、法人和其他组织。名誉权的客体是名誉利益，名誉利益作为名誉权的客体，是自然人和法人就其自身属性和价值所获得的社会评价。自身属性包括自然人的品德、才能和其他素质，法人的经营能力、经济效益等状况。这是名誉权区别于其他任何具体人格权的最基本特征。名誉权的基本内容是保有和维护自己的社会评价，名誉权不具有肖像权、名称权那样被商业化利用的价值。名誉权不具有财产性，即使与财产利益相关联。名誉权是非财产性的人格权，不具有直接的财产价值，也不能直接带来财产收益。但名誉权也包括一定的财产利益因素，这表现在名誉权受损害以后主体会因补救损害而受到一定的经济损失，同时，还可能导致自然人受聘、晋级、提薪受到影响，导致法人社会信誉的降低、利润减少，均可使其财产受到损害。所以说，名誉权虽为非财产权，却与财产有关联性。

名誉权是民事主体广泛享有的具体人格权，由于名誉权不可进行商业化利用，其主要权能体现为：

1. 名誉保有权。民事主体对于自己的名誉享有保有的权利。由于名誉是一种客观的社会评价，权利人无法以主观的力量人为地去改变它、支配它，只能对已获得的名誉予以保有。名誉保有权包括：一是保持自己的名誉不降低、不丧失；二是在知悉自己的名誉处于不佳状态时，可以自己的实际行动予以改进。名誉保有权的实质不是以自己的主观力量左右社会评价，而是通过自己的行为、业绩、创造性成果作用于社会，使公众对自己的价值予以公正评价。

2. 名誉利益支配权。名誉权人虽然就社会对自己的评价不能进行支配，但对于名誉权所体现的利益却能够进行支配。民事主体可以利用自己良好的名誉，与他人进行广泛的交往，使自己获得更好的社会效益和财产效益；当然也可以不利用它。名誉利益的支配权不包括抛弃权、处分权，不能将名誉利益抛弃，也不得任意转让，更不能由继承人继承。

3. 名誉维护权。名誉维护权就是名誉权的人格权请求权和侵权请求权。名誉权人依据人格权请求权，对于自己的名誉有权予以维护。一方面，对于其他任何人有不得妨害的不作为请求权，任何人都负有不得侵害名誉权的法定义务。另一方面，对于妨害名誉权的行为人，名誉权人基于人格权请求权和侵权请求权，可以寻求司法保护，要求司法机关对侵权人进行民法制裁，同时对自己遭受损害的权利进行救济。

名誉权的义务主体是权利主体之外的其他任何自然人、法人、非法人组织，即“任何组织或者个人”，负有的义务是不可侵义务，即“不得以侮辱、诽谤等方式侵害他人的名誉权”。名誉权的义务主体违反这一不可侵义务，造成权利人损害的，应当承担民事责任。侵害名誉权属于一般侵权，其构成要件有：

1. 违法行为。侵害名誉权的行为方式主要是作为方式。对不作为是否构成侵害名誉权，有不同的看法。有的认为自然人的名誉是根据其属性、特征及客观表现而获得的社会评价，其名誉权的实现只要求他人客观公正评价，并不加侵害即可，只有积极的作为行为才能构成侵权，消极的不作为行为不能构成侵权。笔者认为，这种意见不正确。侵害名誉权的基本行为方式是作为方式，如诽谤、侮辱以及其他侵害名誉权的行为，都是以作为的行为方式进行的。但在特殊情况下，法律规定具有特殊身份的人负有作为的积极义务以保护他人的名誉权，行为人未尽积极义务，即应当采取积极措施防止侵害他人名誉权而未为之，构成侵害名誉权的违法行为。侵害名誉权的不作为行为，主要有两种形式：（1）行为人依其职责负有保护他人名誉权的特别作为义务，违反之，为不作为的侵害名誉权行为。民法典第1025条第2项规定的新闻媒体的合理核实义务就是典型。（2）行为人基于前一个行为而产生作为的义务，违反作为义务而不作为，构成不作为的侵害名誉权行为。这种情况，主要是报纸杂志社在发表了侵权文章后，负有更正的作为义务。依其文章的体裁，发表以新闻、纪实文学等真人真事作为描写对象的文章，前一个行为是不作为的侵权行为，后一个行为即不予更正的行为也是不作为的侵权行为。发表非以真人真事作为描写对象的文学作品侵权，由于编辑出版者不负事实审查义务，因而前一个行为不构成侵权，后一个不予更正、赔礼道歉的行为，单独构成不作为的侵权行为。

同时，侵害名誉权的行为侵害的只能是特定人的名誉。侵害名誉权的行为须有特定的侵害对象，即指向特定的人。只有指向特定的人的行为才构成对他人名誉权的侵害；未指向特定人的行为不能认定为侵害名誉权行为。例如，说某行业的工作人员贪污成风，说某类企业假冒产品太多等，系泛指某方面的人或法人，不能认定具体指向哪个人或哪家公司，因此不能认定为侵害名誉权。特定的人包括特定的自然人、法人和其他组织。实践中，指向特定的人包括以下几种情况：其一，指名道姓；其二，虽未指名道姓，但行为人的表述足以使人认定为某人，如描述某人的相貌特征、语言特征、行为特征及生活和工作环境等；其三，指向某个极小的组织，如个体工商户、个人合伙等组织；其四，以真人真事为素材的文学作品，所描述的人物相貌特征、生活经历、工作环境等，足以使他人认定为某人。

侵害名誉权的违法行为要求加害行为具有贬损他人名誉的内容。贬损他人名誉，是指对他人由其属性和特征所决定的人格进行贬低和损害，并由此造成他人的社会评价的降低。行为人的行为只有具有贬损他人名誉的性质才能构成侵害名誉权的违法性。如果行为人的行为并未造成他人社会评价的降低，即使该行为影响了受害人的名誉权，也不能构成侵害名誉权的违法性，而只有可能构成侵害他人一般人格权的违法性，因为名誉感不是名誉权的客体。

侵害名誉权的加害行为具有违法性。加害行为违法性的判断标准，是行为人的行为是否违反了保护民事主体名誉权的不可侵义务。本条就是判断行为违法性的主要条款。

2. 损害事实。侵害名誉权的损害事实一般有名誉利益损害、精神痛苦损害和财产利益损害三种，其中名誉利益损害是核心。

认定行为人的行为是否造成他人名誉损害，不应以受害人的自我感觉为判断标准，而应以行为人的行为是否造成受害人的社会客观评价降低为判断依据。名誉权损害是一种无形损害，应当以加害行为是否为第三人知悉为认定名誉利益是否受到损害的标准。名誉是他人内心中的评价，如果他人不表达出来，实际后果就难以确定。对受害人来说，要其提供证据证明其名誉损害的实际后果更为困难，因而应以能够举证证明的客观事实，作为认定名誉损害的后果。通过侵害事实被第三人知悉的证明，推定名誉损害事实的客观存在，是切实可行而又公允、合理的标准。这里的第三人，指的是受害人以外的人，可以指任何第三人或较多的人，人数不限。只要第三人知悉就可以认定受害人的社会评价在他人的心中产生了影响，评价有了改变。第三人知悉后是否向其他人传播，是否在大庭广众之下实施侵权行为在所不论。只要有当事人以外的任何第三人知悉，就足以影响受害人的社会评价。至于人数多少、是否在大庭广众下进行，只能表明行为影响程度和损害程度而已。

认定行为人的行为为第三人知悉应注意的问题是：（1）第三人知悉的行为，应是加害行为人的行为所致。有的第三人知悉名誉损害是由受害人自己“公布”的，并非加害人所为，不构成侵害名誉权。（2）侮辱和诽谤构成对他人名誉权的侵害，仅以这些行为被受害人以外的人知悉就足以认定，至于这些行为是公开的还是非公开的，则不予考虑。（3）行为人实施的侮辱、诽谤行为，为行为人的近亲属所知悉，也应视为被受害人以外的人知悉。认为行为人的名誉损害事实被行为人的配偶及其他家庭成员知悉不应认定为侵害名誉权行为的意见不当，因为行为人的近亲属知悉，也会影响他们对受害人的评价，构成对受害人名誉权的侵害。(4) 侵害行为以被受害人以外的人知悉为成立要件，无需证明实际损害后果的成立。

精神痛苦损害是名誉权侵权产生的第二种损害事实。精神痛苦损害是指受害人因加害人的侵害名誉权行为而遭受的感情损害。在侵害自然人名誉权的情况下，精神痛苦的损害包括自然人心理上的悲伤、怨恨、忧虑、气愤、失望等痛苦的折磨。精神损害是侵害自然人名誉权的间接后果，它以名誉损害为前提，又是名誉损害的外在表现。确定精神损害程度，不能只考虑受害人对侵害名誉权的行为的反应是否强烈、受害人是否把自己的内心痛苦表现出来，还应当考虑侵权行为在一般情况下可能给受害人造成的精神痛苦，具体包括：加害人的主观状态、加害行为的情节及手段、行为内容的恶劣程度、影响范围的大小等。侵害法人名誉权的损害不具有精神痛苦的损害事实。

侵害名誉权也会造成受害人财产损失，财产利益损害是侵害名誉权的间接损害后果。自然人因名誉权受侵害而造成的财产损失包括：接受医疗而支出的费用，因误工而减少的收入，被降级、降职或解聘而减少的收入等。法人因名誉权受损害而造成的财产损失一般应包括合同被解除而带来的损失、客户减少及客户退货的损失、顾客减少导致的营业额降低等。

3. 因果关系。侵害名誉权的违法行为与损害事实之间的因果关系具有特殊性，表现在很多违法行为不是直接作用于侵害客体而使其出现损害事实，而是经过社会的或者心理的作用，达到损害受害人名誉利益和精神痛苦的结果。没有社会的和心理的这一中间环节，一般难以出现这种后果。这一特点，在判断侵害名誉权的因果关系上，应特别予以注意。在侵害名誉权的因果关系上，不能特别强调必然性的因果关系，因为有些侵害名誉权损害事实的出现，不是行为的直接原因，不具有必然性，应当采用相当因果关系规则作为判断标准。

4. 过错。侵害名誉权的过错包括故意和过失。故意侵害名誉权构成侵权责任，过失侵害名誉权的也应承担民事责任。这是因为，侵权民事责任的立法宗旨是充分、有效、全面地保护当事人的合法权益，禁止以任何方式从事法律所禁止的行为，一旦因加害人的侵权行为造成他人的名誉损害，就应当予以恢复和补偿，而不论加害人是出于故意还是过失。在侵害名誉权案件中，过失侵权占相当比例。在过失侵害名誉权案件中，多数又都是通过广播、电视及报纸杂志、互联网等新闻媒体侵权。这类侵权行为具有传播范围广、对公众影响大等特点，对受害人的名誉损害也就更严重。如果不以侵权行为论处，侵权人不承担侵权责任，受害人的合法权益就无法得到全面保护。

在民法典生效前，原《民法通则》第 101 条规定了名誉权及其典型侵权方式的内容，即“禁止用侮辱、诽谤等方式损害公民、法人的名誉”。其后，《最高人民法院关于贯彻执行〈中华人民共和国民法通则〉若干问题的意见（试行）》对以书面、口头等形式宣扬他人的隐私损害他人名誉和捏造事实公然丑化他人人格损害他人名誉的行为予以规制。接着，《最高人民法院关于审理名誉权案件若干问题的解答》继续将新闻报道严重失实，致他人名誉受到损害的行为明确为侵害名誉权的行为。本条规定的侵害名誉权的典型行为是侮辱和诽谤，以下对侵害名誉权的常见具体方式进行梳理。

1. 诽谤。诽谤是各国立法公认的侵害名誉权行为。通常认为，诽谤是指通过向第三者传播虚假事实而致使他人社会评价降低，非法损害他人名誉的行为。诽谤的方式分为两种：一是口头诽谤，即通过口头语言将捏造的虚假事实加以散布，使他人名誉受到侵害。二是文字诽谤，即通过文字把捏造的虚假事实进行散布，败坏他人名声。这两种诽谤侵权方式，既可以构成对自然人名誉权的侵害，也可以构成对法人名誉权的侵害。对自然人进行诽谤一般表现为：出于忌妒或报复而捏造并散布有损他人名誉的虚假事实；在新闻报道中捏造有损他人名誉的虚假事实；在文学作品中编造损害他人名誉的虚假情节等。对法人进行诽谤一般表现为：捏造并散布有损法人名誉的虚假事实；侵权单位以公函或广告虚构事实，诽谤法人声誉，在电视、广播、报纸、互联网等新闻媒介的报道中虚构事实，损害法人名声等。

间接诽谤也构成侵害名誉权的侵权责任。间接诽谤是指媒体的新闻报道虽意在褒扬他人，但因事实、情节等与真实人物的经历不相符合，造成该他人的社会评价明显降低的行为。诽谤的内容包括一切有损于他人名誉的事实，如诬蔑他人犯罪、品德不良、素质能力不高、企业形象不佳等均是。判断的标准是，某种言论如果经社会中具有正常思维能力的成员判断，会有损于他人的名誉，该言论即为诽谤。诽谤无需较大范围的散布，以第三人知悉为最低限度。

2. 侮辱。侮辱是使对方人格或名誉受到损害，蒙受耻辱的违法行为。诽谤只包括语言的方式，侮辱既可以是以行为方式进行，也可以是以语言方式进行。当侮辱是以语言方式进行时，二者之间的区别是，诽谤是无中生有，“无事生非”；而侮辱则是将现有的缺陷或其他有损于人的社会评价的事实扩散、传播出去，以诋毁他人的名誉，让其蒙受耻辱，为“以事生非”。

语言分为三种形式，即口头语言、书面语言和动作语言。动作语言是依靠身体做出某种动作而表达特定的思想，也属于语言的范畴。曾经有人认为口头语言是思想而不是行为，因而不应承担法律责任，这是不正确的。思想是存在于人的头脑中的意念，并没有表达出来，当然不是行为。把思想用语言形式表达出来，超出了思想的范畴，成为具体的行为。同样，将思想通过书面的文字和身体的动作表达出来，也是具体的行为，三者之间并没有质的差别。以语言形式侮辱他人，多指口头语言形式。书面语言的形式，如以贴大字报的方式侮辱他人，同样可以构成名誉侵权。以口头语言动作语言侮辱他人人格的，应当具备“达到一定程度”的条件才能构成侵害名誉权，不能稍有侮辱他人人格的言辞就以侵害名誉权处理。达到一定程度，可以从语言的激烈程度看，也可以从语言的内容看，还可以从造成的后果看。此外，法律保护名誉权不受侵犯，当然包括犯过错误的人。利用他人曾经的错误行为来侮辱他人，也能够构成侵害名誉权。

3. 新闻报道失实。《最高人民法院关于审理名誉权案件若干问题的解答》第7条第4款规定因新闻报道严重失实，致他人名誉受到损害的，应按照侵害他人名誉权处理。其判断标准，就是新闻报道是否失实，失实的报道是否造成了受害人名誉权的损害。相反，对于正当的报刊发表文章进行舆论监督，内容真实或基本真实，则不构成名誉权侵权。这一规定已被民法典人格权编第1025条所吸收固定。

4. 媒体未尽合理核实义务。媒体对其报道转载、传播的文章、言论、图片、视频等，应尽到合理核实义务。如未尽到合理核实义务，或者没有采取相关技术措施以保护当事人的，构成侵权。这种侵权行为是不作为侵权，媒体违反了应尽的合理核实义务。如果新闻材料提供者或者通讯员具有过错，但媒体已尽审查、说明义务，即使造成损害，媒体亦不承担责任，应当由新闻材料提供者或者通讯员承担侵权责任。民法典人格权编第1025条对此种情形进行了规定。

5. 文学作品使用素材不当。创作文学作品时，故意用小说等文学作品侵害他人名誉权的，为诽谤。作者使用素材不当，损害生活原型人的名誉权的，也构成侵害名誉权。民法典人格权编第1027条中对此种情形进行了规定。

6. 无证据而错告或诬告他人。故意无证据而错告他人，造成被告发人的名誉权损害的，构成侵害名誉权。处理这种无证据而错告他人的侵害名誉权案件，应认真处理举证责任问题。

对于所告事实的真实性应当由被告证明。按照举证责任转换的规则，在原告举证以后，应由被告对所持的答辩理由予以举证。被告要反驳原告的起诉，就必须证明原告确有所告的事实，不然其答辩就难以成立。如果被告证明原告确有所告的事实，则原告应当承担相应的法律责任，原告须承担败诉结果。如果被告证明不了原告确有所告的事实，则被告败诉，原告胜诉。

在一般情况下，有一定的证据或怀疑有一定根据的控告，经查不实，为错告，可以不承担侵权责任。但错告他人又四处扩散，侵害他人名誉的，构成侵害名誉权。这是因为，第一，错告，主观上只是过失，而无侵害他人名誉权的恶意。错告以后又四处扩散，如果是追求败坏被告发人声誉后果的，则在主观上具有恶意。第二，错告，接受告发的是组织或领导，一般不会向外扩散；错告以后又四处扩散，就使所告不实的事实扩散到组织、领导以外的范围，与散布谣言、诽谤他人的侵害名誉权行为相似，客观上造成了侵害他人名誉权后果的，构成侵害名誉权。

分清诬告还是错告的标准是：第一，诬告应当具有明确的动机和目的，主观上有陷害他人的故意；错告在主观上是善意的，并无侵害他人名誉权的意图。第二，诬告的客观方面表现为捏造事实，向有关机关进行虚假告发；错告则是由于告发人情况掌握不准而使告发失实，可能是因道听途说，或者告发的事情中途发生变化，或者告发人的分析判断错误等。

对于诬告，造成了侵害他人名誉权的结果，构成侵害他人名誉权的民事责任，严重的还应追究刑事责任。对于错告，一般不构成侵害名誉权责任；但错告者将错告内容不仅反映给有关组织，而且向其他人扩散，造成被告发人名誉损害结果的，应承担民事责任。

7. 批评失当。新闻批评和文艺批评失当，都构成侵害名誉权。判断新闻批评是否失当、构成侵权，基本依据是事实是否真实和是否存在侮辱他人人格的内容。批评所依据的事实基本真实，没有侮辱他人人格的内容的，不构成媒体侵权。批评所依据的事实基本属实，但有侮辱他人人格的内容，使他人名誉受到损害的，构成媒体侵权。批评所依据的事实失实且批评者负有责任，使他人名誉受到损害的，构成媒体侵权。

媒体的评论缺乏事实依据或严重不当，并有恶意借机侮辱、诽谤的，也构成侵权责任。评论的对象在一般情况下应限定于特定的制度、事件或作品本身，以及人的行为，不应任意扩大其评价范围。评论依据的事实虽然基本真实，但故意断章取义、不合逻辑，恶意得出不公正结论或基于明显的利益关系进行不当推测的，构成侵权。媒体批评失当的情形在民法典人格权编第1025条进行了规定。

文艺批评失当，构成侵害名誉权。在涉及媒体文艺评论的媒体侵权案件中，应当特别考虑文艺批评的特点、表达自由与舆论监督、名誉权及信用权与消费者及投资者等的知情权的平衡保护，慎重认定侵权，除非能够证明文艺评论的作者或媒体在报道中存在明显的利益关系，恶意诽谤、诋毁损害名誉、信用等情形，否则不构成媒体侵权。

8. 侵害死者的名誉。死者的名誉是指死者根据其生前的属性和特征而获得的社会评价。人的死亡意味着生命的终结，失去了人们对其进行评价的前提，但死者生前的行为和表现却未随其肉体和精神的消亡而消亡。因为死者生前的行为和表现作为一种客观事实，仍存在于人们的意识中，对这些行为和表现，人们是能够进行评价的。因此，死者的名誉实际上是死者生前的名誉。关于死者名誉的法律保护，最高人民法院曾经发布两件复函性的司法解释，即 1989 年 4 月 12 日《关于死亡人的名誉权应受法律保护的函》和《关于范应莲诉敬求祥等侵害海灯法师名誉权一案有关诉讼程序问题的复函》。此后《最高人民法院关于审理名誉权案件若干问题的解答》第 5 条对死者人格利益保护的具体方式以及请求权主体作了规定，并延续成为民法典人格权编第 994 条。

对于侵害名誉权的赔偿范围的确定，应与损害事实相协调。具体而言，应当从以下三个方面掌握：第一，从侵害情节考虑。侵害情节较重，造成严重后果的，应当予以赔偿。从情节上看，主观上具有故意，如为泄私愤或图报复，以及具有其他恶劣动机、目的，侮辱、诽谤他人，败坏他人声誉的，或者因重大过失造成上述精神损害的，也应视为较重情节。从手段上看，使用的手段比较卑劣，无中生有、栽赃陷害、编造不堪入耳的谣言、绘制不堪入目的图片、当众羞辱等，都属情节较重的手段。从后果上看，败坏了受害人的声誉，致使受害人痛苦不堪，或者致使家庭和睦受到影响，或者晋职、升级受到妨碍，或者其形象、声誉受到损害。第二，从受害人的谅解程度考虑。精神损害赔偿的目的之一，在于慰藉受害人的精神创伤。在具体的案件中，如果责令加害人承担非财产责任后，受害人能够谅解，就说明受害人的精神创伤已经平复，可以不予以赔偿。具备前项情节而受害人不予谅解的，应当予以赔偿。第三，从加害人认错态度考虑。侵害名誉权的加害人能够认识错误，如果也取得了受害人的谅解，说明已经达到了教育的目的，可以不予以制裁。如果受害人谅解而加害人仍不认识错误，则不能因为受害人精神创伤的平复而对违法行为不予以制裁，仍应责令加害人承担赔偿责任。在上述三个标准中，第一个是基本的，是确定赔与不赔的主要标准。第二个和第三个是依据第一个确定应赔以后，可以不赔的条件。

关于侵害名誉权损害赔偿的数额的确定，既不能确定一个统一的标准“一刀切”，又不能完全任意判决。应当根据下述不同情况确定不同的计算标准：第一，自然人之间的或自然人侵害法人并未获利的精神损害赔偿，其数额的确定，可采用“斟定法”，制定若干个不同的赔偿数额幅度，斟酌案情确定之。第二，法人侵害法人、法人侵害自然人的精神损害赔偿，以及自然人侵害他人人格权而获得利益的，可以参照侵权期间所获得的利益确定赔偿数额。确定侵害名誉权精神损害赔偿数额应当适当，既不能过高，又不能过低。有的案件判决赔偿当事人精神损害的数额太低，既不能补偿损失，又不能制裁违法，还会使法院的判决失去严肃性，损害了精神损害赔偿的社会价值观念。

【案例评注】

张某诉俞某某网络环境中侵犯名誉权纠纷案[①]

基本案情

原告张某以“红颜静”为网名，在e龙西祠胡同网站登记上网，并主持和管理一个讨论版块。被告俞某某以“华容道”为网名，在同一网站登记上网。“红颜静”“华容道”在西祠胡同网站登记的都是真实网友级别。2000年11月19日，西祠胡同网站中的“紫金山下”讨论版块和“一根红线”讨论版块组织网友聚会。通过聚会，网友间互相认识，并且互相知道了他人上网使用的网名。俞某某除以“华容道”的网名参加真实网友的活动外，还在e龙西祠胡同网站以“大跃进”为网名登记，其级别为该网站的注册网友。

2001年3月4日，在e龙西祠胡同网站的相关讨论版块上，“大跃进”发表《记昨日输红了眼睛的红颜静》一文，文中在描述“红颜静”赢牌和输牌时，使用了“捶胸顿足、如丧考妣、耍赖骂娘、狗急跳墙”等侮辱性言辞。3月7日，“大跃进”发表《我就是华容道，我和红颜静有一腿》一文。4月30日，“大跃进”又发表《刺刀插向〔小猪寂寞〕的软肋》一文，文中有“本文所指的软肋就是一个千夫所指、水性杨花的网络三陪女；网络亚色情场所的代言人；中国网友男女比例严重失调的畸形产物——红颜静”等言辞。5月8日至5月9日，“大跃进”在网上跟帖中，又重复了上述侮辱性言辞。5月29日，“大跃进”在《我反对恶意炒作“交叉线性骚扰”事件!》帖中，使用了“这让我想起红颜静这个假处女……”等言辞。5月31日，“大跃进”在《红颜静！你敢动老子一个指头，一切后果自负!》一文中称，“你一不能出台挣钱，二不能为兄弟上阵出头，你要是投胎一男的，顶多是当一小白脸”。上述帖子的点击数均达数十次至上百次。2001年3月4日，原告张某针对以“大跃进”网名发表的文章，也在e龙西祠胡同网站的“接触无限”讨论版块上，以“红颜静”的网名发表了《大跃进=华容道》一文。该文章还在e龙西祠胡同网站的其他讨论版块上发表过，文中有攻击“大跃进”的言辞。

---

① 《最高人民法院公报》2001年第5期案例。

法院判决

法院认为，名誉是社会上人们对公民或者法人的品德、声誉、形象等各方面的综合评价。《中华人民共和国民法通则》第一百零一条规定："公民、法人享有名誉权，公民的人格尊严受法律保护，禁止用侮辱、诽谤等方式损害公民、法人的名誉。"公民的名誉权受法律保护，任何人均不得利用各种形式侮辱、毁损他人的名誉。

网络是科技发展的产物，对人类社会的进步具有不可低估的推动作用。网络空间尽管是虚拟的，但通过网络的一举一动折射出来的人的行为，却是实实在在的。全国人大常委会在《关于维护互联网安全的决定》第六条第二款中规定："利用互联网侵犯他人合法权益，构成民事侵权的，依法承担民事责任。"网络空间作为现代社会传播媒介，既是人们传播信息和交流的场所，更是一个健康有序的活动空间，应当受到道德的规范和法律的制约，绝不能让其发展为一些人为所欲为的工具。利用互联网侮辱他人或者捏造事实诽谤他人，侵犯他人合法权益构成侵权的，应当承担民事责任。

本案原告张某、被告俞某某虽然各自以虚拟的网名登录网站并参与网站的活动，但在现实生活中通过聚会，已经相互认识并且相互知道网名所对应的人，且张某的"红颜静"网名及其真实身份还被其他网友所知悉，"红颜静"不再仅仅是网络上的虚拟身份。知道对方真实身份的网友间，虽然继续以网名在网上进行交流，但此时的交流已经不局限于虚拟的网络空间，交流对象也不再是虚拟的人，而是具有了现实性、针对性。俞某某通过 e 龙西祠胡同网站的公开讨论版块，以"大跃进"为网名数次发表针对"红颜静"即张某的言论，其间多次使用侮辱性语言贬低"红颜静"即张某的人格。俞某某在主观上具有对张某的名誉进行毁损的恶意，客观地实施了侵犯他人名誉权的行为，不可避免地影响了他人对张某的公正评价，应当承担侵权的民事责任。

《中华人民共和国民法通则》第一百二十条第一款规定："公民的姓名权、肖像权、名誉权、荣誉权受到侵害的，有权要求停止侵害，恢复名誉，消除影响，赔礼道歉，并可以要求赔偿损失。"被告俞某某侵犯了原告张某的名誉权后，张某要求其停止侵害、消除影响、赔礼道歉，于法有据，应当支持。关于原告张某主张的精神损害抚慰金，根据《最高人民法院关于确定民事侵权精神损害赔偿责任若干问题的解释》第八条第二款的规定，可以判令被告俞某某赔偿。鉴于知道"红颜静"即张某的人数有限，侵权行为造成的实际影响在范围上有一定局限性，考虑到张某在被侵权后也曾在网上对俞某某发表过不当言论等因素，对张某主张赔偿1万元的请求不予支持，具体赔偿数额由法院酌定。法院判决：一、被告俞某某停止对原告张某的名誉侵害，并于本判决生效之日起3日内，在e龙西祠胡同网站上向张某赔礼道歉。二、被告俞某某于判决生效之日起3日内，向原告张某支付精神损害抚慰金1000元。

专家点评

本案裁判时，我国民法典尚未生效，裁判中主要适用原《民法通则》第101条进行名誉权侵权判断。民法典人格权编第1024条的规定基本延续了原《民法通则》第101条的规定，侮辱和诽谤依然是侵害名誉权的典型形态。本案虽发生于网络环境之中，但互联网非法外之地，其作为现代社会传播媒介，既是人们传播信息和交流的场所，更应是一个健康有序的活动空间，应当受到道德的规范和法律的制约。随着互联网行业的迅猛发展，利用信息网络侵害权利人人身权利的案件不断发生，本案就是较早发生在我国的利用互联网侵害名誉权的案件。本案中，被告故意通过在互联网论坛发帖的形式多次发布针对原告的具有侮辱性和不实性的言论，贬损原告人格，该行为于发布于网络之时就已经公之于众，并被不特定多数人所知悉，造成了原告名誉的现实损害，应认定为侵害名誉权的行为，承担相应的民事责任。基于网络侵权案件的易发性、损害后果扩散快、异地管辖等特点，最高人民法院于2014年发布了《关于审理利用信息网络侵害人身权益民事纠纷案件适用法律若干问题的规定》，对关涉利用信息网络侵害他人姓名权、名称权、名誉权、荣誉权、肖像权、隐私权等人身权益引起的纠纷案件的相关问题进行了规定，是实践中裁判此类案件的重要法律渊源，可与民法典人格权编第1024条配合适用。

第一千零二十五条 行为人为公共利益实施新闻报道、舆论监督等行为，影响他人名誉的，不承担民事责任，但是有下列情形之一的除外：

（一）捏造、歪曲事实；

（二）对他人提供的严重失实内容未尽到合理核实义务；

（三）使用侮辱性言辞等贬损他人名誉。

【条文释义】

本条是对新闻报道、舆论监督等影响他人名誉免责以及除外条款的规定。

正当的新闻报道和舆论监督等行为，具有社会正当性，是合法行为，也是新闻媒体履行批评职责的正当行为。媒体在新闻报道和舆论监督等正当的新闻行为中，即使发生了对他人名誉造成影响的后果，也不构成侵害名誉权，不承担民事责任。例如，批评某食品企业卫生条件不好、督促其改进，对其名誉有一定的影响，但是不构成侵害名誉权，而是正当的舆论监督行为。

新闻报道，即对新闻的报道，是对新近发生的事实通过媒体进行传播的行为。所谓舆论，是指多数人的共同意见；舆论监督是公众利用舆论表达的形式对国家、社会事务进行监督检查的做法。前者侧重的是对新闻的传播，基本功能是反映事实、传递信息，告知民众正在发生的事实；后者侧重的是公众意见的公开表达，以公共利益为基础，以公共事务为对象，基本功能是表达意见以形成对公共事务的监督约束。部分情况下，新闻报道也可以起到舆论监督的作用，即新闻舆论监督，通过新闻的方式进行舆论监督。新闻报道的主体一般是媒体，随着信息传播技术的不断发展，当下对媒体的理解不仅应包括传统的广播、电视、报纸、杂志，也应包括网页、轻媒体、自媒体等新兴媒体类型。舆论监督的主体可以是自然人，也可以是法人和非法人组织，媒体就是常见的进行舆论监督的主体。

我国支持行为人合理实施新闻报道、舆论监督等行为，合理实施新闻报道、舆论监督的正当性来自我国的政体属性和公民的表达自由。一方面，根据我国《宪法》第 2 条的规定，中华人民共和国的一切权力属于人民；人民依照法律规定，通过各种途径和形式，管理国家事务，管理经济和文化事业，管理社会事务。合理进行新闻报道、舆论监督就是公民参与管理国家社会事务的重要方式之一。同时，根据我国《宪法》第 41 条第 1 款的规定，我国公民对于任何国家机关和国家工作人员，有提出批评和建议的权利；对于任何国家机关和国家工作人员的违法失职行为，有向有关国家机关提出申诉、控告或者检举的权利，但是不得捏造或者歪曲事实进行诬告陷害。在进行新闻报道、舆论监督的过程中应允许行为人有合理范围内的表达偏差，从而鼓励公民和媒体进行新闻报道和舆论监督；相反，若对合理新闻报道、舆论监督的尺度要求过严，要求行为人在新闻报道、舆论监督过程中不能有任何失误、不得对新闻报道、舆论监督中涉及的人的名誉有任何不良影响，不仅起不到舆论监督的作用，而且会打击公民参与新闻报道、舆论监督的热情。另一方面，根据我国《宪法》第 35 条的规定，我国公民有言论、出版、集会、结社、游行、示威的自由，这些表达自由也要求对于公民进行的合理的舆论监督行为，要求媒体客观自由地报道新闻，对此民法典通过本条表现了其肯定态度，这是民法对于宪法规定的基本权利在民事领域的落实。

在新闻报道和舆论监督等新闻行为中，如果存在法定情形，则构成侵害名誉权。本条第2款规定的情形有：

1. 行为人捏造、歪曲事实。这种情形是故意利用新闻报道、舆论监督而侵害他人名誉权的行为。捏造事实是无中生有，歪曲事实是不顾真相而进行歪曲。这些都是故意所为，性质恶劣，构成侵害名誉权。

2. 对他人提供的严重失实内容未尽到合理核实义务。新闻媒体负有真实报道事实的职责，在报道事实时必须准确，不能以虚假新闻侵害他人的名誉权，对报道事实负有核实义务。这个核实义务是作为的义务。新闻媒体未尽核实义务，造成新闻失实，构成不作为的侵权行为。未尽合理核实义务而使事实背离真相，是过失所为。其实不只是对他人提供的失实内容未尽核实义务，即使是媒体自己采制的新闻，未尽必要注意义务而使新闻事实失实，同样也构成侵害名誉权的行为。在判断媒体是否尽到合理核实义务时，应当区分媒体作品是新闻类、纪实类还是文学类等具体体裁，以及该媒体是传统媒体还是网络等新媒体，对媒体的合理核实义务进行界定。传统媒体对媒体从业人员撰写发表报道或文章，负有较高的核实义务。原始登载媒体的核实义务高于转载媒体，但转载媒体并不免除核实转载报道真实性的义务。媒体的合理核实义务不因新闻材料提供者或者通讯员的文章内容真实性承诺以及网站采取自动转载技术而免除。

3. 相关内容过度贬损他人名誉。在新闻报道、舆论监督中，虽然没有上述两种情形，但是其内容过度贬损他人名誉，对他人人格有损害的，也构成侵害名誉权的行为。

以上行为都是实践中媒体侵权的典型方式，其共性在于存在不同程度的报道失实行为。在对媒体侵权的判断中，报道是否失实是重要标准。判断报道是否失实，应注意：第一，媒体故意歪曲事实或进行不实报道，或者因过失未尽合理核实义务导致报道不实的，都是内容失实的行为，即本条第1项和第2项规定的内容。第二，判断报道失实的标准是事实基本真实，报道内容基于一般人的认识能力判断，有可以合理相信为事实的消息来源作为依据，即可认定为真实报道。对于涉及公共利益的案件中，构成名誉侵权应要求侵权人存在主观恶意。第三，报道或言论确有失实的，应当区分主体失实和细节失实。细节失实一般不会影响受众对人或事本身是非善恶的判断评价。但细节构成媒体报道重要组成部分，且存在诽谤、侮辱他人内容的，也应认定为侵害名誉权。第四，媒体在刊登、转载文章时，虽未对文章内容进行实质修改，但擅自添加、修改文章题目，题目与内容严重不符，发生了误导公众产生错误认识后果的，构成侵权。

【案例评注】

徐某诉《某文化艺术报》、赵某某侵害名誉权纠纷案[①]

基本案情

1987 年 10 月下旬，《上海青年报》社举办“上海青年金秋文艺晚会”，邀请原告徐某参加演出。因该文艺晚会系营利性质，派人与徐某商谈演出事宜时，说明可给演员一定报酬。徐某表示，给多少都无所谓，你们看着办。当时双方都未明确约定演出报酬数额。徐某参加演出后，《上海青年报》社自行决定并给付了徐某演出报酬。不久，上海《团的生活》记者赵某某在有关单位举办的青少年问题研讨会上，听到有关徐某来沪演出要价问题的发言后，撰写了《索价》一文，投给《某文化艺术报》。该报在编稿时，预料该文发表后会给徐某的名誉带来侵害，但未向有关单位调查核实，仅将文章题目中的徐某姓名删掉，将“索取”改成“索价”，把文中徐某改为“老山英模”，于 1987 年 12 月 18 日在该报“文化透视”栏目中公开发表。文章称：“当一家新闻单位邀请一位以动人的歌声博得群众尊敬爱戴的老山英模参加上海金秋文艺晚会时，这位英模人物开价 3000 元，少 1 分也不行。尽管报社同志一再解释，鉴于经费等各种因素酌情给付报酬，但他始终没有改口。”文章发表后，多家报刊相继转载，并发表评论文章，致使该文广为流传，徐某因此受到多方指责。为此，徐某曾委托律师与《某文化艺术报》进行磋商未果。徐某认为《索价》一文事实严重失实，许多报刊转载、评论，广大读者信以为真，严重损害了其名誉，给其工作和精神造成极大压力和痛苦。请求《某文化艺术报》和赵某某立即停止侵害，公开登报澄清事实，消除影响，恢复名誉，赔礼道歉。对因名誉权受到侵害所造成的精神损害，不要求二被告赔偿。但是，因诉讼开支的交通、住宿、聘请律师等费用共计 3700 元应予赔偿。

法院判决

法院认为，公民依法享有名誉权，公民的人格尊严受国家法律保护。被告赵某某对无事实依据的传闻，不作调查核实，撰文给《某文化艺术报》。《某文化艺术报》编稿时，已预料《索价》一文的发表会对徐某名誉带来侵害，但对事实不

① 《最高人民法院公报》1990 年第 4 期案例。

经核实，在隐去原告姓名后予以发表，在社会上产生了不良影响。依照《中华人民共和国民法通则》第一百零一条的规定，二被告的上述行为，侵害了原告的名誉权。二被告否认其侵权行为理由不足。依照《中华人民共和国民法通则》第一百二十条第一款的规定，原告要求停止侵害，消除影响，恢复名誉和对因诉讼造成的直接经济损失要求赔偿，是合理的，应予支持。根据二被告的侵权事实，赵某某应承担一定责任，《某文化艺术报》应承担主要责任。对造成的精神损害，原告不要求赔偿，应予准许。

专家点评

本案是我国改革开放初期关于名誉权侵权认定的典型案件，裁判时原《民法通则》第101条关于名誉权的规定是此类案件的主要裁判规范。民法典人格权编第1024~1026条承袭了原《民法通则》有关名誉权的内容，应成为民法典生效后新的裁判规范。本案中，赵某某将徐某部分行为写成文章发表于《某文化艺术报》的行为，属于新闻报道的范畴，《某文化艺术报》作为新闻媒体负有民法典人格权编第1025条规定的合理核实义务。就赵某某而言，其写作明显与事实不符的新闻内容并发表的行为构成不实新闻报道，属于侵害名誉权的行为；就《某文化艺术报》而言，其作为新闻媒体，在选用稿件的过程中没有进行必要核实，没有发现赵某某文章存在不实报道的问题，将与事实不相符合或完全背离的事实作为新闻报道的对象，才导致了徐某的社会评价降低，属于新闻媒体未尽合理核实义务导致受害人名誉受损的行为，构成名誉权侵权。

此外，本案发生于我国改革开放初期，经济的蓬勃发展使得经济收入一度过分成为对于人价值高低的评价标准，本案体现了对于诚实守信和不慕名利品格的价值肯定，在个案中对于名誉概念内涵的丰富做出了贡献。

第一千零二十六条 认定行为人是否尽到前条第二项规定的合理核实义务，应当考虑下列因素：

（一）内容来源的可信度；

（二）对明显可能引发争议的内容是否进行了必要的调查；

（三）内容的时限性；

（四）内容与公序良俗的关联性；

（五）受害人名誉受贬损的可能性；

（六）核实能力和核实成本。

【条文释义】

本条是对新闻媒体承担合理核实义务的规定。

“合理核实义务”是本编第1025条第2项规定的媒体负有的义务。其中，网络媒体对自己采制的报道负有合理核实义务，对于他人在自己的网络平台上发布的信息，原则上不承担合理核实义务，只是负有民法典侵权责任编第1194～1197条规定的义务。

确定媒体在新闻报道和舆论监督中合理核实义务的因素是：

1. 内容来源的可信度。如果是权威消息来源，则不必进行核实，不核实不构成媒体侵权责任。《最高人民法院关于审理名誉权案件若干问题的解释》第6条对此作出了规定，即“新闻单位根据国家机关依职权制作的公开的文书和实施的公开的职权行为所作的报道，其报道客观准确的，不应当认定为侵害他人名誉权”。由此，权威消息来源成为我国媒体侵权的抗辩事由，本条规定是对该司法解释的继承。

2. 对明显可能引发争议的内容是否进行了必要的调查。如果应该调查而未调查，为未尽合理核实义务。这是因为明显可能引发争论的内容相比一般的新闻内容对于被报道者的名誉有更高的侵害风险，此类内容一旦被报道就极有可能导致被报道人的名誉遭到严重贬损，媒体应对此类内容有更高的注意义务，进行必要核实。

3. 内容的时限性。时限性是新闻的基本特征之一，但是不同的新闻类型对于时限性的要求有所不同，部分新闻丧失时限性即丧失新闻价值。对于必须及时报道、不及时报道将会损害公众知情权、丧失新闻价值的新闻，媒体所负的合理核实义务应轻于一般新闻。

4. 内容与公序良俗的关联性。与公序良俗具有相当关联性的，应当履行合理核实义务，关联性大的所负义务就相应更重。

5. 受害人名誉受贬损的可能性。新闻报道或者舆论监督的内容即使发表，受害人名誉的贬损可能性不大的，不认为是未尽合理核实义务；受贬损可能性越高，媒体就应越谨慎，所负的合理核实义务就越重，注意程度就越高。

6. 核实能力和核实成本。一是媒体的核实能力，如需要专业调查甚至侦查才能核对属实的新闻，媒体显然做不到。二是审查成本过巨，得不偿失，也不必苛求媒体必须核实。

不符合上述任何一个要求的新闻报道、舆论监督，未尽合理核实义务，造成内容失实，侵害了受害人的名誉权的，都应当承担民事责任。

主张自己已尽合理核实义务而免责的主体是新闻媒体。按照“谁主张，谁举证”的一般诉讼证据规则要求，新闻媒体认为自己在新闻报道、舆论监督中已尽合理核实义务的，应当证明自己符合上述规定的要求，没有过失，即可免责，否则可以认定为侵害名誉权。

【案例评注】

某会（北京）公司诉某报社名誉权纠纷上诉案[①]

基本案情

某报社于2012年6月15日出版的《新京报》第A14、A15版刊登了一篇针对世界奢侈品协会的批评文章（以下简称涉案文章），文章标题为“‘某会’被指皮包公司”，作者为某报社记者刘甲。文章使用皮包公司顶着“世界”名头、打着“协会”旗号等表述，对所谓的全球奢侈品管理机构某会提出质疑，并通过引用来自化名人物“唐路”的秘密爆料的负面信息，质疑某会的运营模式、内部管理，包括“某会使用的红酒品牌涉嫌假冒”“某会举办的唐山展会涉嫌品牌造假、跑车被提前开走”“某会发布的奢侈品数据涉嫌网上搜集”“某会涉嫌雇佣日本咖啡店女老板冒充奢侈品官方发布会的日方发言人”等。

为证明涉案文章中化名人物唐路所述为真实消息来源，某报社向法庭提交了唐路的采访录音，经比对，涉案文章中唐路所述内容基本来自该采访录音。该采访录音时长4个多小时，录音中，唐路主动表达的意识较强且表述流利连贯，对记者刘甲的询问一直较为配合，未表现出勉强或拒绝态度。通过刘甲询问，唐路详细讲述了其在某会中国代表处工作期间参与唐山展会、奢侈品官方发布会等事件的经历，表达了自己的感受，并转述了部分同事的意见。但唐路在采访中自称在某会中国代表处工作时间较短，未签订劳动合同且被拖欠工资，还与欧阳某发生过矛盾。为证明唐路并非虚假爆料者，某报社提交了唐路的真实身份田某某的工作名片、身份证复印件、书面证言以及公证视频。田某某的工作名片显示田某某是世界奢侈品协会中国代表处大型会议经理。在书面证言和公证视频中，田某某认可其曾接受刘甲针对某会相关情况的采访，并认可涉案文章中“唐路”所述

---

① 审理法院：一审法院为北京市朝阳区人民法院，案号：（2013）朝民初字第21920号；二审法院为北京市第三中级人民法院，案号：（2014）三中民终字第07694号。

出自其本人，但田某某拒绝出庭作证。某会（北京）公司不认可田某某曾为某会（北京）公司或某会代表处工作人员，并称田某某是涉案文章中提到的网友“花总丢了金箍棒”（真实姓名为吴某）所收买的虚假爆料者，而吴某此前曾敲诈勒索某会（北京）公司。为证明其主张，某会（北京）公司申请证人王某某、崔某某、孙某某、刘某某出庭作证。上述证人均称吴某和刘甲收买田某某作为虚假爆料者恶意栽赃某会。但是，对于涉案文章提到的2011年在河北唐山国际会展中心举办的第一届唐山国际奢侈品展、《2011年某会官方报告蓝皮书》发布会等活动，某会（北京）公司均认可系某会（北京）公司筹办，对于涉案文章提到的唐山展会上跑车被提前开走的事，某会（北京）公司予以认可，但称是因买主预订。

另查，某会注册于美国特拉华州，性质为corporation，注册日期是2008年7月29日。其公司章程称某会是美国非企业经济组织，是目前全球最大的奢侈品研究与贸易促进国际组织。某会（北京）公司称其系某会在中国的代理机构，并提交了双方签署的世界奢侈品协会中国地区独家代理协议。某会（北京）公司认可涉案文章中提到的某会中国代表处就是指某会（北京）公司，该机构没有注册。北京市工商行政管理局东城分局于2013年7月18日以某会（北京）公司所提交的商标注册证复印件、《企业住所（经营场所）证明》为虚假材料为由作出行政处罚决定书，吊销了某会（北京）公司营业执照。

某会（北京）公司认为，某报社在没有任何法律依据的情况下，使用皮包公司这样的负面称谓，引用各种来源不明的不实信息，公然丑化某会（北京）公司业务形象，意欲引导公众对某会（北京）公司所代理的业务不信任，造成某会（北京）公司是皮包公司的负面形象，损害了某会（北京）公司的名誉，故要求判令某报社停止侵权行为，出具书面道歉函、撤稿函，并赔偿某会（北京）公司经济损失100万元。

法院判决

法院认为，现有证据表明涉案文章内容与某会（北京）公司具备直接关联性，某会（北京）公司有权就涉案文章提起名誉权诉讼。关于涉案文章是否构成对某会（北京）公司名誉权的侵害，法院认为，涉案文章虽多处引用来自化名人物唐路秘密爆料的负面信息，但记者对秘密爆料者唐路的采访录音表明采访过程真实可信，某会（北京）公司用以证明唐路系虚假爆料者的证人证言明显与事实不符，不能证明唐路即田某某系被收买的虚假爆料者。尽管唐路的爆料内容均系负面信息，但部分内容经记者调查核实属实，且爆料涉及的展会、奢侈品发布会等均真实存在，作为相关活动的实际承办方，某会（北京）公司并未就爆料内容涉及的展品来源、官方发布会数据统计、发布会报告人聘请等相关内容提供相反证据，从举证责任分配的角度，难以将秘密爆料者唐路的爆料内容认定为虚假信息。而涉案文章对中国注册的某会网站、某会的域外注册信息、组织性质、组织规模以及在其他国家是否有代表机构等涉及某会真实面目的内容进行了实地调查并提出质疑，其质疑并非空穴来风。涉案文章提出的"'某会'的真实面目到底是什么，网友的质疑是否合理，其后，随着记者调查，一个由中国人注册的、顶着'世界'名头，打着'协会'旗号的'皮包公司'逐渐浮出水面"系有依据的评论意见，皮包公司的用语虽尖锐，但不构成侮辱。涉案文章通过记者调查并引用多方意见参与对某会现象的关注和讨论，是行使媒体舆论监督权的行为。文章整体的批评基调和尖锐用语符合批评性文章的特点，不应因此否定作者写作目的的正当性。通读文章上下文并综合全案证据，可以认定，涉案文章不构成对某会（北京）公司名誉权的侵害。

专家点评

本案涉及了使用匿名信息来源的内容进行新闻报道是否构成名誉权侵权的问题。民法典人格权编第1024～1026条构建了我国媒体进行新闻报道的侵权认定模式，第1025条提出了新闻报道不能失实以及新闻媒体具有合理核实义务，第1026条对新闻媒体是否尽到了合理核实义务进行了要素化的分析，第1026条第1项规定了内容来源的可信度应成为新闻媒体是否尽到了合理核实义务的考虑因素之一。但这并不意味着，在新闻报道中使用匿名消息或来源不能最终明确的消息，必然构成名誉权侵权。内容来源的可信度成为新闻媒体是否尽到了合理核实义务的应考虑因素之一，意味着信息来源越确定、越权威，新闻媒体的合理核实义务就越轻甚至不用负该义务；对匿名消息和来源不确定的信息，其应当承担更重的合理核实义务。按照"谨慎人"的标准，新闻媒体对不同渠道的消息来源，应当按照其权威性和可靠性程度的高低决定直接引用、进一步核实还是避免使用。同时，使用匿名消息来源的新闻报道是否失实的认定，应注意正确适用举证责任分配规则，不宜简单地以媒体拒绝披露消息来源人的真实身份或消息来源人拒绝出庭作证为由，对媒体作出不利推定。本案中，虽然存在部分消息新闻媒体未披露消息来源人、部分消息来源人未出庭作证，但是文章基本事实属实且评论正当，不应认定为侵权报道，裁判结果值得肯定。

第一千零二十七条 行为人发表的文学、艺术作品以真人真事或者特定人为描述对象，含有侮辱、诽谤内容，侵害他人名誉权的，受害人有权依法请求该行为人承担民事责任。

行为人发表的文学、艺术作品不以特定人为描述对象，仅其中的情节与该特定人的情况相似的，不承担民事责任。

【条文释义】

本条是对文学、艺术作品侵害名誉权责任的规定。

确定文学、艺术作品侵害名誉权责任，应当依照本条前后两款规定的不同来确定：（1）以真人真事或者特定人为描述对象的作品。任何人发表的文学、艺术作品，凡是以真人真事或者特定人为描述对象的，由于其描述对象确定，只要在作品的内容中包含侮辱、诽谤等内容，对被描述的对象名誉权有损害的，就构成侵害名誉权，受害人享有名誉权请求权，可以请求作者承担侵害名誉权的民事责任。对此，关键是确定作品是否描述真人真事或者特定人。如果使用的是真实姓名，容易确定，这就是特定人。如果没有使用真实姓名，其判断标准是，基本人格特征、基本生活工作经历是否相一致，如果具有上述一致性，可以认定为描述的就是真人真事。（2）不以特定人为描述对象的作品。如果行为人发表的文学、艺术作品不是以特定人为描述对象，仅是其中的情节与该特定人的情况相似的，不符合主要人格特征和主要生活工作经历的一致性原则，就不属于真人真事，不认为是对所谓的受害人名誉权的侵害，不应当承担民事责任。

本条规定来源于《最高人民法院关于审理名誉权案件若干问题的解答》中第9问关于“因文学作品引起的名誉权纠纷，应如何认定是否构成侵权”的内容。最高人民法院对此问题的回答，确定了描写的“特定人”标准，并被本条所继承。具体而言，对于描写真人真事的文学作品，对特定人进行侮辱、诽谤或披露隐私损害其名誉的；或者虽未写明真实姓名和住址，但事实是以特定人为描写对象，文中有侮辱、诽谤或披露隐私的内容，致其名誉受到损害的，应认定为侵害他人名誉权。对真人真事的描写本身就是对特定人的描写。对于不是以生活中特定的人为描写对象，撰写、发表文学作品，仅是作品的情节与生活中某人的情况相似，不应认定为侵害他人名誉权。同时，最高人民法院还一并对出版编辑单位的义务作出要求，即编辑出版单位在作品已被认定为侵害他人名誉权或被告知明显属于侵害他人名誉权后，应刊登声明消除影响或采取其他补救措施；拒不刊登声明，不采取其他补救措施，或继续刊登、出版侵权作品的，应认定为侵权。这个规定被延续转化入民法典人格权编第1028条。

【案例评注】

王某某诉刘某及《女子文学》等四家杂志编辑部侵害名誉权纠纷案[①]

基本案情

1985年1月18日，河北省《秦皇岛日报》发表了长篇通讯《蔷薇怨》（该文《人民日报》于1985年3月2日予以转载），对原抚宁县农机公司统计员王某某与不正之风斗争的事作了报道。之后，上诉人刘某根据一些人的反映，认为该文失实。刘某自称“为正视听，挽回《蔷薇怨》给抚宁带来的严重困难”，于1985年9月撰写了“纪实小说”——《特号产品王某某》。文章声称“要展览一下王某某”，并使用“小妖精”“大妖怪”“流氓”“疯狗”“政治骗子”“扒手”“造反派”“江西出产的特号产品”“一贯的恶霸”“小辣椒”“专门的营私者”“南方怪味鸡”“打斗演员”等语言，侮辱王某某的人格，并一稿多投，扩大不良影响，使王某某在精神上遭受极大打击，在经济上受到损失。

刘某将她的作品投送几家杂志编辑部。《女子文学》以《好一朵蔷薇花——“特号产品王某某”》为题，发表在该刊1985年第12期上，发行50835册，付给刘某稿酬220元。《法制文学选刊》以《好一朵蔷薇花》为题，全文转载了上述作品，发行478000册，付给《女子文学》编辑部编辑费80元，付给刘某稿酬159元。《江河文学》编辑部将刘某作品原稿内容作了某些删节后，以《特号产品王某某》为题，发表在该刊1986年第1期上，发行1000册，付给刘某稿酬130元。《文汇月刊》编辑部将刘某原稿中王某某的姓名和地名作了更改，对部分侮辱性语言作了删节，以《黄桂英浮沉记》为题，发表在该刊1986年第1期上，发行12万余册，付给刘某稿酬192元。为此，原告王某某向石家庄市中级人民法院提起诉讼，认为刘某和发表、转载刘某作品的《女子文学》等四家杂志编辑部，侮辱了她的人格，侵害了她的名誉权，并造成了严重后果，要求刘某及四家杂志编辑部承担法律责任，停止侵害，赔礼道歉，消除影响，赔偿损失。

---

① 《最高人民法院公报》1989年第2期案例。

法院判决

人民法院认为，被告刘某利用自己的作品侮辱原告王某某的人格，侵害她的名誉权；而且将作品投给几家杂志编辑部发表，进一步扩散侵害原告名誉权的影响。刘某的上述行为，给原告及其家属在精神、工作和生活上造成严重后果，在本案中应负主要责任。

被告《女子文学》编辑部在发表刘某作品时，对文中侮辱性内容不仅未予删节，而且增配贬损原告名誉的标题和插图，扩大了不良影响，其行为侵害了原告的名誉权，造成了严重后果，在本案中应负主要责任。

被告《法制文学选刊》编辑部，转载了刘某的上述作品，发行数量较大，影响面较广，侵害了原告王某某的名誉权，应负相应的责任。

被告中国水利电力文学艺术协会所属的《江河文学》编辑部，发表了刘某的上述作品，侵害了原告王某某的名誉权；但发行数量较小，并向原告进行了赔礼道歉，应负一定责任。

被告《文汇月刊》编辑部，发表了刘某的上述作品，侵害了王某某的名誉权；但发表时更改了题目和原告的姓名，删去了部分侮辱性语言，影响较小，应负一定责任。

根据上述事实和各被告的责任，原告王某某依照《中华人民共和国民法通则》第一百二十条第一款的规定，要求停止侵害，恢复名誉，消除影响，赔偿损失，是合理的，应予支持。依照《中华人民共和国民法通则》第一百三十四条的规定，各被告应分别承担民事责任。

据此人民法院判决：被告刘某，《女子文学》编辑部、《法制文学选刊》编辑部、《文汇月刊》编辑部及中国水利电力文学艺术协会应承担侵害原告王某某名誉权的责任，停止侵害，并在原发表侵害原告名誉权作品的刊物上，刊登道歉声明（道歉声明须经法院审核），为王某某恢复名誉，消除影响，鉴于《江河文学》已经停刊，可免除中国水利电力文学艺术协会此项责任。被告刘某赔偿王某某1400元；被告《女子文学》编辑部赔偿1000元；被告《法制文学选刊》编辑部赔偿500元；被告中国水利电力文学艺术协会赔偿400元。

专家点评

本案是我国司法实践中发生较早的，通过发表文艺作品从而构成侵害名誉权的案件。案件裁判时，主要适用原《民法通则》第101条有关名誉权的规定。民法典生效后，民法典人格权编第1024～1028条成为保护民事主体名誉权的主要规定。本案中，刘某针对王某某撰写文学作品《好一朵蔷薇花——“特号产品王某某”》，属于以真人真事或者特定人为描述对象撰写文学艺术作品的行为。该作品中，含有“小妖精”“大妖怪”“流氓”“疯狗”等一系列侮辱诽谤性内容，属于民法典人格权编第1027条规定的侵害他人名誉权的行为，受害人王某某有权依法请求该行为人承担民事责任。若本案发生在民法典生效后，就本案其他媒体被告而言，对于其是否构成侵权行为的认定，应适用民法典人格权编第1025～1026条的规定，对其是否尽到合理核实义务进行判断，主要是看其是否有节选刊登和删除侮辱诽谤性内容的做法。杂志发行量大小与发表后是否有主动赔礼道歉的情节，也被考虑进了认定侵权的过程。

第一千零二十八条 民事主体有证据证明报刊、网络等媒体报道的内容失实，侵害其名誉权的，有权请求该媒体及时采取更正或者删除等必要措施。

【条文释义】

本条是媒体对报道内容失实负有更正和删除义务的规定。

本条适用的前提是报刊、网络等媒体报道的内容失实。判断是否失实的标准是是否达到新闻真实。根据《最高人民法院关于审理名誉权案件若干问题的解答》以及承袭其规则的民法典人格权编第1025条和第1026条，新闻媒体在报道消息的时候，应当承担合理核实义务。该义务应当达到的程度，就是事实基本真实，新闻报道如果达到了事实基本真实的程度，应当认为新闻媒体已经尽到了合理核实义务，就不存在侵权问题。新闻真实就是事实基本真实。但应注意，事实基本真实不是基本事实属实。新闻真实也不是法律真实和客观真实，后两者是证据法所使用的概念。客观真实就是客观发生的事实，法律真实是证据所能够证明的事实，是对案件事实的高度盖然性的证明，并不能保证证据所证明的事实能够完全还原于客观真实，那是永远也不可能做到的。法院裁判尚且只能基于高度接近但可能不与客观真实完全一致的法律真实进行法律适用，对于新闻媒体报道自然不能以法律真实甚至客观真实为标准，即使要求也是做不到的，所以新闻真实即事实基本真实的规定是合理的。在实践中，判断事实是否基本真实可用合理相信为标准。一个记者经过采访、调查或者亲身经历，能够使自己确立合理相信，就达到了事实基本真实的标准。建立合理相信事实基本真实，一般应当具备的条件是：（1）新闻媒体揭示的事实主要经过、主要内容和客观后果基本属实，不是虚构、传言或者谣言等，在主要问题上不存在虚伪、不实情形；（2）新闻媒体确有证据证明，可以合理相信这个事实是真实的；（3）新闻媒体进行的报道和批评具有善良目的，不具有侵害他人人格权的恶意和重大过失。

这一规定与本编第1025条第2项规定相衔接。报刊、网络等媒体报道的内容失实，侵害他人名誉权的，不适用第1025条第2项规定，负有的义务是更正和删除（还应当包括道歉等义务）。不履行该作为义务，拒不更正、道歉或者删除的，构成不作为的侵害名誉权行为，要承担侵权责任。因此，受害人“有权请求该媒体及时采取更正或者删除等必要措施”，这也是具体的民事责任方式，是停止侵害和恢复原状在媒体侵权中的具体体现，除了更正和删除，本条的“等”字应被理解为还包括其他可以消除影响、恢复名誉、赔礼道歉的责任方式，因为民法典人格权编第995条第2款已将其均列为人格权请求权对应的责任方式。根据本条规定，对于媒体报道失实侵害名誉权的行为，受害人有两个层次的请求权。当受害人发现报刊、网络等媒体报道存在内容失实侵害名誉权的行为时，可以基于名誉权请求权先直接向媒体请求采取更正或者删除等措施，如果媒体直接履行则其人格权恢复到圆满状态；若其不履行相应措施，则构成侵权责任，受害人可以基于侵权请求权请求法院责令媒体履行相关措施。

本条规定的更正删除义务，在理论上属于媒体更正或答辩的义务。更正或答辩的义务，是指定期或不定期的新闻出版物，在发表、出版不当新闻后，应当在邻近的下期或近期的出版物上刊载更正或受害人答辩、辩驳的文字，以澄清事实、说明真相，向相关人及读者致歉的义务。各国新闻立法普遍规定新闻机构的更正义务，准许不实新闻的受害人进行答辩或辩驳。《国际新闻自由公约草案》还专设了第二公约，即《国际新闻错误更正权公约草案》。

理论上，更正权的权利主体一般为与该事项有关的本人或直接关系者；如果新闻涉及的人已死亡，死者的子女、配偶、父母、兄弟姐妹等亲属也可以作为权利主体。本条只规定了受害人是申请更正删除的主体；对于受害人死亡的，可以适用民法典人格权编第994条关于死者人格利益保护的条款扩大申请更正的主体范围，即受害人配偶、子女、父母有权依法请求更正删除；死者没有配偶、子女并且父母已经死亡的，其他近亲属有权依法请求更正删除。更正的责任主体，即发表错误新闻、构成侵权的媒体机构。关于更正的具体方法，国际立法经验和理论上一般认为，更正声明应刊登在造成过失的文字的同一部位，采用同样型号的字体，作同样的版面处理，包括使用同类标题。本条虽未规定更正的具体方式，但是媒体实施的更正和删除行为应以起到更正效果为标准，具体方式应与之前侵权的范围相匹配。更正期间，各国规定略有不同，一般规定日报为3日以内，期刊为下一期，均为接到受害人请求后计算，本条在更正期间上依循原《侵权责任法》的立法习惯，使用了“及时”作为期限标准，是较为灵活的富有弹性的处理方式，基本适应此类案件复杂情况。此外，有立法例在规定上述更正的权利义务的同时，还规定了拒绝更正的诉讼程序，当事人对更正发生争议，可以向法院起诉，由法院依法裁判；根据本条规定如果受害人与媒体就是否发生侵权发生争议，媒体在收到受害人更正删除请求后认为不应履行，受害人可以向法院提起诉讼。

本条规定了新闻单位与受害人之间更正的权利义务关系，规定这一条文的必要性在于，媒体的更正道歉义务原本是新闻媒体法应当规定的内容。由于我国没有制定这种法律，因此对于媒体行为的法律调整只能由民法承担。本编规定了第1025条、第1026条和本条，等于给媒体的行为规范划出了界限，起到了新闻媒体法的作用，有利于保护民事主体的合法权益，保护好媒体的新闻报道和新闻批评的权利，捍卫新闻真实性原则，维护新闻机构的尊严，平衡权利保护和媒体监督的利益关系，同时也有助于在媒体侵权中引导受害人追求精神权利损害以精神救济方法解决，防止对财产赔偿的过分追求，有利于推动社会的进步。

【案例评注】

某医疗保健用品公司诉某工商报社、某省医疗器械公司侵害法人名誉权纠纷案①

基本案情

1987年11月间，某工商报社（以下简称工商报）派记者赵某某前往某省医疗器械公司（以下简称省医疗公司）采访。该公司经理许某向赵某某介绍了西北电管局职工医院从某医疗保健用品公司（以下简称某公司）购买的200多万元医疗器械设备，其中许多大型设备存在质量问题，某公司还以高出国家牌价的价格销售商品等问题，赵某某根据上述采访内容，写出《应加强对医疗器械产销监督的管理》的新闻稿，经工商报编辑部审核后，刊登于1988年3月18日的《工商报》上。该文见报后，某公司向工商报反映上述报道失实。工商报向省医疗公司反映了这一情况。省医疗公司就此问题致函工商报编辑部，函称：“文发表后反映较好，文中所提的一些主要论点都是……国家所规定的一致政策和法规。具体

① 《最高人民法院公报》1990年第2期案例。

内容也是基本属实的，至于个别文字上有出入，不属实质性问题。我们欢迎贵报今后多发表这方面的文章……”由于该报道在工商报上的发表，有的用户不再向某公司订货，有的用户终止了同某公司的购销合同，使某公司遭受了一定的经济损失。西北电管局职工医院从原告处所购的大型医疗器械设备，均经过专业技术人员验收，符合产品质量标准，亦未发现原告有高出国家牌价出售商品的问题。原告诉至法院请求恢复名誉，赔偿损失。

法院判决

被告工商报对记者赵某某撰写的批评稿件，未经核实便在报纸上点名批评被上诉人某公司，致使报道内容失实，给某公司名誉造成损害，其行为侵犯了某公司的名誉权，应当承担民事责任。上诉人省医疗公司对他人反映的情况，未经核实，随意提供给报社；特别是文章见报后，明知某公司有不同意见，还向报社致函追认所反映的情况基本属实，亦属侵权行为。

专家点评

本案是我国司法实践中发生较早的媒体不实报道导致名誉侵权的案件，裁判时适用的是原《民法通则》关于名誉权保护的相关条文。就本案事实而言，工商报未经核实便在报纸上点名批评被上诉人某公司产品存在质量问题，而经过专业检验，该公司产品并不存在问题，报社报道与事实不符，已构成报道内容失实，可以适用民法典人格权编第 1028 条的规定，某公司可以向工商报请求更正或者删除相关报道，若工商报不予更正或删除，某公司可提起诉讼。该失实报道导致被报道公司业绩下滑、声誉受损，给其名誉造成损害，构成名誉权侵权，同时也损害了被报道人的经济利益，工商报不仅应承担更正删除等民事责任，还应承担相应的损害赔偿责任。案件裁判时，我国对于媒体侵权的规则尚不完善，该法院有先见性地裁判判定侵权后受害人有权请求该媒体及时采取更正或者删除等必要措施，对我国媒体侵权类案件的裁判有一定影响，为后续名誉权相关司法解释的制定以及民法典人格权编第 1028 条的制定奠定了一定基础。

第一千零二十九条　民事主体可以依法查询自己的信用评价；发现信用评价不当的，有权提出异议并请求采取更正、删除等必要措施。信用评价人应当及时核查，经核查属实的，应当及时采取必要措施。

【条文释义】

本条是对信用权的变通规定。

对于信用权，原《民法通则》没有规定，采取适用名誉权的规定进行间接保护，即用保护名誉权的方法保护信用权。事实上，信用权是一个独立的具体人格权，与名誉权不仅基本内容不完全相同，保护的程度和方法也有所不同。本编虽然没有直接规定信用权，但是通过本条的变通规定，实际上规定了信用权。

信用权的客体是信用。信用是民事主体包括自然人、法人、非法人组织对其所具有的经济能力在社会上获得的信赖与评价。信用的主观因素是民事主体的经济能力。这种经济能力是一个很宽泛的概念，包括经济状况、生产能力、产品质量、偿付债务能力、履约态度、诚实守信的程度等。概言之，经济能力是经济方面的综合能力，不涉及政治态度和一般的道德品质。信用的客观因素是社会的信赖和评价，信用的客观表现是一种评价，这种评价是社会的评价，而不是自己的评价。信用是民事主体主观能力与客观评价的结合。一方面，关于经济信赖的社会客观评价不会凭空产生；另一方面，民事主体的主观经济能力是该种客观评价的基础和根据。只有这两种因素即主观因素和客观因素的紧密结合，才产生信用。

信用权，是指自然人、法人、非法人组织就其所具有的经济能力在社会上获得的相应信赖与评价所享有的保有和维护的具体人格权。信用权与名誉权有很多相似之处，如权利性质、权利主体、权利客体的客观属性等，都是一致的。但信用权也有其自己的特点。信用权的客体即对主体的社会评价具有单一性。信用是信用权的客体，信用的基本内容是关于经济能力的社会评价，仅此而已。而名誉权的客体则是关于主体的人格的综合评价，范围较广，内容复杂。信用权还包含对主体的信赖因素。信用权不仅包括对主体的经济能力的社会评价，而且包括对主体的信赖因素，而名誉权则只包括对主体的一般社会评价。例如，信用受到侵害，有时并不表现为名誉利益受到侵害，而只表现为公众信赖的降低，如此，则只损害信用而不损害名誉，其原因就是信用利益包含经济信赖，名誉利益不包含这种因素。信用权包含明显的财产利益因素。信用权虽然是人格权，是非财产权，但因其是关系到对主体经济能力评价的权利，故信用利益包括两部分：一部分是精神利益，另一部分则是财产利益。该种财产利益并非直接的财产利益，而是含于其信用利益之中，在具体的经济活动中能够转化为财产利益。损害信用利益，也会造成严重的财产利益的损失。信用权具有明显的财产性，而名誉权则不具有财产性，只是与财产利益有关联。

信用权的权能表现有：

1. 信用保有权。信用是民事主体因自身主观能力与客观的社会信赖、评价结合的产物，虽然不能以自己的力量去强迫社会改变评价、增进信赖，但可以通过自身的努力，影响于社会，保持社会对自己经济能力的信赖，扩大自己的经济影响力，使社会对自己的经济评价获得改进。信用保有权一是主体保持自己的信用不降低、不丧失；二是通过自己增强经济能力，加强诚信履约的努力，而使自己的社会经济评价和信赖感不断向好发展，获得更好的社会经济形象。

2. 信用利益支配权。权利主体就其信用利益可以进行支配、利用。例如，利用自己良好的信用，扩大经济交往，开展经济活动，以获得更好的社会经济效益，创造更多的社会财富，满足自身的经济、文化需要，同时也满足社会的需要。这是信用权主观能动作用的体现。信用利益的支配不是无限的、任意的，它不包括信用的抛弃权，更不得将信用转让他人，也不能作为财产由继承人继承。但是，权利主体可以利用自己的信用为他人谋利益，为他人进行服务。

3. 信用维护权。信用保有权是民事主体对自身信用采取的主观态度，信用维护权则是民事主体就自身信用对他人的要求和态度，维护自己的信用不受外来侵害。信用维护权实际上就是人格权请求权和侵权请求权在信用权上的体现。因此，信用维护权包括两重含义：一是信用权的绝对权属性，要求任何其他人都对自己的信用负有不可侵害的不作为义务，权利主体对自身以外的任何人都享有不得侵害的不作为请求权；二是对于违反法定义务而侵害信用权的行为人，权利人基于其信用维护权，可以寻求司法保护，要求司法机关对侵害自己信用权的加害人进行制裁，救济自己的信用权损害。

侵害信用权的民事责任构成，须具备违法行为、损害事实、因果关系和过错四个要件。

1. 违法行为。侵害信用权的违法行为，首先必须具备有损他人信用的内容。这样的内容包括对主体的经济实力、履约能力及态度、产品质量、经营现状、销售状况等经济能力的贬损、误导以及其他可造成不当影响的事实。这种主张或散布的事实必须是不真实的事实，包括绝对不真实的事实和相对不真实的事实。前者包括故意虚构的事实、自认为真实但不真实的事实、轻信他人主张的不真实事实。后者为行为人所述事实为真实，但对其实质内容未作详细说明，或对事实未作全面报道者。[①] 侵害信用权的行为一般表现为作为的方式，捏造、传播、转述

① 王利明主编：《民法·侵权行为法》，中国人民大学出版社 1993 年版，第 301 页。

流言为主要形式。当行为人负有特定的作为义务时，不作为亦可构成侵害信用权。

2. 损害事实。侵害信用权的损害事实，是侵害信用权行为作用于社会，而导致公众对特定主体经济能力的信赖毁损和社会经济评价的降低，以及由此而造成的财产利益损失。其主要表现为：（1）信用利益的毁害。信用利益的损害包括两个方面，一是社会经济评价的降低，二是公众经济信赖的毁损。这两种损害因素大多是结合在一起的，但有时信赖的毁损单独存在。（2）权利主体财产利益的损失。由于信用是社会经济评价与信赖，直接具有经济利益因素，因而信用利益的损害一般会带来财产利益的损失，尤其对经营者而言，此点更为明显。对于财产利益的损失，应当实事求是地判断。对于经营者的财产利益损失，计算必须确有实据，并应注意扣除自身原因造成财产利益损失的因素。对于一般民事主体的信用损害造成的财产损失，也应依证据确定。侵害信用权的损害事实，一般不含有精神痛苦的损害。法人和其他组织信用损害，不存在精神痛苦的损害。自然人信用损害，限于经济上的损失和信用利益的损害，多不造成精神痛苦。确有造成精神痛苦结果的，也可以确认其有精神痛苦的损害，但应从严掌握。

3. 因果关系。侵害信用权的因果关系较易判断，但应注意的是，违法行为与信用利益损害之间、违法行为与财产利益损失之间，因果关系有不同特点。在违法行为与财产利益损害之间，应以确定的因果关系证明为标准，即后者确实为前者所引起的，才能确认其有因果关系。

4. 过错。损害信用权不能仅限于故意，不论行为人主张或散布有损他人信用的事实是出于故意，还是出于过失，均可构成信用权的侵害。①

一般而言，学理上认为信用损害的阻却违法事由，包括以下几种：

1. 行为人对其所传播的事实不知且不应知其为非真实的。行为人传播的事实虽非真实事实，但由于行为人的消息来源足以使一般人不会怀疑该消息的真实性，行为人即为不应知其为不真实。对此不应知其为非真实而不知，而对该不真实的事实予以传播的，为阻却违法事由，理由是行为人主观上无过错。对此，应当区分行为人的身份特征。一般主体不负有对消息来源具有真实性的事实的特别审查义务，新闻单位发布此类消息，应负事实的审查核实义务，未经审查核实而见诸新闻媒体，不得以其不知且不应知其为非真实事实而抗辩，造成信用损害后果的，是过失的不作为行为，应与新闻发布单位一起共同承担侵害信用权的责任。

---

① 王利明主编：《民法·侵权行为法》，中国人民大学出版社 1993 年版，第 301 页。

2. 因有利益关系或负有义务而为通知的。行为人为维护自己的正当权益，或者为履行自己的义务，向第三人通知其有损他人信用的事实的，构成阻却违法事由，否定侵害信用权责任的构成，不承担侵权责任。

3. 依照职责反映权利主体负面信用情况的。这是依法执行职务行为，为正当的阻却违法事由，不构成侵权责任。构成这种阻却违法事由，一是要确有此职责，二是通过正当的渠道反映。

4. 通过正当渠道向有关部门反映情况的。向有关部门反映某主体的信用情况，只要反映者是经正当渠道、正当程序进行反映，尽管其反映的情况不够真实，也不构成侵害信用权，如消费者投诉。

本条规定主要是针对征信机构及信用权人的权利作出的规定。我国是重礼仪、守信用的国家，“仁义礼智信”是传统道德。但是近百年来，诚信道德和诚信秩序受到破坏，因此必须加强征信系统建设，维护诚信道德和诚信秩序。在本条生效前，此方面法律关系主要由《征信业管理条例》规定。《征信业管理条例》确立了从事征信业务及相关活动的基本原则，即应当遵守法律法规，诚实守信，不得危害国家秘密，不得侵犯商业秘密和个人隐私。根据《征信业管理条例》，信用信息主体享有以下权利：

1. 获取和知悉自身信用信息的权利。信息主体可以向征信机构查询自身信息。个人信息主体有权每年两次免费获取本人的信用报告。向征信机构查询个人信息的，应当取得信息主体本人的书面同意并约定用途。但是，法律规定可以不经同意查询的除外。征信机构不得违反前款规定提供个人信息。

2. 修正不当信用信息的权利。信息主体认为征信机构采集、保存、提供的信息存在错误、遗漏的，有权向征信机构或者信息提供者提出异议，要求更正。征信机构或者信息提供者收到异议，应当按照国务院征信业监督管理部门的规定对相关信息作出存在异议的标注，自收到异议之日起20日内进行核查和处理，并将结果书面答复异议人。经核查，确认相关信息确有错误、遗漏的，信息提供者、征信机构应当予以更正；确认不存在错误、遗漏的，应当取消异议标注；经核查仍不能确认的，对核查情况和异议内容应当予以记载。

3. 投诉权。信息主体认为征信机构或者信息提供者、信息使用者侵害其合法权益的，可以向所在地的国务院征信业监督管理部门派出机构投诉。受理投诉的机构应当及时进行核查和处理，自受理之日起30日内书面答复投诉人。

4. 起诉权。信息主体认为征信机构或者信息提供者、信息使用者侵害其合法权益的，可以直接向人民法院起诉。本条规定强调了信用权人对征信系统享有的以下权利：（1）民事主体可以依法查询自己的信用评价，征信机构不得拒绝；

(2) 发现信用评价错误的，有权提出异议，并要求采取更正、删除等必要措施，以保持对信用权人信用评价资料和评价结论的正确性。

征信机构有权征集民事主体的信用信息，进行加工，供他人使用。这是加强诚信建设所必需的。每一个主体在接受征信机构征集信用信息的同时，也享有权利。《征信业管理条例》也规定了信用机构和相关信用信息提供者的相关权利义务。例如，信息提供者向征信机构提供个人不良信息，应当事先告知信息主体本人。但是，依照法律、行政法规规定公开的不良信息除外。再如，征信机构对个人不良信息的保存期限，自不良行为或者事件终止之日起为5年；超过5年的，应当予以删除。在不良信息保存期限内，信息主体可以对不良信息作出说明，征信机构应当予以记载。本条强调了征信机构也就是信用评价人的以下义务：(1) 接受权利人对自己的信用评价的查询；(2) 对于权利人提出的异议，应当及时核查；(3) 对异议经核查属实的，应当及时采取必要措施，予以纠正，对权利人保持正常的客观、准确评价。

【案例评注】

周某某诉某银行上海分行名誉权纠纷案[①]

基本案情

2009年5月31日，被告某银行上海分行收到一份申请人署名为原告周某某的信用卡开卡申请表，同年6月18日，某银行上海分行审核批准开通了以周某某为户名的涉案信用卡，申请资料中的中银信用卡标准审批表上记载“电话与地址匹配”“已对本人电话核实”，信用卡受理登记表上记载“柜面进件”“亲见申请人递交并签名”“亲见申请材料原件并当场复印”。2009年9月，周某某收到涉案信用卡催款通知，获悉该卡已透支，且逾期未还款，周某某因未办理过涉案信用卡，疑为他人盗用其信息所办，故向公安机关报案。后某银行上海分行多次向周某某电话催收涉案信用卡欠款。因涉案信用卡欠款逾期未还，该卡在周某某的个人信用报告中记载为冻结。2010年7月，为涉案信用卡欠款一事，某银行上海分行与周某某发生纠纷，至上海市浦东新区人民法院寻求救济，次月该院组织双方进行诉前调解。同年11月，某银行上海分行向该院提起（2010）浦民六（商）初字第7068号一案，要求周某某偿还信用卡欠款，后于同年12月撤回起诉。

① 《最高人民法院公报》2012年第9期案例。

2011 年 3 月，周某某的个人信用报告中，关于涉案信用卡的不良信用记录已经消除。

法院判决

认定被告某银行上海分行是否构成名誉侵权，应当根据其有无过错、原告周某某名誉是否受到损害，以及在过错与损害均存在的情况下两者间有无因果关系等因素加以判断。本案中，某银行上海分行于 2009 年 5 月 31 日收到的开卡申请表上申请人签名一栏并非周某某亲笔签名，显然周某某并未亲至某银行柜台申请开通涉案信用卡，而某银行的相关材料上却记载有“亲见申请人递交并签名”“已对本人电话核实”等内容，可见某银行上海分行对涉案信用卡的开通审核未尽到合理的审查义务，存在过错。然周某某名誉是否受到损害，应依据其社会评价是否因某银行上海分行的行为而降低加以判断。本案中，名誉是否受损的争议焦点在于中国人民银行征信系统上的记录是否会降低周某某的社会评价。对此，周某某称征信系统中的不良信用记录对周某某从事商业活动及其他社会、经济活动造成重大不良影响，某银行上海分行则称征信系统中的内容对外保密，不会贬低周某某名誉，结合周某某提供的个人信用报告上记载查询原因系“本人查询”，而某银行上海分行提供的个人信用报告上记载查询原因系“贷后管理”，可见查询者包括信用卡的持卡人和发卡行，至于社会公众能否查询，则无从体现。故周某某主张其名誉因征信系统中的不良记录而受到损害，并未提供充分的证据予以证明，法院难以采信。周某某又称其同事和朋友得知其因信用卡纠纷被银行告上法庭，对其名誉造成了严重的不良影响，对此，法院认为，诉讼系法治社会中解决纠纷的常用、合理手段，周某某名誉不因其被他人起诉而有所损害，故对该主张，法院不予采纳。周某某又称，某银行上海分行侵犯了其姓名权。对此，法院认为虽然某银行上海分行在审核过程中存在过错，该过错与实际开卡人的行为共同导致涉案信用卡未经周某某知情同意就使用了周某某姓名，但根据本案实际情况，某银行上海分行已消除了周某某在征信系统中的不良信用记录，并撤回了催收欠款的诉讼，可见并未造成严重后果。周某某主张 2009 年 9 月就已将信用卡冒用情况告知某银行上海分行，某银行上海分行对此予以否认，周某某亦未提供相应的证据予以佐证，故对该主张，法院难以采信。周某某主张的交通费、律师费，系因周某某处理（2010）浦民六（商）初字第 7068 号案件纠纷而发生，与本案无涉，故本案不作处理。

综上，被告某银行上海分行已采取措施停止侵害，消除了原告周某某的不良信用记录，故周某某以侵害名誉权为由，要求某银行上海分行赔偿损失，并书面赔礼道歉，依据不足，法院不予支持。据此，一审法院依照《中华人民共和国民事诉讼法》第六十四条第一款、《最高人民法院关于民事诉讼证据的若干规定》第二条、《最高人民法院关于确定民事侵权精神损害赔偿责任若干问题的解释》第八条第一款之规定，判决驳回原告周某某的诉讼请求。二审维持原判。

专家点评

本案裁判于民法典生效前，采取了我国之前司法实践中对于侵犯信用权案件的经典裁判思路，即通过认定侵犯名誉权实现对民事主体信用权的间接保护。民法典生效后，对于侵害权利人信用权的案件应适用民法典人格权编第1029条和第1030条的规定，实现对信用权的直接保护。

在本案的裁判中，法院主要从行为人是否具有侵权行为及损害结果两个方面进行侵权认定。周某某个人征信系统中的不良信用记录反映了卡主真实的欠款、信用情况，银行也是依据客观事实报送信用状况而并非捏造；且个人征信系统是一个相对封闭的系统，只有本人或者相关政府部门、金融机构因法定事由才能对其信息进行查询，所以没有构成信用评价的降低，最终判定银行行为不构成侵权。本案的裁判持较为保守的态度，未能充分保障民事主体的信用权，不宜肯定。

民法典生效后，就本案案情而言，周某某可以依据民法典人格权编第1029条维护自己的信用权。具体而言，本案中银行有三个行为：一是在周某某本人没有申请的情况下，以周某某名义办理了该行信用卡；二是在信用卡逾期未还款的情况下，录入了不良信用记录，导致周某某个人信用报告显示冻结；三是对周某某提起因该信用卡逾期未还款的民事诉讼。针对第一个行为，银行作为专业金融机构，在办理信用卡业务时应对办卡者身份进行谨慎审查，本案中其未尽此审查义务才导致周某某在本人未申请的情况下被冒名办理了信用卡。针对第二个行为，周某某发现其信用评价出现错误，有权向银行提出异议并请求采取更正、删除等必要措施，银行应当及时核查，若经核查属实，还应当及时采取必要措施。针对第三个行为，其起诉行为将周某某存在信用不良记录的情况公之于众，产生了周某某社会评价降低的后果。此外，在现代社会，随着我国信用体系的不断建立完善，信用情况成为日益重要的社会评价尺度，个人信息也有更大可能被更多利害关系人所知晓，所以原判决中认为征信系统是封闭系统，存在不良信用记录不会造成社会评价降低的判断在当下或已不能成立。

第一千零三十条　民事主体与征信机构等信用信息处理者之间

的关系，适用本编有关个人信息保护的规定和其他法律、行政法规的有关规定。

【条文释义】

本条是对民事主体与征信机构利益关系的规定。

关于信用权和信用权人与征信机构之间的关系，本编除了第 1029 条规定之外，没有作进一步规定。由于信用权人和征信机构之间的权利义务关系与个人信息权人和个人信息处理者的权利义务关系基本相同，因此规定准用条款，准用本编有关个人信息的规定，以及其他法律、行政法规的有关规定。其他法律包括《网络信息安全法》《关于加强网络信息安全的决定》等，最重要的是正在制定的《个人信息保护法》，以及国务院关于保护个人信息的行政法规的规定。具体而言，根据我国《征信业管理条例》的规定，征信业务是指对企业、事业单位等组织（以下统称企业）的信用信息和个人的信用信息进行采集、整理、保存、加工，并向信息使用者提供的活动。对于国家设立的金融信用信息基础数据库进行信息的采集、整理、保存、加工和提供，以及国家机关和法律、法规授权的具有管理公共事务职能的组织依照法律、行政法规和国务院的规定，为履行职责进行的企业和个人信息的采集、整理、保存、加工和公布，适用特别规则。采集个人信息应当经信息主体本人同意，未经本人同意不得采集。但是，依照法律、行政法规规定公开的信息除外。

征信机构处理信用信息准用的法律规定，在本编中，如第 1035 条规定的处理原则和条件，第 1036 条规定的处理个人信息的免责条款，第 1037 条规定的自然人对信息处理者的权利，第 1038 条规定的信息处理者的义务等，在个人信用信息的处理中都可以适用。

【案例评注】

王某某诉张某某、工程学校、某银行南京分行、某银行信用卡中心侵权纠纷案[①]

基本案情

2006年9月至2007年8月，被告张某某在被告工程学校担任教师。在此期间，原告王某某在工程学校学习。2006年9月，张某某捡到王某某的身份证，在未经王某某同意的情况下，擅自利用王某某的身份证，同时伪造了王某某的收入证明，通过网上认识的李某向被告某银行南京分行职员孙某提交了信用卡申请资料。孙某又将该申请资料邮寄给被告信用卡中心。同年10月，信用卡中心根据张某某提供的申请资料，通过电话方式进行了审核，批准并发放了户主为王某某的涉案信用卡。2007年1月9日，张某某用涉案信用卡恶意透支消费2397.60元，致使王某某的姓名被列入银行不良信用记录。王某某得知后向公安机关报案，此后张某某向银行归还了该笔透支款。2007年10月26日，信用卡中心删除了王某某的银行不良信用记录。

另查明：原告王某某诉称因其姓名被列入银行不良信用记录，导致其工作单位龙特电子公司无法为其办理个人养老保险、医疗保险以及工资卡。但经查证，王某某并没有在龙特电子公司工作，而是在南京麦乐迪KTV工作。经一审法院向南京市劳动保障部门咨询，南京市劳动保障部门明确表示：银行的征信系统并未与劳动保障部门的系统联网，职工的姓名是否被列入银行不良信用记录，不影响用人单位为该职工办理养老保险、医疗保险。

法院判决

法院认为本案的争议焦点包括：（1）被告张某某用原告王某某的身份证、以王某某的姓名办理信用卡，并在使用信用卡时透支消费，导致王某某的姓名被列入银行不良信用记录，其行为侵犯了王某某的何种权利；（2）除直接侵权人张某某外，被告工程学校、某银行南京分行和信用卡中心对于王某某被侵权的后果有无过错，应否承担法律责任等。

---

① 《最高人民法院公报》2008年第10期案例。

第一，被告张某某侵犯了原告王某某的姓名权。《中华人民共和国民法通则》第九十九条第一款规定："公民享有姓名权，有权决定、使用和依照规定改变自己的姓名，禁止他人干涉、盗用、假冒。"据此，姓名权是指公民自由决定、使用和依照规定改变自己的姓名，并禁止他人干涉、盗用、假冒自己姓名的一项民事权利。姓名权与其他人格权相比，具有基础权利的特征。姓名权被侵犯，可能会随之导致其他权利，诸如名誉权等人格权受到损害。因此，在现代经济活动中，姓名权越来越受到人们的重视。

根据本案事实，被告张某某在捡到原告王某某遗失的身份证后，既未将身份证归还原告，也未征得原告同意，而是擅自使用原告的身份证，以原告的姓名申请办理信用卡，其行为即属于盗用、假冒他人姓名、侵犯他人姓名权的民事侵权行为。尽管从结果看，张某某的上述行为还导致王某某的姓名被列入中国人民银行征信系统（即中国人民银行负责组织商业银行建立的个人信用信息基础数据库）的不良信用记录，而该不良信用记录在王某某与其他商业银行发生信贷活动时，其他商业银行均可查阅，必然造成王某某的信用出现污点，增大王某某从事商业交易活动和社会活动的成本，影响社会对王某某作出公正的评价，实际导致王某某的名誉受到损害，但结合案情全面分析，这一结果仍是张某某侵犯王某某姓名权的行为所导致的损害后果，张某某的行为不属于以虚构事实或其他侮辱、诽谤、贬损他人人格的手段侵犯他人名誉权的行为。

第二，被告信用卡中心在涉案信用卡申办、发放过程中没有尽到合理审查义务，对于原告王某某被侵权的后果具有过错，应当承担相应的法律责任。根据本案事实，被告张某某在实施涉案侵权行为时虽系被告工程学校的教师，但张某某在本案中的行为并非受工程学校指派而为的职务行为，而是其个人行为，与工程学校无关。故工程学校对于原告王某某被侵权的后果不应承担法律责任。

被告张某某将其伪造的原告王某某收入证明等信用卡申请资料交给其网上认识的朋友李某，李某又将该申请资料交给被告某银行南京分行的职员孙某，孙某又将该申请资料以邮寄方式提交给被告信用卡中心。孙某虽系某银行南京分行的员工，但其接受和转递涉案信用卡申请资料是出于为朋友帮忙，完全是其个人行为，并非履行银行交办工作的职务行为。虽然孙某出于对朋友李某的信赖，没有对涉案信用卡申请资料进行审核，即直接将该申请资料提交给信用卡中心，但考虑到孙某仅是为朋友帮忙，没有审核的义务，且其个人行为与某银行南京分行无关，故对于王某某被侵权的后果，某银行南京分行不应承担法律责任。

被告信用卡中心是接受客户申请，为客户开办信用卡的专门机构，负有审核客户提交的信用卡申请资料的义务。根据本案事实，涉案信用卡并非客户本人持有效的身份证件到柜台办理，而是以邮寄资料方式申请开办信用卡。作为专业的信用卡开办机构，信用卡中心完全应当了解现实生活中存在盗用、假冒他人姓名申办信用卡的情况，在客户本人未到柜台的情况下，应当针对申请资料进行合理、有效的审查。但信用卡中心仅仅通过电话方式进行了所谓的核实，即批准并发放了涉案信用卡。正是由于信用卡中心没有尽到合理的审查义务，被告张某某侵犯王某某姓名权的行为得以最终实施成功。因此，信用卡中心对于王某某被侵权的后果存在过错。信用卡中心虽然与张某某不存在共同侵权的故意，但其未尽合理注意义务的过错行为与王某某姓名权被侵犯的后果之间存在因果关系。鉴于信用卡中心与张某某在本案侵权过程中既无共同的主观故意，也不存在其他的意思联络，双方也不存在统一的、不可分割的共同利益，故双方应按照各自过错程度的大小，分别承担赔偿责任。根据本案中王某某姓名权被侵犯的实际情况，酌定由张某某承担80%的赔偿责任，由信用卡中心承担20%的赔偿责任。

专家点评

本案裁判于民法典生效之前，对于信用权的保护也是采取其他具体人格权的方式予以间接保护的。本案对于假冒他人姓名办理信用卡并恶意透支，给他人名誉造成损失的行为，认定为侵害姓名权的行为，确认了将信用权保护纳入姓名权保护的裁判方法，与前案通过保护名誉权间接保护信用权的裁判思路有所不同。这两起经典案件的裁判差异，表明我国司法实践中对于信用利益本身的保护持肯定态度，但是对于保护信用利益的实现路径因没有明确立法请求权基础而有所差异。在民法典生效后，民事主体的信用利益保护有了裁判指引。就本案案情而言，可以适用民法典人格权编第1029条申请信息更正，并通过第1030条适用有关个人信息保护的有关规定，认定侵害信用权的成立。

第一千零三十一条 民事主体享有荣誉权。任何组织或者个人不得非法剥夺他人的荣誉称号，不得诋毁、贬损他人的荣誉。

获得的荣誉称号应当记载而没有记载的，民事主体可以请求记载；获得的荣誉称号记载错误的，民事主体可以请求更正。

【条文释义】

本条是对荣誉权的规定。

对荣誉权，很多人都认为不是一个人格权，也不能规定为人格权，因为它不具有人格权的基本特征。不过，我国原《民法通则》就规定了荣誉权，尽管适用较少，但毕竟还是有保护的必要，且域外民法也有保护的立法例。故本编还是将其规定为具体人格权。

荣誉权的客体是荣誉。荣誉，是指特定民事主体在社会生产、社会活动中有突出表现或者突出贡献，政府、单位、团体等组织所给予的积极、肯定的正式评价。荣誉利益中，不仅包括精神利益，而且包括财产利益，如给予特定民事主体荣誉，不仅包括精神嘉奖，还包括物质奖励。

荣誉与名誉相比，有自己独特的法律特征：(1）荣誉是社会组织给予民事主体的评价而不是一般的社会评价。名誉是社会评价，它的来源是公众，或者是一般的舆论。荣誉不是公众的评价，而是由国家政府、所属单位、群众团体以及其他组织所给予特定民事主体的评价，当然更不是个人的评价。(2）荣誉是社会组织给予的积极评价而不是消极的评价。名誉这种社会评价，既包括积极的褒奖，也包括消极的批评、贬损，还包括不含有褒贬色彩的中性评价。荣誉获得的前提，必须是民事主体在社会生产或社会活动中作出突出的贡献，或者有突出的表现，具有应受褒奖性。只有具备这样的条件，才能获得荣誉，否则就没有获得荣誉的资格。因而荣誉这种评价必须是积极的、褒扬性的评价，一般的评价构不成荣誉，消极的评价更构不成荣誉，而是荣誉的对立面。(3）荣誉是社会组织给予的正式评价而不是随意性评价。名誉是公众的自由评价、随意评价，不受政府、组织和团体的意志所左右。荣誉则不同，它必须是社会组织的正式评价。其内容应具有专门性，即荣誉的内容必须有专门的内容，如劳动模范、优秀演员、学习标兵、战斗英雄、世界冠军，等等，而不能笼统地说某民事主体是“好人”，其形式必须定型化，不能随意而为；其授予或撤销、剥夺必须程序化，严格依照法定的或者议定的程序进行，尤其是荣誉的剥夺，应当依照法定程序进行，否则为侵权。(4）荣誉是民事主体依据自己的模范行为而取得的评价而不是自然产生的评价。名誉是自然产生的，无需民事主体依自己的积极行为而取得，荣誉非依自己的模范行为、突出贡献而不能取得。任何荣誉都不能自然产生。

荣誉权，是指民事主体对其获得的荣誉及其利益所享有的保持、支配、维护的具体人格权。对于荣誉利益的精神利益，权利人的权利内容主要是保持和维护的权利，对于荣誉利益的财产利益，权利人对该财产利益与其他物的权利一样，享有支配权。荣誉权不是获得权而是保持权。荣誉权是每一个民事主体都可以享有的权利，但是这个权利必须在民事主体已经取得了荣誉的时候才有意义。荣誉的获得包括两个因素：一是主体的突出贡献或突出表现，二是组织的承认并授予。荣誉权的基本含义在于对已经取得的荣誉的占有和保持。如果承认荣誉权是获得权或者包括获得权，就等于任何民事主体都有权获得荣誉，当组织没有授予其荣誉时，就可以依其获得权而主张荣誉。荣誉的获得在于组织的授予，而组织授予荣誉，是行政行为或者组织行为，不是民事主体个人依其行为而取得的。

荣誉权的基本属性是人格权，但是也有身份权的性质。第一，荣誉权的来源是基于一定事实受到表彰奖励后取得的身份权。荣誉权原则上不具有固有权的属性，一是，非生而享有，非有卓著的成绩不能取得；二是，尚须由机关或组织正式授予荣誉，而非仅依自己的行为而取得；三是，不仅可以经一定程序而撤销，某些荣誉还可依法定程序而判决剥夺，荣誉一经撤销或依法剥夺，荣誉权人即丧失荣誉权，不再是荣誉权主体。荣誉权的非固有性，表明它基本上属于身份权。第二，荣誉权的基本作用不是维护民事主体人格之必需。荣誉权维护的是民事主体身份利益。荣誉权丧失，一般说来人格不受到损害，人还是一个普通的人，法人还是一个普通的法人，只是没有荣誉而已，况且一个人在一生当中或一个法人在存续期间从未获得荣誉的也比比皆是。荣誉权的作用主要不是维护人格，而是维护民事主体的身份利益，即该荣誉及其利益为该民事主体的身份利益，他人不得享有或侵犯。非法剥夺荣誉权造成荣誉权的损害，损害的是身份利益，即荣誉利益与荣誉权人相分离，使民事主体丧失荣誉及其利益。这证明，荣誉权是身份权。

荣誉权作为自然人和法人、其他组织都享有的具体人格权，其权能主要有：

1. 荣誉保持权。荣誉保持权是指民事主体对获得的荣誉保持归己享有的权利。保持权的客体是荣誉本身，而不是荣誉利益。荣誉的本身，包括各种荣誉称号。保持权的内容包括两项：一是对获得的荣誉保持归己享有，二是要求荣誉权人以外的任何其他人负有不得侵害的义务。荣誉归己享有，体现的是荣誉的独占权，表明荣誉一经获得，即为民事主体终生享有，未经法定程序不得撤销或非法剥夺，也不得转让、继承。荣誉的撤销须依一定的程序，由原授予荣誉的机关或组织依法定的事由而撤销。荣誉的剥夺则由人民法院依照《刑法》和《刑事诉讼法》的规定，以判决方式为之。任何非法撤销、剥夺以及转让、继承荣誉的行为，都是无效的行为，都是对荣誉保持权的否定。荣誉的不可侵犯性，是荣誉保持权的基本内容之一。它不仅要求荣誉权人之外的任何其他人都负有不可侵的法定义务，而且规定任何违反这一法定义务而实施侵权行为的人，发生违反法定义务的后果，即应承担法律责任。其他任何人，指荣誉权人以外的其他所有的人，既包括与该荣誉无关联的任何人，也包括授予荣誉的机关或组织。其他人侵害荣誉权，构成侵权行为，荣誉授予机关或组织在将荣誉授予特定民事主体之后，也受荣誉权民事法律关系的约束，未经法定程序、无法定事由而撤销该荣誉者，亦为侵权行为。本条第2款规定的是荣誉权人的权利，即获得的荣誉称号应当记载而没有记载或者记载错误的，民事主体可以要求记载或者更正。这是荣誉权人对所获得的荣誉享有的保持和维护权利的体现。

2. 荣誉利益支配权。荣誉利益支配权，是指荣誉权人对其获得荣誉中精神利益的自主支配权。荣誉权的精神利益，是指荣誉权人因获得荣誉而享有的受到尊敬、敬仰、崇拜以及荣耀、满足等精神待遇和精神感受。前者是客观的精神利益，后者是主观的精神利益。这些精神利益是荣誉利益的组成部分之一，由荣誉权人专属享有。对精神利益的自主支配是荣誉权的具体权利内容，权利人无需经他人同意或允许。对精神利益的支配，包括对该种利益的占有、控制、利用，但不得将荣誉的精神利益予以处分，如转让他人享有或转让他人利用。精神利益的占有和控制，是权利人保持自己荣誉的重要方面，同时，也是实现自我价值，使自己主观利益得到满足的重要内容。精神利益的使用，是指权利人利用自己的荣誉利益，进行社会活动的权利。这是荣誉权的一项重要的精神利益，受到法律的保护。某知名获奖演员利用其荣誉地位“走穴”，人们可以用道德的标准指责他，但却不能从法律的角度批评他或制裁他，因为其行为完全符合法律的规定，是正常行使权利的行为。

3. 物质利益获得权。荣誉权不具有获得权的内容，是对荣誉本身而言的。当荣誉本身带有物质利益的时候，权利人对此物质利益享有获得权。物质利益获得权就是权利人对于荣誉附随的物质利益所享有的法定取得的权利。荣誉权的物质利益与精神利益不同。荣誉权的精神利益与荣誉本身相伴而生，取得荣誉权就取得了荣誉的精神利益。荣誉权的物质利益并非任何荣誉都有，而应依颁发荣誉的章程或授予机关、组织的规定确定。物质利益获得权，意味着权利人在获得荣誉的情况下，有权依照颁奖的章程或授予机关、组织的规定，就应获得的物质利益主张权利。当颁奖章程或授予机关、组织规定获得某种荣誉即应获得某种物质利益的时候，获奖人在获得该种荣誉时，有权获得相应的物质利益。如果颁奖或授予荣誉的机关或组织授予其荣誉，而没有按章程或规定颁发物质利益时，权利人可依章程或规定，向颁奖或授予荣誉的机关或组织，主张获得该物质利益。故意扣发、不发、少发物质利益的，均构成对荣誉权的侵害，权利人有权寻求司法保护。

4. 物质利益支配权。荣誉权人对于已经获得的物质利益享有支配权。这种支配权包括两种形式：一是完整支配权，二是有限支配权。对于荣誉的一般物质利益的支配权是完整支配权，它的性质是所有权，即自物权。这种物质利益支配权必须明确规定物质利益完全归权利人所有，获得这种物质利益即对该物质利益取得所有权，享有完全的占有、使用、收益、处分权能，权利人对其所有的这些物质利益完全自主支配，不受任何拘束，只需符合法律关于所有权行使的一般规定。在社会上，舆论指责获奖人如体育世界冠军将其所获奖牌出售，从道德的角度上说，不无意义；但从法律的角度上看则毫无道理，因为权利人对于自己所获得的荣誉物质利益享有完全的所有权，自然包括处分的权利。在物质待遇的利益方面，应当区分获得权和支配权。获得权是主张的权利，如定期发给的补贴可按期主张。支配权则是获得权实现后所取得的所有权，是直接决定物质利益命运的权利。对物质利益的有限支配权不具有所有权的属性，只是享有受时间限制的占有权。各种比赛的流动奖杯，获得者享有有限支配权，包括占有权和适当利用权，同时负有妥善保管义务和按时交回的义务。

荣誉权的义务主体是权利人之外的所有自然人、法人和非法人组织，他们都负有不得非法剥夺他人的荣誉称号，不得诋毁、贬损他人的荣誉的法定义务。违反这种不可侵的法定义务，构成侵害荣誉权的行为，应当承担民事责任。侵害荣誉权民事责任构成要件有：

1. 侵害荣誉权的违法行为。侵害荣誉权违法行为的内容，是行为人对荣誉权人的荣誉及其利益造成损害的作为和不作为。这种违法行为的基本方式是作为，即违反荣誉权不可侵义务而侵害荣誉权的积极行为，如非法剥夺荣誉、撕毁荣誉证书等。但不作为亦构成对荣誉权侵害的行为，如扣发应得的奖金、实物，拒绝给予权利人应得的物质利益待遇，都构成不作为的侵害荣誉权行为。这种不作为的侵权行为，其主体必须是颁发、授予奖励、荣誉的机关和组织，且负有给付权利人荣誉物质利益的义务。这种义务是作为的义务。

2. 侵害荣誉权的损害事实。侵害荣誉权的损害事实，是指违法行为侵害荣誉权，造成荣誉及其利益损害的客观事实，是违法行为对荣誉权客体所造成的损害，具体包括：（1）荣誉损害事实。这种损害事实包括荣誉的实质损害和荣誉的形式损害。前者是指国家机关或社会组织未经法定程序、未依法定事由而非法剥夺权利人所获得的荣誉，使权利人丧失了对该荣誉的占有，丧失了对该荣誉的享有权。这是最为严重的侵害荣誉权的后果。后者是指虽然未造成权利人荣誉实质丧失的后果，但违法行为却使权利人对荣誉关系受到了形式上的侵害。这同样构成荣誉权的损害事实，如非法夺去权利人证明荣誉的正式文件，宣称权利人非为荣誉获得人。这种行为，由于行为人不具有剥夺荣誉的资格和能力，只夺去证明文件或口头宣称荣誉无效，在实际上并没有使权利人的荣誉受到实质丧失，只是在形式上受到了损害，这种损害同样为侵害荣誉权的损害事实。（2）荣誉的精神利益遭受损害。荣誉的精神利益损害包括主观精神利益损害和客观精神利益损害。前者是权利人受人尊重的利益遭受破坏，如当众宣称权利人的荣誉是欺骗所得，阻碍权利人以荣誉权人的身份进行社会活动。后者是权利人内心荣誉感遭受破坏，同时伴随着精神痛苦和感情创伤。这两种精神利益的损害应当是一体的，仅有荣誉感的损害不构成精神利益的损害。精神利益的损害，往往导致财产利益的损害。例如，企业的荣誉直接关系其商誉，损害之，可能造成严重的经济损失。(3) 荣誉的物质利益遭受损害。这一损害事实是使荣誉权的物质利益获得权和物质利益支配权受到损害的事实。物质利益获得权的损害，是权利人应得的物质利益由于违法行为的阻碍而没有获得，如奖金、奖品、奖章被扣发、减发或拒发，物质利益待遇不予执行等。物质利益支配权的损害，是行为人的行为使权利人不能对已获得的物质利益进行支配，如非法占有、使用权利人的奖品、奖金、奖杯、奖章等，非法阻碍权利人对物质利益的使用、收益和处分等。这种损害事实相当于对财产权侵害的损害事实。

3. 侵害荣誉权的因果关系。侵害荣誉权的因果关系要件要求侵害荣誉权的损害事实必须是由侵害荣誉权的违法行为所引起的。这两者之间的因果关系判断在实践中比较容易掌握。由于侵害荣誉权既可以造成无形的损害又可以造成有形的损害，既可以造成荣誉本身的损害又可以造成荣誉的精神利益和物质利益的损害，因而判断其因果关系应采用精神损害赔偿和财物损害赔偿因果关系构成的不同标准进行。对于造成物质利益损失的因果关系，必须依证明的方式，未经证明不得认定。对于造成精神利益损害的因果关系可采适当的推定方式，即违法行为和荣誉精神利益损害事实存在，即可认定其间存在因果关系。

4. 侵害荣誉权的过错。侵害荣誉权的过错要件，故意、过失均可构成。故意侵害荣誉权构成侵权责任自不待论。过失侵害荣誉权也可以构成侵权责任。侵害荣誉权的故意，是区别于侵害其他权利尤其是侵害名誉权认定的标志。侵权的故意内容有确定指向的，应以其确定的故意内容认定侵权行为的性质。例如，行为人以侵害荣誉权为目的，散布流言，诽谤权利人的荣誉，虽造成名誉权的损害，但应以侵害荣誉权认定侵权责任。对于过失侵权的性质认定应以后果论，造成荣誉侵权损害的认定为侵害荣誉权，造成名誉侵权损害的认定为侵害名誉权。

实践中常见的侵害荣誉权的行为有：(1) 非法剥夺他人荣誉。这一行为的主体仅限于国家机关或社会组织，多数是与颁奖或授予荣誉的机关为同一单位或有一定联系的单位。这些机关或组织非经法定程序，亦没有法定理由，宣布撤销或剥夺权利人的荣誉。(2) 非法侵占他人荣誉。对于他人获得的荣誉，行为人以非法手段窃取之，或者强占他人荣誉，或者冒领他人荣誉，或者非法侵占他人荣誉的行为，都是侵害他人荣誉权的行为。这种行为既可以机关、组织为主体，也可以自然人为主体。一般而论，侵权人大致要和荣誉权人有一定的联系或关联。(3) 严重诋毁他人所获得的荣誉。对他人获得的荣誉心怀忌妒，趁机报复，向授予机关或组织诬告，诋毁荣誉权人，造成严重后果的，是侵害荣誉权的精神利益的行为，构成侵害荣誉权民事责任。公开发表言论诋毁他人荣誉获得名不副实，宣称他人荣誉为欺骗所得等行为，都是严重侵害荣誉权的行为，应承担侵权责任。(4) 毁损、抢夺权利主体荣誉证书、证物的行为。荣誉证书、荣誉牌匾等都是荣誉的证明和标志，对其进行毁损和抢夺，也会造成荣誉权人的权利损害。(5) 拒发权利人应得的物质利益。对于确有突出贡献的优秀人员，在授予荣誉称号的同时，往往给予较优厚的物质奖励，变相扣发应得物质利益的行为，构成侵害荣誉权民事责任，应当将扣发的奖金予以返还。(6) 侵害荣誉物质利益的行为。对于权利人因获得荣誉而得到的物质利益实施侵害，同样构成侵害荣誉权责任，这种侵权行为应当具有侵害荣誉权的故意。(7) 侵害死者荣誉利益的行为。死者的荣誉利益应当予以延伸保护，即使受害人死亡后获得的荣誉，也应当予以延伸保护。行为人实施侵害死者荣誉利益的行为也构成侵权行为。受到侵害的死者的近亲属提出精神损害赔偿请求的，人民法院应当予以支持，判令侵权人承担责任。

【案例评注】

明某诉某市公安交通管理局龙岗大队荣誉权纠纷案[①]

基本案情

明某于1998年5月20日受聘于被上诉人某市公安交通管理局龙岗大队处任宣传员。1999年5月，某市公安交通管理局龙岗大队根据深圳市公安交通管理局，关于进一步加强宣传报道工作的指示精神，向明某传达了《关于加强宣传报道的通知》，要求明某进一步拓宽宣传思路，加大宣传力度，并按文件的规定进行评功、奖励，即个人全年在新闻单位发稿80篇以上者报立个人三等功，并年终给予奖励人民币2000元。明某根据某市公安交通管理局龙岗大队的要求，全年发稿200多篇，但未能评上三等功，也未受到2000元的奖励。吕某与明某是同事关

① 审理法院：一审法院为深圳市龙岗区人民法院，案号：(2002) 龙法民初字第2855号；二审法院为广东省深圳市中级人民法院，案号：(2002) 深中法民终字第3753号。

系，从事出纳工作，评功当年并未发表宣传稿件，但最终获评三等功。为此，明某曾多次向某市公安交通管理局龙岗大队提出应按《关于加强宣传报道的通知》规定，给其报立三等功，恢复其荣誉未果，双方发生纠纷。后一审法院未支持明某的诉请，明某提起上诉，要求追加吕某、深圳市公安交通管理局为第三人，撤销一审判决，判决被上诉人撤销吕某宣传三等功荣誉称号，授予其本人宣传三等功荣誉，返还奖金2000元并公开道歉。

法院判决

一审法院认为，明某请求2000元奖金属于劳动争议纠纷，按照“先裁后审”的原则，不属本案审理范围，明某可向龙岗区劳动争议仲裁委员会申请仲裁，对于明某主张的侵权救济，由于明某对自己主张的侵权事实，未提供何时、经何机关批准，取得何荣誉的证据加以证实，故不予采信，不予支持，最终判决驳回原告明某的诉讼请求。二审法院认为，荣誉是指特定的公民、法人从特定组织依法获得的积极评价，它是由社会、国家通过特定的机关或组织给予公民、法人的一种特殊的美名或称号。荣誉权是指民事主体对其获得的荣誉及其利益所享有的保持、支配的基本身份权。荣誉权不是民事主体的固有权利，也不是每一个民事主体都可以取得的必然权利，它是民事主体基于一定事实受到表彰奖励后取得的一种身份权，只有实际获得某项荣誉，才能成为荣誉权的主体。也就是说，荣誉权的获得应包括两个方面的因素：一是主体的突出贡献或突出表现，二是有关组织的承认并予以表彰或授予荣誉称号。荣誉的获得在于有关组织的授予，而有关组织授予荣誉是行政行为、组织行为或者有关单位的内部管理问题，不属民事诉讼审查范围。本案上诉人明某未取得宣传三等功这一荣誉，未享有该荣誉权，不存在侵害该荣誉权的前提条件。至于明某是否应当报立宣传三等功（含物质奖励2000元），不属于平等主体间的民事权益争议，不属人民法院主管范围。上诉人明某要求追加第三人的主张，没有足够的事实依据，且其追加深圳市公安交通管理局为第三人的主张，同上理由不能支持。如认为吕某侵占了其宣传三等功的荣誉，则属另一单独法律关系，应另行处理，亦不存在追加第三人问题。故对明某要求追加第三人的主张不予采纳。二审法院判定一审法院作出实体判决不当，应予以纠正，最终撤销一审判决，驳回上诉人明某的起诉。

专家点评

本案是关于荣誉授予产生争议的典型案件。民法典人格权编第1031条规定了民事主体享有荣誉权并受法律保护的条款，适用于因荣誉权产生的民事法律关系。本案中，明某认为自己符合单位公布的评功条件就应该被授予荣誉，认为单位应授予没有授予其荣誉的行为是侵害其荣誉权的行为，这种认识不符合民法典人格权编第1031条的规定。荣誉权的权能是有限权能，荣誉权是荣誉维持权而不是荣誉获得权，针对的是已经被授予的荣誉，保护已经被授予的荣誉不被诋毁、贬损和错误记载。本案中明某尚未被授予三等功的荣誉，对三等功这个荣誉尚未享有荣誉权，所以侵权之说就无从谈起。荣誉的授予是授予荣誉的机关按照一定标准评审筛选并最终确定荣誉授予对象的过程，荣誉授予机关对荣誉评选的标准、评选程序以及最终结果具有决定权，但应该受相关法律法规的约束，符合公开公正的原则。本案中，明某对荣誉授予的最终结果有异议，其维护权利的方式应是与荣誉授予机关交涉，交涉无果的，可以按照相关行政程序提出异议。

第六章　隐私权和个人信息保护

第一千零三十二条　自然人享有隐私权。任何组织或者个人不得以刺探、侵扰、泄露、公开等方式侵害他人的隐私权。

隐私是自然人的私人生活安宁和不愿为他人知晓的私密空间、私密活动、私密信息。

【条文释义】

本条是对隐私权和隐私概念的规定。

隐私权是自然人享有的人格权，是指自然人享有的对与公共利益无关的私人空间、私人活动、私人信息等私生活安全利益自主进行支配和控制，不受他人侵扰的具体人格权。

隐私权的客体是隐私。隐私，一为隐，二为私，前者指权利人不愿意将其公开，后者指纯粹是个人的，与公共利益、群体利益无关。因此，隐私是指与公共利益、群体利益无关的，当事人不愿他人知道或他人不便知道的信息，当事人不愿他人干涉或者他人不便干涉的个人私事，以及当事人不愿他人侵入或者他人不便侵入的私人领域。因此，本条第2款规定，“隐私是自然人的私人生活安宁和不愿为他人知晓的私密空间、私密活动、私密信息”。

私密空间又称私人领域，分为具体的私人空间和抽象的私人空间。具体的私人空间是指个人的隐秘范围，如身体的隐私部位，即生殖器官和性感部位。对于性感部位如女性乳房，一般认为是身体隐私，但在非洲某些地方，则不认其为身体隐私，可公开裸露。除此之外，个人居所，旅客行李，学生的书包、口袋、信件等，均为个人领域。例如，在西方，居所的二楼卧室，为绝对的隐私领域，擅入为严重的侵害隐私权的行为。抽象的私人空间是指思想的空间，专指个人的日记。

私密活动是一切个人的，与公共利益无关的活动，如日常生活、社会交往、夫妻的两性生活、婚外恋和婚外性生活。其中，婚外恋和婚外性生活，考虑到当事人和相关人员的人格尊严，不得向社会公布，但并不排除对当事人进行批评教育。①

私密信息，也称为个人情报资料、个人资讯，包括所有的个人情况、资料。诸如身高、体重、三围、病史病历、身体缺陷、健康状况、生活经历、财产状况、社会关系、家庭情况、婚恋情况、学习成绩、缺点、爱好、心理活动、未来计划、住址、家庭电话号码、政治倾向、宗教信仰、储蓄、档案材料、计算机储存的个人资料等都属于私密信息。

隐私权的主体只能是自然人。企业法人的秘密实际上就是商业秘密，商业秘密不具有隐私所具有的与公共利益、群体利益无关的本质属性；隐私并非全是秘密，而商业秘密则全部是秘密，泄露之，将给企业带来不可估量的损失；商业秘密保护的是企业经济利益，而隐私权保护的是自然人的人格利益。如果将商业秘密认定为隐私权的客体，则企业法人易于借隐私权的理由而掩盖其产品质量低劣、服务水平低下等情况，不利于保护消费者的利益。就其他法人而言，大都具有“公”的性质，是公众的服务机构，如果让这些法人也享有隐私权，就有可能使他们在法律上找到根据，拒绝人民群众的监督、质询，不利于民主建设和廉政建设。

隐私权的保护范围受公共利益的限制。隐私权的保护并非毫无限制，应当受到公共利益的限制。当隐私权与公共利益发生冲突时，应当依公共利益的要求进行调整。因而，隐私权所保护的范围，应是与公共利益无关的个人情报、资料。例如，当涉嫌贪污、受贿等财产犯罪的，个人的财产状况、储蓄情况就必须接受调查；个人的性关系涉嫌犯罪的，也必须接受调查；当进行征兵、招工、招聘模特等活动时，应征、应聘者对个人的身体资讯、隐私器官等，则必须接受检查。在这些情况下，个人资讯就与公共利益有关，因而在一定范围内不得为隐私的内容。

隐私权的主要内容是：（1）对自己的隐私进行隐瞒，不为他人所知的权利；（2）对自己的隐私享有积极利用，以满足自己的精神、物质等方面需要的权利；（3）对自己的隐私享有支配权，只要不违背公序良俗即可。其权能体系与基本内容相匹配，具体表现为：

1. 隐私隐瞒权（维持权）。隐私隐瞒权是指权利主体对于自己的隐私进行隐瞒，不为人所知的权利。对于无关公共利益的隐私，无论是有利于权利主体的隐私还是不利于权利主体的隐私，权利人都有权隐瞒，不对他人言明。这种隐瞒，

① 张新宝：《隐私权研究》，载《法学研究》1990年第3期。

不是不诚实的表现，而是维持自己的人格利益的需要，因为自己的隐私不经隐瞒，一旦泄露出去，将有损自己的人格尊严，使自己羞于见人，难以保护自己的人格利益。

2. 隐私利用权。自然人对于自己的隐私不仅享有消极的隐瞒权，还享有积极的利用权。隐私利用权是指自然人对于自己的个人资讯进行积极利用，以满足自己精神、物质等方面需要的权利。这种利用权是自我利用，而不是他人利用。

3. 隐私支配权。隐私支配权是指自然人对于自己的隐私有权按照自己的意愿进行支配。主要内容是：（1）公开部分隐私。公开个人隐私，应依权利主体决定公开的内容、公开的方式、传播的范围，这是对隐私的处分。（2）准许对个人活动和个人领域进行察知。例如，准许他人在自己卧室居住，准许他人看自己的日记，准许他人知悉自己的身体秘密，准许他人了解个人的经历、病历等。（3）准许他人利用自己的隐私。例如，准许他人利用个人经历创作文学作品，准许他人利用自己的社会关系进行其他活动等。准许他人利用自己隐私的实质，是对自己享有的隐私利用权所作的转让行为。它类似于肖像使用权、名称使用权的转让行为。对于隐私利用权的转让，应以合同形式为主，口头、书面形式不限，有偿无偿凭双方当事人约定。超出约定范围而使用者，为侵害隐私权的行为。至于未经权利人承诺而利用者，为严重侵权行为。

4. 隐私维护权。隐私维护权是指隐私权主体对于自己的隐私所享有的维护其不可侵犯性，在受到非法侵害时，依据人格权请求权和侵权请求权，可以寻求司法保护的权利。

因为隐私的核心是私密性，任何对外宣扬、公布的行为都有可能构成隐私的被破坏，所以相关隐私的问题值得特别关注。相关隐私，是指民事主体之间有着共同内容的隐私。所谓的集体隐私或者家庭隐私，不过都是相关隐私。对于这种隐私，不是由几个人享有的隐私权来保护，而是由相关联的各个人自己所享有的隐私权来保护。对于涉及自己的那一部分隐私，每个权利人都有权进行支配和保护。理论上，对于相关隐私的民法保护应当遵守以下规则：

1. 相关隐私的关系人共同享有、共同支配相关隐私利益。相关隐私事实上就是相关人对相关隐私的共同享有。在确立相关隐私的民法保护规则的时候，应当参考物权法共同共有的规则。这就是说，对于相关隐私应当共同享有，相关隐私的关系人在支配相关隐私利益的时候，应当实行“协商一致”原则，即在原则上，相关隐私的关系人对相关隐私的支配应当一致同意，方能行使对相关隐私的支配权。当然，相关隐私不是共同共有，不是一个独立的隐私权，而是各个隐私权人对自己的那一份隐私利益享有的支配权利。对于相关隐私的支配应当协商一致，共同支配，保障任何与相关隐私有关联的关系人的隐私不受支配相关隐私行为的侵害。

2. 相关隐私的关系人负有对其他关系人的保护注意义务。法律应当确立相关隐私当事人对其他关系人的保护注意义务，以保护相关关系人的隐私权。这种对相关隐私的保护义务，就是对相关隐私关系人的保护注意义务，应当以高度的注意程度即善良管理人的注意义务谨慎行事。其判断标准应当是客观标准，即相关隐私的关系人之一在支配相关隐私时，只要对于其他关系人的隐私有所泄露或者宣扬，即为违反该义务。

3. 支配相关隐私应当征得相关隐私关系人的同意。凡是支配自己的隐私涉及相关隐私时，行为人必须征求相关隐私关系人的同意，以取得对相关隐私的关系人的支配权。否则，即为违反该保护注意义务。例如，以别人写给自己的书信为依据写的回忆录，双方对此都愿意公开，则这些信中涉及的隐私问题，不会造成侵权的结果。如果一方不同意公开，却硬要写出来，那就是对相关隐私关系人隐私权的侵害，构成侵权。如果这封信或者这些信还涉及第三人的隐私，那就不仅要征求双方的意见，还要征求涉及的第三人对于相关隐私的意见。不征求对方和第三人的意见也行，那就要处理好：凡是涉及对方和第三人的隐私问题都要妥善处理，不能泄露他人的隐私。违反相关隐私的保护注意义务，造成对方或者第三人的隐私权损害的，都构成侵权。

4. 相关隐私关系人拒绝同意对相关隐私进行支配的，其他关系人不得支配。处理相关隐私的案件，最基本的原则是行使自己的权利时不能侵害他人的权利。没有征得相关隐私其他关系人即隐私权人的同意，不能就这样的隐私进行公开。相关隐私关系人明确反对对相关隐私进行支配的，其他人不得强制支配。如果对涉及自己的隐私部分进行描写，也必须隐去他人的隐私，只能暴露或者公布自己的隐私部分，否则构成侵权。

5. 支配涉及死者相关隐私的，应当征得死者人格利益保护人的同意。死者的人格利益也受到法律的保护。在涉及死者相关隐私时，其他关系人进行支配也应当注意保护死者的隐私利益，不得非法侵害。死者的相关隐私被非法支配，未经死者的保护人即近亲属的同意，造成死者的隐私利益受到侵害的，其近亲属作为保护人有权进行保护，提出追究侵权行为人侵权责任的请求。

隐私权的义务主体是权利人以外的其他所有自然人、法人和非法人组织。这些义务主体负有的是对自然人的隐私不可侵犯之义务，即不得以刺探、侵扰、泄露、公开等方式侵害他人的隐私权。违反这些义务，构成对隐私权的侵害，应当承担民事责任。侵害隐私权的侵权责任属于一般侵权责任的范畴，须具备侵权责任构成的一般要件，即须具备违法行为、损害事实、因果关系和过错四个要件。

1. 侵害隐私权的违法行为。侵害隐私权的方式一般为作为的方式。隐私权是自然人的人格权，性质为绝对权，任何其他人均负不可侵之义务。该种法定义务是不作为义务，违反该法定义务而作为，即为作为的违法行为。对于私人信息的刺探、私人活动的骚扰、私人领域的侵入以及对私生活秘密的泄露等，均为作为的行为方式。侵害隐私权须具违法性。由于原《民法通则》尚未规定隐私权为具体人格权，之前一般根据《宪法》和原《侵权责任法》确认违法性，本条生效后即可依据本条确认违法性。

2. 侵害隐私权的损害事实。隐私是一种信息、一种活动、一种空间领域，也是一种秘密状态。隐私的损害，表现为信息被刺探、被监视、被侵入、被公布、被搅扰、被干预。这是隐私损害的基本形态。隐私损害的基本形态，是一种事实状态，一般不具有有形损害的客观外在表现形态。在这一点上，其与名誉损害的事实有相似之处，即不必表现为实在的损害结果。只要隐私被损害的事实存在，即具备侵害隐私权的损害事实。隐私损害事实大多具有多重损害的特点。这表现在隐私损害的事实出现以后，会造成受害人的精神痛苦以及为恢复损害而支出的财产损失，这些也是隐私损害事实。但这些损害事实不是侵害隐私权的损害事实的基本形态，它们的有无不影响侵害隐私权的构成，而只决定侵害程度的轻重和损害范围的大小。作为构成侵害隐私权民事责任的损害事实要件，以具备其基本形态，即隐私被损害的事实为已足。

3. 侵害隐私权的因果关系。侵害隐私权的因果关系，是指侵害隐私权违法行为与隐私损害事实之间的引起与被引起的关系。这种因果关系极易判断，是因为侵害隐私权的行为与隐私损害事实具有直接关联性，行为直接导致后果事实的出现。对于精神痛苦的因果关系，应判断是否为该行为引起。对于财产利益的损失，应确认其确有因果关系，因这种损害事实直接关系到财产利益损失的赔偿问题，必须准确认定。

4. 侵害隐私权的过错。侵害隐私权的行为人在主观上必须具备过错，才能构成侵权责任，无过错不构成这种责任。其过错的形式主要是故意，即预见侵害隐私权的后果却希望或放任该种结果的发生。过失也可以构成侵害隐私权的责任，但不常见，如小说创作中利用素材不当而暴露他人隐私，构成侵害隐私权，即为过失侵权。

司法实践中，对隐私权合法抗辩的基本事由有：

1. 国家机关合法行使职权。出于国家安全、调查犯罪等需要，不得以隐私权相对抗。有些国家之所以对隐私权不敢确认为一种人格权，原因就在于隐私权能够对抗国家安全和利益的需要。对此，应当区分情况。一方面，国家机关为国家安全以及调查犯罪等需要，确实可以对隐私权进行限制，可以对隐私权侵权诉求进行抗辩；另一方面，对国家干预个人隐私权的权力必须进行限制，国家机关行使权力的时候必须依法进行，必须遵守法治原则，超出其职权范围干预个人隐私权，仍然是侵权行为。

2. 公共利益需要。公共利益需要，是抗辩侵害隐私权的正当事由。公共利益是关系到不特定的多数人的利益。以此作为侵害隐私权的抗辩事由，应当具有公共利益目的，而不是其他不正当目的。同时也必须没有有损于他人人格的语言和言辞，不得借公共利益目的干预个人私生活，进而侮辱、诽谤他人。

3. 公众人物。为社会公共利益进行宣传或者舆论监督，公开披露公众人物与公共利益相关的以及涉及相关人格利益的隐私，不构成侵权。超过必要范围的，应当承担侵权责任。①

4. 正当行使舆论监督权。正当的舆论监督，对于加强民主法治建设具有重要意义。因此，舆论监督是隐私权侵权的合法抗辩事由。媒体对某些不当行为进行批评，即使涉及个人隐私的问题，只要不超过必要范围，也不构成侵权责任。

5. 当事人同意。当事人容许他人知悉或者宣扬自己的私人信息和私人活动，准许他人进入自己的私人空间，是对自己权利的处分，只要不违背法律和公共道德，就是合法的，以此对抗侵害隐私权，就是合法的抗辩事由。

6. 行使知情权和公众知情权。被告主张知情权和公众知情权，都是合法的侵权抗辩事由。无论是行为人为了个人的合法目的了解权利人的隐私信息，还是公众为了满足知情权的需要，而对他人的隐私权进行适当的查知和披露，只要在适当范围内，都是合法行为，不构成侵害隐私权。

关于隐私权侵权的案件，本质上是自然人隐私权和相对人知情权的权利冲突，对于是否构成隐私权侵权的判断，本质上是对权利人的隐私权和他人的知情权进行利益衡量。隐私权的立法宗旨在于自然人有权隐瞒、维护自己的私生活秘密并予以法律保护，防止任何人非法侵犯。知情权的根本目的是保障自然人"知"的权利，有权依法知悉和获取信息，满足其知情的需要。此处的知情权是广义的概念，类似于《世界人权宣言》所确认的"通过任何媒介……寻求、接受和传递消息和思想的自由"。理论上，知情权原本是一个极其广泛、复杂的概念，既包括公法方面的政治权利内容，也包括私法方面的人格权问题，还包括国家权力的问题。依据这样两个权利，民事主体一方面希望知道更多别人的事情，另一

① 杨立新主编：《中华人民共和国侵权责任法草案建议稿及说明》，法律出版社2007年版，第18页。

方面又不希望自己的事情让别人知道，两者之间即产生相当的矛盾与冲突。

在协调隐私权与知情权的过程中应遵循以下原则：（1）社会政治及公共利益原则。个人隐私原则上受法律保护，但如果涉及社会政治利益及公共利益，则要以个别情况加以对待。社会政治及公共利益原则并不是对官员隐私权的剥夺或限制，而是为了保障社会政治和公共利益，牺牲个人某些隐私权。（2）权利协调原则。在隐私权与知情权发生一般冲突时，应进行某种适当的协调，而通过在较小的范围内公开隐私，以满足知情权的需要。遵循这一原则，对某些现象需要诉诸社会，但如果不是十分必要则不宜公开具体当事人及其住所。如果必须公开当事人，也不要牵涉或影射与此无关或关系不大的其他人。（3）人格尊严原则。新闻报刊对社会不良现象的揭露，必要时可以涉及某些个人的隐私，但不得以伤害其人格尊严为目的。①

构成侵害隐私权，行为人应承担侵权民事责任。侵害隐私权的民事责任方式，包括除去侵害和损害赔偿。除去侵害，包括停止侵害，恢复原状，消除影响，赔礼道歉。这些责任方式对一般的侵害隐私权行为均可适用。损害赔偿，包括精神损害赔偿和财产利益的损害赔偿。对于侵害隐私权一般的精神损害赔偿，可以参照侵害名誉权精神损害赔偿的计算办法进行；对于非法利用隐私的精神损害赔偿，可以参照侵害肖像权中非法利用肖像的精神损害赔偿的计算办法进行。对于财产利益的损失，应按全部赔偿原则处理，予以全部赔偿。

【案例评注】

丁某诉赵某某、××公司侵害隐私权纠纷案②

基本案情

原告丁某系已故著名漫画家丁聪、沈峻夫妇独子。2016 年 9 月，原告发现××公司经营的“孔夫子旧书网”上出现大量丁聪、沈峻夫妇及其家人、朋友间的私人信件以及丁聪手稿的拍卖信息，涉及大量家庭内部的生活隐私，其中的 18 封书信和手稿由赵某某拍卖。原告认为赵某某未经授权公开丁聪书信和手稿，××公司未对赵某某的出售行为进行审核，构成对丁聪、沈峻的隐私及原告隐私权的侵犯，请求法院判令二被告停止侵权行为、删除拍卖的书信和手稿、公开赔礼道

① 张新宝：《隐私权研究》，载《法学研究》1990 年第 3 期。

② 北京互联网法院成立一周年发布的十大热点案件之九。

歉；赵某某赔偿原告精神损害抚慰金和律师费共计9万元，××公司承担连带责任；赵某某返还涉案书信和手稿。赵某某辩称，涉案书信和手稿系以合理对价购买，本人无侵权故意，且公众人物的隐私权要部分让渡于社会公共利益，故不构成侵权。××公司辩称，其作为网络服务提供者，仅需履行“通知—删除”义务，并无主动审核义务，不应承担连带责任。

法院判决

书信和手稿可能同时承载物权、隐私权、著作权。家信往往涉及家庭生活和个人感情，具有明显的私密性，很可能涉及个人隐私。隐私权的认定还应当适当考虑当事人合理的主观因素，在符合社会公众普遍价值判断标准的同时，尊重当事人对于私人空间范围的划定。名人的公众属性，不等同于私人生活可以被完全曝光，与公共利益无关的私人信息应当受到充分保护。

涉案书信中有一部分涉及丁聪及其家庭成员之间的亲密交流，属于个人隐私；另有一部分系他人写给丁聪的书信，内容属于公开事务，未涉及丁聪、沈峻、原告的隐私。涉案手稿未公开发表，其内容涉及丁聪在当时历史时期的思想表达，仍属丁聪的隐私。赵某某出售丁聪家信和手稿，完全基于营利目的，与社会公共利益无关。由于涉案书信和手稿已交付买家，且基于占有物返还请求权与隐私权并非同一法律关系，故对原告要求返还书信的请求不予支持。××公司对在其平台出售的书信和手稿等涉及隐私属性的内容应当尽到合理的审查义务，其对交易双方均收取成交价一定比例的佣金，并组织丁聪书信拍卖专场活动，应认定其明知涉案书信和手稿涉及隐私而没有尽到相应的审查义务，故××公司应对赵某某的侵权行为承担连带责任。二被告向原告赔礼道歉；赵某某赔偿原告精神损害抚慰金及合理开支共计3万元，××公司承担连带责任。

专家点评

本案裁判涉及“名人隐私”保护范围的界定，是对“隐私”概念认定的有益扩张。民法典人格权编第1032条第2款将隐私界定为自然人的私人生活安宁和不愿为他人知晓的私密空间、私密活动、私密信息，这是经过长期司法实践积累的结果。司法实践积累的一般经验认为，公众人物基于其公众性和价值杠杆效应，其隐私保护程度应与普通公众有所区别。但这样的裁判导向也存在造成利益向另一方失衡的风险，容易成为网络暴力的庇护，本案裁判强调名人的隐私权可以被合理限缩，但不等同于私人生活可以被完全曝光，与公共利益无关的私人信息应当受到充分保护，这也适应了网络时代下信息快速迭代的特点。本案中，丁聪是著名漫画家，可以被认定为公众人物，但是其被公众所知晓是由于其漫画，与其私人生活无关。本案中被拍卖的书信手稿涉及丁聪及其家人的隐私，未经授权在交易平台公开展示他人书信及具有自我思想表达内容的手稿，构成隐私的侵害。交易平台明知有侵权行为而未加以审核、制止的，与侵权人承担连带责任。

第一千零三十三条　除法律另有规定或者权利人明确同意外，任何组织或者个人不得实施下列行为：

（一）以电话、短信、即时通讯工具、电子邮件、传单等方式侵扰他人的私人生活安宁；

（二）进入、拍摄、窥视他人的住宅、宾馆房间等私密空间；

（三）拍摄、窥视、窃听、公开他人的私密活动；

（四）拍摄、窥视他人身体的私密部位；

（五）处理他人的私密信息；

（六）以其他方式侵害他人的隐私权。

【条文释义】

本条是对侵害隐私权行为的列举性规定。

本条列举的六种侵害隐私权的行为，排除了两种行为不构成侵害隐私权：（1）法律另有规定，即法律作出相反的规定的；（2）获得权利人同意的，无论何种隐私，都因隐私权人同意而构成对侵害隐私权的抗辩，不成立侵害隐私权的行为。

任何组织或者个人作为隐私权的义务主体，都不得实施下列有关个人的私人空间、私人活动、私密部位、私人信息和生活安宁等的侵害隐私权的行为：

1. 以电话、短信、即时通讯工具、电子邮件、传单等方式侵扰他人的私人生活安宁。生活安宁，是指自然人享有的维持安稳宁静的私人生活状态，并排除他人不法侵扰，保持无形的精神满足。以短信、电话、即时通讯工具、电子邮件、传单等方式侵扰个人的生活安宁，通常称为骚扰电话、骚扰短信、骚扰邮件等，侵害个人的生活安宁，构成侵害隐私权。

2. 进入、拍摄、窥视他人的住宅、宾馆房间等私密空间。隐私权保护的私人空间包括具体的私人空间和抽象的私人空间。前者如个人住宅、旅客行李、学生书包、个人通信等，后者如日记，即思想空间。侵入私人住宅、窥视居室内情况、偷看日记、私翻箱包、私拆信件等，均是司法实践中常见的侵害隐私权的行为，凡是对私人空间进行搜查、进入、窥视等，都构成对隐私的侵害。对于我国酒店民宿行业易发、多发的偷拍行为可以适用本款予以规制。

3. 拍摄、窥视、窃听、公开他人的私密活动。私密活动是与公共利益无关的个人活动，如日常生活、社会交往、夫妻生活、婚外恋等都可能成为私密活动，对此进行拍摄、窥视、窃听、公开，都构成侵害私人活动。个人活动自由是隐私权的体现，权利主体可以依照自己的意志，从事或不从事与公共利益无关的私人活动，任何人不得干涉、监视、跟踪、骚扰。这是一种能动的权利，是权利主体自由支配的范围。拍摄、窥视、窃听、公开私人活动，强力干涉私人从事某种活动或不从事某种活动，监视私人与他人的交往，监视、窃听性生活，私人跟踪，都是实践中常见的侵害隐私权的行为。

4. 拍摄、窥视他人身体的私密部位。身体的私密部位也属于隐私，是身体隐私，如生殖器和性感部位。趁他人沐浴、上厕所等偷看他人身体私密部位、拍摄或者窥视他人身体私密部位，都构成侵害隐私权。

5. 处理他人的私密信息。这里的处理包括获取、收集、删除、公开、买卖等行为。私人信息是关于自然人个人的隐私信息，获取、删除、公开、买卖他人的私人信息，构成侵害隐私权。刺探、调查个人情报、资讯是典型的侵权行为。司法实践中，对于非法刺探、调查个人的身体资料、生活经历、财产、社会关系、家庭状况、婚恋状况、家庭住址、电话号码、政治倾向、心理活动、两性生活、疾病史及其他个人私生活情报资讯的，均可认定为构成侵害隐私权的行为。刺探、调查、收集上述个人资讯、情报并进行记录、摄影、录像者，构成严重情节。

6. 以其他方式侵害他人的隐私权。这是兜底条款，凡是侵害私人信息、私人活动、私人空间、身体私密、生活安宁等的行为，都构成侵害隐私权。

在司法实践中，对于隐私的侵害也常通过以下综合方式发生：

1. 擅自公布他人隐私。隐私隐瞒权是隐私权的重要权能之一，权利主体有权隐瞒一切与公共利益无关的私生活秘密。擅自公布他人隐私是严重的侵害隐私权行为。擅自公布隐私，一般而言包括两种：一是对非法刺探、调查所得之私人秘密予以公布，这是既刺探、调查，又予以非法公布，因而属于侵害隐私权的严重情节；二是因业务或职务关系而掌握他人的秘密，其掌握是合法的，如司法人员、机要人员、档案管理人员、医生等，因业务而了解他人隐私，一经泄露，也构成侵害隐私权，这与侵害个人信息的行为常关联发生。前者均以故意构成，后者故意、过失均可构成。

2. 非法利用隐私。非法利用隐私是未经隐私权人同意而利用其个人资讯、情报资料的行为。其行为的特征，是将他人的资讯、情报为自己所利用，用于营利或非营利目的。非法利用隐私有两种：一是未经本人同意而利用，这种为盗用他人隐私；二是虽经本人同意，但利用人超出约定的范围而利用。非法利用他人隐私无论是否以营利为目的，均为侵害隐私权。所应强调的是，死者的隐私法益也应予以保护。对于死者的隐私，只要不涉及公共利益的需要，任何人不得进行非法公布或非法利用，可以适用民法典人格权编第 994 条予以保护。

【案例评注】

司某某诉中国移动通信集团河南有限公司许昌市襄城分公司侵权责任纠纷案①

基本案情

2010 年 1 月 21 日，原告司某某从手机卡代销人员郭某某处购得移动通讯卡一张，号码为 139374××××9。2011 年 4 月 15 日，被告中国移动通信集团河南有限公司许昌市襄城分公司（以下简称襄城分公司）向原告持有的 139374××××9 号码发送信息共计 451 条。其中有 450 条是 10086 发来的广告，剩下 1 条是来源不明的广告。司某某发现后，与襄城分公司协商未果，遂提起诉讼，请求判令：1. 襄城分公司立即在市级电视台或报刊公开向司某某赔礼道歉并赔偿精神损失人民币 1 分；2. 诉讼费和证据保全的公证费由襄城分公司全部承担。

法院判决

法院认为，被告作为电信服务行业运营商未经原告同意擅自向原告滥发手机短信，导致原告花费大量的时间阅读并删除这些与本人无关的手机短信，影响了原告的生活安宁，同时也会造成原告手机的磨损，被告滥发手机短信的行为侵犯了原告的正当利益。同时，被告向原告滥发各种手机短信，违背了与手机用户约定提供良好服务的义务，构成违约。在责任竞合的情况下，原告有权选择侵权之诉提起诉讼。原告要求被告在市级电视台或报刊公开赔礼道歉并赔偿精神损失人民币 1 分，综合被告的行为给原告带来的损害后果、修复损害的可接受方式以及

① 审理法院：一审法院为河南省襄城县人民法院，案号：（2012）襄民初字第 466 号；二审法院为河南省许昌市中级人民法院，案号：（2012）许民三终字第 347 号。

判决的法律效果和社会效果，判决被告向原告书面道歉比较适宜；关于精神损害赔偿问题，被告在较短时间内向原告发送大量无关短信，给原告的生活安宁和精神带来严重影响，判令被告赔偿精神抚慰金是适当的，鉴于原告象征性地请求1分精神抚慰金，也是对自己权益的自由处分，人民法院应予支持。故判决：一、襄城分公司于本判决生效后三日内书面向司某某赔礼道歉（内容须经本院审查），逾期本院将在许昌市市级报刊刊登本院生效判决书主文，相关费用由襄城分公司承担；二、襄城分公司于本判决生效后三日内赔偿司某某精神损失人民币1分；三、襄城分公司于本判决生效后三日内支付司某某公证费600元；四、驳回司某某其他诉讼请求。二审维持原判。

专家点评

本案是“以电话、短信、即时通讯工具、电子邮件、传单等方式侵扰他人的私人生活安宁”的典型案例，在一定程度上推动了法律政策对于骚扰短信的规制。电信服务运营商未经手机客户同意，向手机客户滥发商业短信或者违法短信，对客户的手机正常通信造成了严重影响，打扰了客户的私人生活，是侵扰客户私人生活安宁的行为，电信服务运营商应承担相应的民事责任。本案裁判时，隐私权刚通过原《侵权责任法》被确定为具体人格权，对于生活安宁的保护尚不完善，故本案裁判中使用了侵犯客户的人身权益的表述。司法实践中侵害民事主体隐私权的方式纷繁复杂，民法典人格权编第1033条规定的典型侵权方式是经过充分实践积累所抽象出的侵权行为，“以其他方式侵害他人的隐私”仍需司法裁判加以确认。

第一千零三十四条 自然人的个人信息受法律保护。

个人信息是以电子或者其他方式记录的能够单独或者与其他信息结合识别特定自然人的各种信息，包括自然人的姓名、出生日期、身份证件号码、生物识别信息、住址、电话号码、电子邮箱、健康信息、行踪信息等。

个人信息中的私密信息，适用有关隐私权的规定；没有规定的，适用有关个人信息保护的规定。

【条文释义】

本条是对个人信息保护的规定。

与民法典总则编第111条规定相对应，本条首先规定自然人的个人信息受法律保护。之后对个人信息概念内涵和外延进行界定，并区别于隐私权保护的私人信息。

在本条生效之前，我国对于个人信息的保护已经陆续进行了有益的立法尝试。在2000年的《全国人大常委会关于维护互联网安全的决定》中，最先规定了采用刑事制裁手段来维护信息主体的个人信息权利的方法，即规定非法收集、篡改、删除他人电子邮件或者其他数据资料，侵犯公民通信自由和通信秘密，可构成犯罪，追究行为人的刑事责任。2012年12月28日通过的《全国人民代表大会常务委员会关于加强网络信息保护的决定》明确规定，国家保护能够识别公民个人身份和涉及公民个人隐私的电子信息，规定收集个人信息的要求，以及侵害个人信息的侵权责任。2014年10月25日，修订后的《消费者权益保护法》对消费者个人信息保护给予特别重视，强调对消费者个人信息的保护，规定经营者对个人信息的保护义务，以及侵害消费者个人信息的侵权责任。2017年6月1日，立法机关制定了《网络安全法》，第76条第5项规定："个人信息，是指以电子或者其他方式记录的能够单独或者与其他信息结合识别自然人个人身份的各种信息，包括但不限于自然人的姓名、出生日期、身份证件号码、个人生物识别信息、住址、电话号码等。"第74条第1款规定："违反本法规定，给他人造成损害的，依法承担民事责任。"此外，在行政法规和行政规章层面，《征信业管理条例》《工信部电信和互联网用户个人信息保护规定》《国家质量监督检验检疫总局和国家标准化管理委员会信息安全技术公共及商用服务信息系统个人信息保护指南》等，都对保护个人信息作出了相应的规定，如《征信业管理条例》第13条第2款就规定"企业的董事、监事、高级管理人员与其履行职务相关的信息，不作为个人信息"。2017年《民法总则》第111条规定："自然人的个人信息受法律保护。任何组织和个人需要获取他人个人信息的，应当依法取得并确保信息安全，不得非法收集、使用、加工、传输他人个人信息，不得非法买卖、提供或者公开他人个人信息。"这是在我国民法上对个人信息确认予以保护的首个法律条文。本条的制定参考了已有的立法对个人信息的界定方式。

本条规定的个人信息的内涵是：以电子或者其他方式记录的，能够单独或者与其他信息结合而识别特定自然人的各种信息。其中：（1）电子信息的记录方式是电子方式或者其他记录方式；（2）能够单独或者与其他信息结合发挥作用；（3）个人信息的表现形式是信息，即音讯、消息、通信系统传输和处理的对象，泛指人类社会传播的一切内容；（4）个人信息的基本作用是识别特定自然人的人格特征，因而个人信息的基本属性是个人身份信息，而不是个人隐私信息。个人信息是对客观世界中特定自然人的身份状况和变化的反映，是特定自然人在与他人和客观事物之间活动的联系的表征，表现的是特定自然人的身份属性和人格特征的实质内容。若要对个人信息这一概念作出更准确的学术上的界定，应该是：个人信息是指与特定自然人相关联，反映个体特征，具有个人身份可识别性，以电子或者其他方式记录的，能够单独或者与其他信息结合识别的自然人个人身份的各种符号系统。个人信息的具体范围广泛，凡是符合个人信息概念定义所要求的，都是个人信息。关于数据和个人信息的问题，在我国，个人信息成为惯用的概念，已经被法律和社会所接受。特别是对于个人信息的保护，需要与对衍生数据的保护相区别，这在民法典总则编第 111 条和第 127 条规定中已经作了区别。因而，对于个人信息权的权利客体应当称为个人信息，而不应当称为个人数据。

个人信息包含两层人格利益：首先，个人信息主要是精神性人格利益，包括人格尊严、人格独立和人格自由的内容。人格标识的完整性与真实性，是主体受到他人尊重的基本条件。个人作为目的性的存在，只有消除个人对信息化形象被他人操纵的疑虑和恐慌，保持信息化人格与其自身的一致性而不被扭曲，才能有自尊并受到他人尊重地生存与生活。[①] 因此，个人信息对于信息主体的人格尊严、人格独立和人格自由的价值，是个人信息保护立法中首要考虑的因素。这就是个人信息所包含的精神性人格利益的内容。其次，个人信息还具有财产性的人格利益内容。在这一点上，个人信息与肖像权的客体肖像具有相似的内容。肖像具有美学价值，应用到市场经济领域会转化成为财产利益，这是不言而喻的。[②] 同样，由于个人信息具有身份性的属性，存在被利用于市场的可能，因而存在转化为商业价值的可能，能给权利人带来财产上的利益。这正是公开权的内容。同时，个人信息具有个人特征的可识别性，一旦被非法利用，不仅会为利用者发生财产利益，而且会使权利人受到意想不到的财产损失。因此，个人信息与肖像虽然具有相似性，但是在具有财产价值这一方面，还存在较大的不同，更应当对个人信息权进行特别的保护。

本条规定的个人信息的外延是：自然人的姓名、出生日期、身份证件号码、生物识别信息、住址、电话号码、电子邮箱、健康信息、行踪信息等。

本条第 1 款规定的个人信息受法律保护是延续民法典总则编第 111 条的规定。在实践中，侵害个人信息权的主要表现有：一是非法收集自然人个人信息。个人信息权的一般义务主体承担的是不可侵义务，其中就包括不得非法收集他人个人

---

① 参见张新宝：《从隐私到个人信息：利益再衡量的理论与制度安排》，载《中国法学》2015 年第 3 期。

② 参见杨立新：《侵害肖像权及其民事责任》，载《法学研究》1994 年第 1 期。

信息。无权收集他人个人信息的，一旦予以收集，就构成这种违法行为。二是非法使用自然人个人信息。对于他人个人信息不得非法使用，无论是无权取得他人个人信息，还是有权取得他人个人信息，凡是非法使用的，都构成违法行为，都侵害了个人信息权。三是非法加工自然人个人信息。民法典总则编第 111 条也规定禁止非法加工自然人的个人信息，未经权利人同意，对合法或者非法获取的个人信息进行加工，也构成违法行为。四是非法传输自然人个人信息。合法传输他人个人信息，是正当行为。但是非法传输他人个人信息，无论具有何种目的，都是违反个人信息权义务的行为，都侵害了个人信息权人的权利。五是非法买卖自然人个人信息。出售是有偿行为，行为人以他人的个人信息为买卖的标的物，从中获取非法利益，情节更为恶劣。非法出售自然人个人信息的行为人，包括网络服务提供者、其他企业事业单位、国家机关的工作人员，以及其他任何组织和个人。这些单位的工作人员私自非法出售，获取私利，构成侵害个人信息权。六是非法提供自然人个人信息。非法向他人提供自然人个人信息的，就是未经权利人本人同意，而将其个人信息提供给他人。非法提供一般是没有获取非法利益，因为获取非法利益就是买卖行为，但是这也构成侵权行为。无偿提供他人个人信息，虽无对价，但是有获得其他利益者，也可以认定为非法提供行为。七是非法公开自然人个人信息。民法典总则编第 111 条规定的是非法“公开”他人个人信息，而《全国人民代表大会常务委员会关于加强网络信息保护的决定》规定的是“泄露”个人电子信息。公开和泄露的意思接近，可以统一使用民法典总则编规定的概念。网络服务提供者、其他企业事业单位以及国家机关及其工作人员，都对其依法收集的个人信息负有保密义务。未尽保密义务，非法予以公开，不论是故意所为还是过失所致，都构成侵权责任。例如，公安交警部门电子执法获取的驾驶员在车辆上的不雅照，将其公布，就构成非法泄露自然人个人信息的侵权行为。八是非法篡改自然人个人信息。根据《全国人民代表大会常务委员会关于加强网络信息保护的决定》及其精神，网络服务提供者、其他企业事业单位以及国家机关及其工作人员，违反法律规定，非法对自己掌握的自然人个人信息进行篡改的，构成侵权行为。非法篡改个人信息行为须故意而为，而不是无意中弄错。这种侵权行为应当造成相当的后果，即由于自然人个人信息被非法篡改而使其民事权益受到损害。对于未尽谨慎义务，无意中弄错自然人个人信息，如果造成了严重损害后果，也构成侵权行为。九是非法毁损自然人个人信息。根据《全国人民代表大会常务委员会关于加强网络信息保护的决定》及其精神，网络服务提供者、其他企业事业单位以及国家机关及其工作人员违反法律规定，未尽谨慎注意义务，非法毁损自然人个人信息的，构成侵权责任。非法毁损包括故意和过失，是明知自然人个人信息而故意毁损，或因过失而毁损，造成受害人的民事权益损害，应当承担侵权责任。十是丢失自然人个人信息。根据《全国人民代表大会常务委员会关于加强网络信息保护的决定》及其精神，网络服务提供者、其他企业事业单位或者国家机关对于依法获得的自然人个人信息，必须妥善保管，善尽保管责任，如果不慎造成个人信息丢失，也构成侵权责任。丢失是过失所为，并非故意，造成了受害人权益损害的，也应当承担侵权责任。十一是对泄露自然人个人信息未及时采取补救措施。《全国人民代表大会常务委员会关于加强网络信息保护的决定》规定，公民发现泄露个人身份、散布个人隐私等侵害其合法权益的网络信息，或者受到商业性电子信息侵扰的，有权要求网络服务提供者删除有关信息或者采取其他必要措施予以制止。如果没有及时采取必要措施，应当承担侵权责任。

个人信息权的保护方法有以下两种：

第一，个人信息权的保护方法之一是人格权请求权。人格权请求权是指民事主体在其人格权的圆满状态受到妨害或者有妨害之虞时，得向加害人或者人民法院请求加害人为一定行为或者不为一定行为，以恢复人格权的圆满状态或者防止妨害的权利。个人信息权是自然人对个人信息的权利，自然人的个人信息受到侵害，就是侵害了个人信息权，基于人格权请求权向法院起诉进行权利损害的救济，是完全可以的。

第二，个人信息权的保护方法还有侵权责任请求权。在侵权损害赔偿法律关系中，赔偿权利人即被侵权人所享有的权利，是侵权损害赔偿请求权。侵权请求权在发生之前，侵权请求权法律关系的双方当事人之间并不存在相对的权利义务关系。只有发生了侵权行为，一方的行为造成了另一方的损害，才能在被侵权人一方发生侵权请求权。这个请求权是新生的权利，是原来所没有的请求权。其基本功能，就是救济受到损害的权利。当自然人个人信息受到侵害，被侵权人依法享有侵权损害赔偿请求权，有权依法行使该请求权，请求侵权人承担损害赔偿责任包括精神损害赔偿责任，保护自己的个人信息权，救济自己的损害，预防并制裁违法行为人，促进社会和谐稳定。对于依照侵权损害赔偿请求权救济自己个人信息权受到侵害的，属于过错责任，证明行为人实施了侵害个人信息权的行为，行为具有违法性，造成了权利人的精神利益和财产利益的损害，存在因果关系，具有过失，就可以获得侵权法的保护。

基于人格权请求权和侵权请求权的区别，当权利人的个人信息被侵害时，应当根据自己诉请的责任方式不同，而决定选择行使何种请求权。如果只请求违法行为人承担非财产性的责任，行使人格权请求权最为稳妥，效果也最好。如果权利人要请求被侵权人承担损害赔偿责任，则必须通过行使侵权请求权方可实现。目前人民法院在民事审判中，对于人格权请求权和侵权请求权的区分并不严格。因此，在自然人个人信息权受到侵害后，权利人救济自己的损害的最佳方法，就是行使侵权请求权，救济损害，保护自己。同时，对于侵权人加以金钱制裁最为有效，行使侵权请求权对于侵权人的制裁最为有力，不仅有利于制裁违法行为人，而且能够对社会进行一般的警示，预防侵权行为的发生，更好地维护社会和谐稳定。

【案例评注】

淘宝（中国）软件有限公司诉安徽某信息科技有限公司不正当竞争纠纷案[①]

基本案情

淘宝（中国）软件有限公司（以下简称淘宝公司）系淘宝网运营商。淘宝公司开发的“生意参谋”数据产品（以下简称涉案数据产品）能够为淘宝、天猫店铺商家提供大数据分析参考，帮助商家实时掌握相关类目商品的市场行情变化，改善经营水平。涉案数据产品的数据内容是淘宝公司在收集网络用户浏览、搜索、收藏、加购、交易等行为痕迹信息所产生的巨量原始数据基础上，通过特定算法深度分析过滤、提炼整合而成的，以趋势图、排行榜、占比图等图形呈现的指数型、统计型、预测型衍生数据。

安徽某信息科技有限公司（以下简称某公司）系“咕咕互助平台”的运营商，其以提供远程登录已订购涉案数据产品用户电脑技术服务的方式，招揽、组织、帮助他人获取涉案数据产品中的数据内容，从中牟利。淘宝公司认为，其对数据产品中的原始数据与衍生数据享有财产权，被诉行为恶意破坏其商业模式，构成不正当竞争。遂诉至法院，请求判令：某公司立即停止涉案不正当竞争行为，赔偿其经济损失及合理费用500万元。

法院判决

1. 关于淘宝公司收集并使用网络用户信息的行为是否正当。涉案数据产品所

① 最高人民法院发布依法平等保护民营企业家人身财产安全十大典型案例之八。

涉网络用户信息主要表现为网络用户浏览、搜索、收藏、加购、交易等行为痕迹信息以及由行为痕迹信息推测所得出的行为人的性别、职业、所在区域、个人偏好等标签信息。这些行为痕迹信息与标签信息并不具备能够单独或者与其他信息结合识别自然人个人身份的可能性，故不属于《中华人民共和国网络安全法》规定的网络用户个人信息，而属于网络用户非个人信息。但是，由于网络用户行为痕迹信息包含涉及用户个人偏好或商户经营秘密等敏感信息，部分网络用户在网络上留有个人身份信息，其敏感信息容易与特定主体发生对应联系，会暴露其个人隐私或经营秘密。因此，对于网络运营者收集、使用网络用户行为痕迹信息，除未留有个人信息的网络用户所提供的以及网络用户已自行公开披露的信息外，应比照《中华人民共和国网络安全法》关于网络用户个人信息保护的相应规定予以规制。经审查，淘宝隐私权政策所宣示的用户信息收集、使用规则在形式上符合"合法、正当、必要"的原则要求，涉案数据产品中可能涉及的用户信息种类均在淘宝隐私权政策已宣示的信息收集、使用范围之内。故淘宝公司收集、使用网络用户信息，开发涉案数据产品的行为符合网络用户信息安全保护的要求，具有正当性。

2. 关于淘宝公司对于涉案数据产品是否享有法定权益。首先，单个网上行为痕迹信息的经济价值十分有限，在无法律规定或合同特别约定的情况下，网络用户对此尚无独立的财产权或财产性权益可言。网络原始数据的内容未脱离原网络用户信息范围，故网络运营者对于此类数据应受制于网络用户对其所提供的用户信息的控制，不能享有独立的权利，网络运营者只能依其与网络用户的约定享有对网络原始数据的使用权。但网络数据产品不同于网络原始数据，数据内容经过网络运营者大量的智力劳动成果投入，通过深度开发与系统整合，最终呈现给消费者的是与网络用户信息、网络原始数据无直接对应关系的独立的衍生数据，可以为运营者所实际控制和使用，并带来经济利益。网络运营者对于其开发的数据产品享有独立的财产性权益。

3. 关于被诉行为是否构成不正当竞争。某公司未经授权亦未付出新的劳动创造，直接将涉案数据产品作为自己获取商业利益的工具，明显有悖公认的商业道德，如不加禁止将挫伤数据产品开发者的创造积极性，阻碍数据产业的发展，进而影响到广大消费者福祉的改善。被诉行为实质性替代了涉案数据产品，破坏了淘宝公司的商业模式与竞争优势，已构成不正当竞争。

根据某公司公布的相关统计数据估算，其在本案中的侵权获利已超过 200 万元。综上，一审法院判决：某公司立即停止涉案不正当竞争行为并赔偿淘宝公司经济损失（含合理费用）200 万元。二审维持原判。

专家点评

本案是首例涉及大数据产品权益保护的新类型不正当竞争案件。当前，大数据产业已成为新一轮科技革命和产业变革中一个蓬勃兴起的新产业，但涉及数据权益的立法付诸阙如，相关主体的权利义务处于不确定状态。民法典人格权编第1034条规定了个人信息的概念并列举了典型的个人信息类型，本案裁判的参考价值在于其在个人信息的界定以及数据类型区分上做出了贡献。其在裁判中表明“行为痕迹信息与标签信息是否具备能够单独或者与其他信息结合识别自然人个人身份的可能性”是信息能否被认定为个人信息的关键因素，这是对《网络安全法》的落实，也符合民法典人格权编第1034条的精神，对于构建统一的“个人信息”概念和统一类案裁判意义重大。同时，本案判决确认平台运营者对其收集的原始数据有权依照其与网络用户的约定进行使用，区分了网络数据与数据产品，认定了研发的大数据产品的主体对该数据产品享有独立的财产性权益。关涉个人信息以及大数据利用的案件在实践中常涉及不正当竞争，本案妥善运用《反不正当竞争法》原则性条款对擅自利用他人大数据产品内容的行为予以规制，依法保护了研发者对大数据产品所享有的竞争优势和商业利益，为大数据产业的发展营造了公平有序的竞争环境，值得肯定。

第一千零三十五条　处理个人信息的，应当遵循合法、正当、必要原则，不得过度处理，并符合下列条件：

（一）征得该自然人或者其监护人同意，但是法律、行政法规另有规定的除外；

（二）公开处理信息的规则；

（三）明示处理信息的目的、方式和范围；

（四）不违反法律、行政法规的规定和双方的约定。

个人信息的处理包括个人信息的收集、存储、使用、加工、传输、提供、公开等。

【条文释义】

本条是对处理个人信息的规定。

处理个人信息的原则是：（1）合法：必须依照法律规定处理，不得非法进行；（2）正当：处理自然人个人信息应当具有正当性目的；（3）必要：即使合法、正当处理自然人个人信息，也不得超出必要范围。

本条立法参考了《网络安全法》和《加强网络信息保护的决定》的规定。根据《网络安全法》第40～41条的规定，网络运营者应当对其收集的用户信息严格保密，并建立健全用户信息保护制度。网络运营者收集、使用个人信息，也应当遵循合法、正当、必要的原则，公开收集、使用规则，明示收集、使用信息的目的、方式和范围，并经被收集者同意。同时，网络运营者不得收集与其提供的服务无关的个人信息，不得违反法律、行政法规的规定和双方的约定收集、使用个人信息，并应当依照法律、行政法规的规定和与用户的约定，处理其保存的个人信息。

处理个人信息应当符合下列条件：

1. 征得该自然人或者其监护人同意，但是法律、行政法规另有规定的除外。其中征得自然人监护人的同意，是指处理无民事行为能力人或者限制民事行为能力人的个人信息，须征得其监护人的同意，如未成年人或者丧失或者部分丧失民事行为能力的成年人。未经其监护人同意的处理，构成侵害个人信息行为。网络运营者不得处理与其提供的服务无关的个人信息，不得违反法律、行政法规的规定和双方的约定处理个人信息，并应当依照法律、行政法规的规定和与用户的约定，处理其保存的个人信息。网络运营者应当对其收集的用户信息严格保密，并建立健全用户信息保护制度。网络运营者不得泄露、篡改、毁损其收集的个人信息；未经被收集者同意，不得向他人提供个人信息。但是，经过处理无法识别特定个人且不能复原的除外。网络运营者应当采取技术措施和其他必要措施，确保其收集的个人信息安全，防止信息泄露、毁损、丢失。在发生或者可能发生个人信息泄露、毁损、丢失的情况时，应当立即采取补救措施，按照规定及时告知用户并向有关主管部门报告。

2. 公开处理信息的规则。处理自然人个人信息，须将处理的规则予以公开，以判明是否符合该规则。

3. 明示处理信息的目的、方式和范围，并且符合明示的处理信息的目的、方式，在其明示的范围内进行处理。

4. 不违反法律、行政法规的规定和双方的约定，违反法律、行政法规的规定和双方的约定的处理，都构成侵害个人信息。

【案例评注】

孙某某诉鲁山县农村信用合作联社侵犯公民个人信息权案[①]

基本案情

2017年3月，孙某某因买房需要申请银行贷款，被银行部门告知孙某某征信有不良记录，拒绝放贷。孙某某在平顶山市人民银行征信服务中心所提供的个人信息中查询到，在孙某某的征信系统“担保信息—对外贷款担保信息”栏内有：“孙某某在鲁山县农村信用合作联社为付某担保一笔贷款，该贷款已经逾期未还，孙某某的担保贷款五级分类为次级。”孙某某为此找到鲁山县农村信用合作联社，要求鲁山县农村信用合作联社给孙某某恢复信息等级。后经鲁山县农村信用合作联社调查核实，担保人在办理上述贷款手续时未到场签字，是鲁山县农村信用合作联社工作人员违规办理的冒名担保，孙某某个人征信不良信息记录并非本人原因造成，孙某某诉请：1. 依法判令鲁山县农村信用合作联社消除孙某某在银行系统的不良信用记录。2. 依法判令鲁山县农村信用合作联社向孙某某赔礼道歉并在省级以上报刊发布公告为孙某某恢复名誉。3. 依法判令鲁山县农村信用合作联社赔偿孙某某损失人民币12万元。4. 本案诉讼费由鲁山县农村信用合作联社承担。

2017年4月1日，针对孙某某个人征信异议，鲁山县农村信用合作联社逐级上报有关单位，申请予以删除孙某某个人征信不良信用记录。鲁山县农村信用合作联社于2017年8月1日查询，孙某某的不良信息已经被删除。

法院判决

法院认为，《中华人民共和国民法总则》第一百一十一条规定，自然人的个人信息受法律保护。任何组织和个人需要获取他人个人信息的，应依法取得并确保信息安全，不得非法收集、使用、加工、传输他人个人信息。本案中鲁山县农村信用合作联社工作人员违规办理贷款时，冒用孙某某个人信息担保贷款，并将孙某某征信纳入不良记录，给孙某某造成精神上、物质上的损失，鲁山县农村信用合作联社过错明显。故孙某某请求鲁山县农村信用合作联社消除孙某某在银行系统不良信用记录，理由正当，法院予以支持。因孙某某未能提供证据证明鲁山县农村信用合作联社的行为使孙某某的名誉明显降低，因此不存在侵犯孙某某名

① 审理法院：河南省鲁山县人民法院，案号：（2017）豫0423民初3728号。

誉权的问题，故孙某某请求鲁山县农村信用合作联社给孙某某恢复名誉的诉讼请求，法院不予支持。关于孙某某请求的物质损失问题，孙某某在庭审中未提供证据证明卖房人是否为该房产的所有权人，其提供的“房屋买卖协议、证明、解除合同通知”无其他证据佐证，仅凭单方提供的证据不能作为本案孙某某请求鲁山县农村信用合作联社赔偿孙某某损失人民币12万元的定案依据，根据谁主张，谁举证的原则，故对孙某某的该诉讼请求，法院不予支持。但是因鲁山县农村信用合作联社侵犯孙某某个人信息，将孙某某纳入征信不良记录确实给孙某某造成一定的精神痛苦和物质损失，故根据本案实际情况、鲁山县农村信用合作联社过错的大小，酌定赔偿数额为3万元为宜。法院判决：一、鲁山县农村信用合作联社停止对孙某某公民个人信息权的侵害，并于本判决生效后三日内为孙某某恢复正常的征信系统信用等级；二、鲁山县农村信用合作联社于本判决生效后十日内向孙某某赔偿精神物质损失3万元；三、驳回孙某某的其他诉讼请求。

专家点评

本案既是关于信用权保护的典型案件，又是关于个人信息保护的典型案件，这在一定程度上反映了信用信息本身的个人信息属性。在过往的司法实践中，对于信用权的保护有通过名誉权进行间接保护的，也有通过姓名权进行间接保护的。民法典生效后，民法典人格权编第1035条规定的对处理个人信息原则与具体方式应被适用，为民事主体信用权的保护又提供了通过保护个人信息的方式进行保护的路径。从信用信息本身的性质以及保护便利程度出发，个人信息保护路径相对科学，但由于民法典人格权编第1029条与第1030条对于信用信息已经作了具体规定，在法律适用上应优先适用关于信用权的规定。

第一千零三十六条 处理个人信息，有下列情形之一的，行为人不承担民事责任：

（一）在该自然人或者其监护人同意的范围内合理实施的行为；

（二）合理处理该自然人自行公开的或者其他已经合法公开的信息，但是该自然人明确拒绝或者处理该信息侵害其重大利益的除外；

（三）为维护公共利益或者该自然人合法权益，合理实施的其他行为。

【条文释义】

本条是对合理处理个人信息免责的规定。

对自然人个人信息的合理处理，尽管在有些时候未经过个人信息权人的同意，但是也不构成侵害个人信息权，不承担侵害个人信息权的民事责任。被处理个人信息的自然人不得主张侵害其个人信息权。

本条规定参考了《最高人民法院关于审理利用信息网络侵害人身权益民事纠纷案件适用法律若干问题的规定》的内容，根据该司法解释第12条的规定，网络用户或者网络服务提供者利用网络公开自然人基因信息、病历资料、健康检查资料、犯罪记录、家庭住址、私人活动等个人隐私和其他个人信息，造成他人损害，被侵权人请求其承担侵权责任的，人民法院应予支持。但下列情形除外：(1) 经自然人书面同意且在约定范围内公开；(2) 为促进社会公共利益且在必要范围内；(3) 学校、科研机构等基于公共利益为学术研究或者统计的目的，经自然人书面同意，且公开的方式不足以识别特定自然人；(4) 自然人自行在网络上公开的信息或者其他已合法公开的个人信息；(5) 以合法渠道获取的个人信息；(6) 法律或者行政法规另有规定。网络用户或者网络服务提供者以违反社会公共利益、社会公德的方式公开自然人自行在网络上公开的信息或者其他已合法公开的个人信息和以合法渠道获取的个人信息，或者公开该信息侵害权利人值得保护的重大利益，权利人请求网络用户或者网络服务提供者承担侵权责任的，人民法院应予支持。

这些具有免责事由的行为是：(1) 在该自然人或者其监护人同意的范围内合理实施的行为。收集、使用自然人个人信息，如果经过权利人的同意，并且在其同意的范围内实施的行为，不构成侵害个人信息。这与民法典第1035条第1款第3项规定的“明示处理信息的目的、方式和范围”相关，对此进行判断，符合明示的上述使用范围的，不构成侵害个人信息，超出范围的行为构成侵害个人信息。(2) 合理处理该自然人自行公开的或者其他已经合法公开的信息，但是该自然人明确拒绝或者处理该信息侵害其重大利益的除外。这一事由包括两个方面：首先，自然人自行公开或者其他已经合法公开的信息，是可以处理的，一般情况下不构成侵害个人信息；其次，尽管如此，如果这种信息关乎自然人个人的重大利益，或者自然人已经明确拒绝他人使用的，处理这样的信息，仍然构成侵害个人信息。(3) 为维护公共利益或者该自然人合法权益，合理实施的其他行为。处理自然人的个人信息，如果具有维护公共利益的目的，或者是为了维护该自然人自身的合法权益，则具有正当性，为合理实施，不构成侵害个人信息。

【案例评注】

何某某诉某科技公司网络侵权责任纠纷案①

基本案情

何某某系手机号码 180××××3844 的户主。2018 年 2 月 8 日，某号码以短信方式向何某某发送了内容为"【早稻】何某某，前同事评价你'专业靠谱'并向你推荐 107 个人脉，还有 19 个好友在等你 cc. co/OypRubuV3m 投诉退订回 TD"的消息，何某某随即回复"TD"，此后，该号码未向何某某发送过消息。早稻 APP 的开发者系某科技公司，某科技公司也为扫描全能王 APP 的开发者，何某某曾下载注册过扫描全能王 APP，某科技公司通过扫描全能王 APP 收集了何某某的手机号码信息。何某某主张某科技公司收集何某某姓名、手机号码的行为侵犯了个人信息权，若第一次未经消费者同意即发送商业广告都不侵权，那商业广告短信势必泛滥。何某某诉请：1. 判令某科技公司披露获取何某某包括姓名、手机号码在内的个人信息的方式；2. 确认某科技公司收集何某某包括姓名、手机号码在内的个人信息的行为、向何某某发送商业广告的行为侵权；3. 判令某科技公司删除何某某包括姓名、手机号码在内的个人信息；4. 判令某科技公司赔偿何某某为制止侵权行为所支付的合理开支共计 20400 元；5. 判令某科技公司以书面方式赔礼道歉。

法院判决

法院认为，根据《中华人民共和国民法总则》第一百一十一条"自然人的个人信息受法律保护。任何组织和个人需要获取他人个人信息的，应当依法取得并确保信息安全，不得非法收集、使用、加工、传输他人个人信息，不得非法买卖、提供或者公开他人个人信息"的规定，自然人信息权系受到法律保护的民事权利之一，侵犯自然人信息权，应当承担相应的侵权损害赔偿责任。侵权责任构成要件为：（1）损害事实的客观存在；（2）损害行为的违法性；（3）违法行为与损害事实之间的因果关系；（4）行为人的过错。《中华人民共和国消费者权益保护法》第二十九条规定，"经营者收集、使用消费者个人信息，应当遵循合法、正当、必要的原则，明示收集、使用信息的目的、方式和范围，并经消费者同

① 审理法院：一审法院为四川省成都市双流区人民法院，案号：（2018）川 0116 民初 3003 号；二审法院为四川省成都市中级人民法院，案号：（2018）川 01 民终 14654 号。

意。经营者收集、使用消费者个人信息，应当公开其收集、使用规则，不得违反法律、法规的规定和双方的约定收集、使用信息。经营者及其工作人员对收集的消费者个人信息必须严格保密，不得泄露、出售或者非法向他人提供。经营者应当采取技术措施和其他必要措施，确保信息安全，防止消费者个人信息泄露、丢失。在发生或者可能发生信息泄露、丢失的情况时，应当立即采取补救措施。经营者未经消费者同意或者请求，或者消费者明确表示拒绝的，不得向其发送商业性信息"，某科技公司通过何某某在其开发的扫描全能王 APP 上注册的信息，获取了手机信息，在未征得何某某同意的情况下，即通过短信方式推送商业性信息，违反了上述规定，但在何某某明确表示拒绝后，某科技公司未再向何某某发送商业性信息，并没有给何某某造成损害，同时，也没有证据证明某科技公司存在买卖、提供或者公开被告的个人信息的行为，故不应承担侵权责任，对何某某的第 2、3、4、5 项诉讼请求不予支持。何某某的第 1 项诉讼请求系应当在案件审理过程中查明的事实，没有相应的请求权基础，依法应予驳回。

专家点评

对于民事主体个人信息的保护程度会在一定程度上影响相关产业的信息利用方式以及相关科技产品的研发，所以民法典人格权编第 1036 条规定了合理处理免责条款以平衡二者之间的关系。本案是关涉民事主体个人信息利益保护与相关产业发展的利益平衡的典型案例。《广告法》第 43 条第 2 款"以电子信息方式发送广告的，应当明示发送者的真实身份和联系方式，并向接收者提供拒绝继续接收的方式"的规定是信息收集主体合理使用收集信息的方式之一，本案在对个人信息的收集上，某科技公司从何某某使用本公司产品注册时主动提供而获得，获取方式没有违法性，不应对获取其个人信息承担侵权责任。对广告推送，从案涉信息内容看，是其他用户触发后由系统自动发送的，推送的信息本身也提供了退订的选择，在何某某选择退订后，某科技公司没有再次推送类似信息，符合《广告法》的规定，故不宜认定为侵权行为。

第一千零三十七条　自然人可以依法向信息处理者查阅或者复制其个人信息；发现信息有错误的，有权提出异议并请求及时采取更正等必要措施。

自然人发现信息处理者违反法律、行政法规的规定或者双方的约定处理其个人信息的，有权请求信息处理者及时删除。

【条文释义】

本条是对个人信息权人享有权利的规定。

在理论上，个人信息权作为一个独立的人格权，其权利内容包括以下内容：(1) 信息保有权。信息保有权就是权利人对于个人信息完全由自己保有，他人不得非法占有，这是个人信息权的主要内容。信息的保有，是行使个人信息权的基础权利，只有保有自己的个人身份信息，才能够行使个人信息权的其他权利内容。(2) 信息决定权。按照民法典总则编第130条的规定，民事主体行使民事权利，完全由自己决定，他人不得干涉。这正是欧洲国家确认信息自决权的含义。权利人对于自己的个人信息是否使用，是否可以由他人获取、利用，都属于权利人自己的权利，只有权利人授权他人对自己的个人信息予以获取和使用，他人才能够获取和使用其个人信息。任何人未经权利人的许可，无权获取和使用他人的个人信息。(3) 信息知情权。任何组织和个人在依法获得和使用权利人的个人信息时，权利人对该组织和个人所占有、使用自己个人身份信息的情况，有权进行查询，并有权要求予以答复。个人信息权的知情权的内容，主要是知道自己的哪些个人信息被收集、处理与使用，在此过程中，自己的个人身份信息是否被保持完整、正确等。个人信息权人对于该项知情权，必须予以保障，除非因公共利益或者保密的需要，任何机关不得剥夺权利人的知情权。(4) 信息更正权。个人信息权的权利人在发现被他人获取的个人身份信息有不正确之处，对占有和使用其个人身份信息的组织和个人，有权请求该主体对所占有和使用的有关自己不正确、不全面、不适当的个人信息进行更正。有权获取和使用他人个人信息的组织和个人，须按照正确的信息进行更正。(5) 信息锁定权。信息锁定权，是指在必要时，个人信息权的权利人有权请求获取和使用自己的个人身份信息的组织和个人以一定的方式暂停信息处理，在没有获得权利人的书面同意之前，该组织或者个人不可以将其为某种目的收集的信息为另一个目的而使用。有权获取权利人个人身份信息的组织和个人超出使用范围，或者未对权利人的锁定请求采取必要措施予以锁定的，应当承担相应的责任。(6) 个人信息保护权。个人信息保护权是人格权请求权的具体内容。权利人对于自己所享有的个人信息权，享有保护的权利，不仅有权保护自己的个人信息不受他人侵害，而且对自己的个人身份信息被他人依法获取、占有后，仍然享有依法保护的权利。对于非法侵害自己个人信息权的行为，有权提出保护权利的请求。(7) 被遗忘权。权利人对于自己已被发布在网络上的，有关自身的不恰当的、过时的、继续保留会导致其社会评价降低的信息，有要求信息处理者予以删除的权利。这个权利，实际上就是对有关自身的不恰当的、过时的、继续保留会导致其社会评价降低的个人信息的删除权。

本条所强调的个人信息权的内容主要是：(1) 个人信息权人享有查阅、抄录和复制的权利。自然人可以依法向信息持有者查阅或者复制其个人信息。这是因为，自己是个人信息的权利人，其信息就是自己的身份信息，即使被使用者收集、使用，该信息的归属权不变，仍然为权利人所拥有。这是上述个人信息保有、决定和知情权的体现。(2) 发现信息错误有提出异议并请求更正的权利。权利人在查阅和复制自己的个人信息时发现信息有错误的，有权提出异议并请求及时采取更正等必要措施。信息的持有人负有更正的义务。这主要体现了上述的更正权。(3) 自然人发现信息持有者违反法律、行政法规的规定或者双方的约定处理其个人信息的，有权要求信息处理者及时删除其个人信息。这里还应当包括对被收集的、已经过时的、对自己可能造成不良影响的个人信息的删除权，即被遗忘权，以保护自己的合法权益。

【案例评注】

任某某诉百度公司侵犯名誉权、姓名权、一般人格权纠纷案①

基本案情

任某某系人力资源管理、企事业管理等管理学领域的从业人员，其于2014年7月1日起在无锡陶氏生物科技有限公司从事相关的教育工作，2014年11月26日由该公司向其发出了《自动离职通知书》解除劳动关系。百度公司系提供网页搜索、相关搜索等网络搜索服务的提供商。2015年4月8日，任某某进入百度公司搜索页面，键入关键词“任某某”后，在“相关搜索”处显示有“陶氏教育任某某”“国际超能教育任某某”“美国潜能教育任某某”“香港跨世纪教育任某某”等；另外，在搜索框内键入关键词“陶氏教育”，在“相关搜索”处显示有“无锡陶氏教育”“陶氏教育骗局”“陶氏远航教育是骗局吗”等。用手机上网，点击“百度”网页，键入关键词“任某某”，手机页面中“相关搜索”处显示有“陶氏教育任某某”“国际超能教育任某某”等。任某某主张因陶氏教育在业界名

① 审理法院：一审法院为北京市海淀区人民法院，案号：(2015) 海民初字第17417号；二审法院为北京市第一中级人民法院，案号：(2015) 一中民终字第09558号。

声不好，其并未在陶氏教育工作，百度公司公开其与陶氏教育有关的个人信息侵犯了其名誉权、姓名权及作为一般人格权的“被遗忘权”，要求百度公司停止侵权、赔礼道歉、赔偿经济损失。百度公司表示未收到任某某按照其公示投诉渠道的正式投诉，亦未对任某某投诉的内容进行删除处理。

法院判决

法院认为，相关搜索词系由过去一定时期内使用频率较高且与当前搜索词相关联的词条统计而由搜索引擎自动生成，并非由于百度公司人为干预。百度公司在“相关搜索”中推荐涉诉词条的行为，明显不存在对任某某进行侮辱、诽谤等侵权行为。“任某某”这三个字在相关算法的收集与处理过程中就是一串字符组合，并无姓名的指代意义，显然不存在干涉、盗用、假冒本案原告任某某姓名的行为。任某某在本案中主张的应“被遗忘”（删除）信息的利益与任某某具有直接的利益相关性，而且，其对这部分网络上个人信息的利益指向并不能归入我国现有类型化的人格权保护范畴，只能从一般人格权的角度寻求保护，但是由于任某某主张的该利益不具有正当性和受法律保护的必要性，不应成为侵权保护的正当法益，故任某某依据一般人格权主张所谓“被遗忘权”的有关诉讼请求应予以驳回。二审维持原判。

专家点评

本案关涉网络侵权中“被遗忘权”的适用范围与条件，被称为我国“被遗忘权”第一案。欧盟于1995年在相关数据保护法律中提出了“被遗忘权”概念，任何公民可以在其个人数据不再需要时提出删除要求。欧盟委员会从2012年开始建议制定关于“网上被遗忘权利”的法律，提议包括要求搜索引擎修改结果，以符合欧盟保护个人信息的方针。在2014年针对谷歌的诉讼案件中，欧盟法院表示普通公民的个人隐私拥有“被遗忘权”，并据此要求国际网络搜索引擎巨头谷歌必须按照当事人要求删除涉及个人隐私的数据，从此“被遗忘权”概念逐渐走进公众视野。对于“被遗忘权”的保护，实质上是对于民事主体个人信息保护和互联网产业发展两者的利益平衡，各国根据自身的互联网产业发展程度以及民众对于个人信息及隐私的习惯态度有权制定不同的具体政策，“被遗忘权”理论亦不必然需要被奉为圭臬。我国法院通过裁判指出，“由搜索引擎自动生成的相关搜索词是计算机相关算法在收集和处理过程中的一串字符组合，不构成侵权”，在此问题上给出了本土化的裁判态度。本案裁判时，我国民法典尚未生效，其采取偏向保护产业发展的做法无可厚非。但民法典生效后，民法典人格权编第1037条规定了个人信息权人包括被遗忘权在内的各项权利内容，会直接影响类案裁判。

第一千零三十八条　信息处理者不得泄露或者篡改其收集、存储的个人信息；未经自然人同意，不得向他人非法提供其个人信息，但是经过加工无法识别特定个人且不能复原的除外。

信息处理者应当采取技术措施和其他必要措施，确保其收集、存储的个人信息安全，防止信息泄露、篡改、丢失；发生或者可能发生个人信息泄露、篡改、丢失的，应当及时采取补救措施，按照规定告知自然人并向有关主管部门报告。

【条文释义】

本条是信息处理者对个人信息负有保密义务的规定。

理论上，个人信息权作为具体人格权，是绝对权，权利人以外的其他任何主体都是其义务人，也都对个人信息权人负有不可侵义务。对个人信息权的义务可以分为一般义务主体负有的一般保护义务和特殊义务主体负有的特别保护义务。

个人信息权的义务人是一般主体、普遍主体，即权利人之外的其他任何民事主体，包括自然人、法人和非法人组织，都对个人信息权人承担一般保护义务，体现在民法典总则编第 111 条后段规定的内容：任何组织和个人不得非法收集、使用、加工、传输他人个人信息，不得非法买卖、提供或者公开他人个人信息。违反该义务，应当承担民事责任。

负有保护自然人个人信息权的特殊义务主体，按照民法典总则编第 111 条的规定，是依法取得个人信息的任何组织和个人，仍然包括自然人、法人和非法人组织，只要是依法取得他人个人信息的，就是这种特殊义务主体。具体包括：首先，是依法取得个人信息的网络服务提供者、其他企业事业单位。法律规定，任何组织和个人不得窃取或者以其他非法方式获取自然人个人信息，不得出售或者非法向他人提供自然人的个人信息。有权取得自然人个人信息的网络服务提供者、其他企业事业单位等承担特别保护义务，如果对依法获得的自然人个人信息非法使用、非法出售、非法提供，以及泄露、毁损、丢失，都构成民事责任。网络服务提供者、其他企业事业单位及其工作人员，包括网站、银行、电信、医院、邮政等，都是重点单位，都应当加强防范，防止侵害个人信息权。其次，是国家机关及其工作人员。国家机关及其工作人员对履行职责中取得的自然人个人信息，应当善尽保密义务和谨慎注意义务，没有尽到这种义务，实施了泄露、篡改、毁损以及出售或者非法向他人提供的行为，国家机关及其工作人员构成侵权行为主体。最后，是其他任何组织或者个人。凡是依法取得自然人个人信息的任何法人、非法人组织和自然人，都负有确保自然人个人信息安全，防止信息泄露的义务，一旦发生或者可能发生信息泄露时，都必须立即采取补救措施，防止扩大损害，如果未尽此义务，构成不作为的违法行为。特殊义务主体承担的特别义务是：确保信息安全，不得非法收集、使用、加工、传输他人个人信息，不得非法买卖、提供或者公开个人信息。本条规定的信息处理者属于特殊义务主体。

个人信息的处理者是指合法收集并持有自然人个人信息的主体。本条强调了个人信息处理者对自然人的个人信息负有的保密义务，具体包括两个方面：（1）信息处理者负有的守约义务。①保持个人信息的自己占有及信息的真实性的义务，不得泄露、篡改、毁损其收集、存储的个人信息；②不得向他人提供的义务，未经被收集者同意，不得向他人非法提供个人信息。但对于经过处理无法识别特定个人且不能复原的信息，属于衍生信息，俗称“已经经过脱敏处理”，不再具有个人身份信息的属性，已经进入可以公开使用的领域。对于衍生信息的使用不构成侵害个人信息。（2）信息处理者负有的保密义务。①信息处理者对已经处理的个人信息，应当采取技术措施和其他必要措施，确保其收集、存储的个人信息安全，防止信息泄露、毁损、丢失。②如果发生或者可能发生个人信息泄露、毁损、丢失的情况的，应当及时采取补救措施，依照规定告知被收集者并向有关主管部门报告，防止损失的扩大，并挽回已经造成的损失。

信息处理者违反上述对自然人个人信息负有的义务，构成侵害个人信息的行为，应当承担民事责任。

【案例评注】

庞某某诉中国某航空股份有限公司、北京某信息技术有限公司隐私权纠纷案[①]

基本案情

2014 年 10 月 11 日，庞某某委托鲁某通过北京某信息技术有限公司（以下简

① 审理法院：一审法院为北京市海淀区人民法院，案号：（2015）海民初字第 10634 号；二审法院为北京市第一中级人民法院，案号：（2017）京 01 民终 509 号。

称某公司）下辖网站去哪儿网平台（www. qunar. com）订购了中国某航空股份有限公司（以下简称某航）机票1张。去哪儿网订单详情页面显示该订单登记的乘机人信息为庞某某姓名及身份证号，联系人信息、报销信息均为鲁某及其尾号××58的手机号。2014年10月13日，庞某某尾号××49的手机号收到来源不明号码发来的短信，称由于机械故障，其所预订航班已经取消。该号码来源不明，且未向鲁某发送类似短信。鲁某拨打某航客服电话进行核实，客服人员确认该次航班正常，并提示庞某某收到的短信应属诈骗短信。2014年10月14日，某航客服电话向庞某某手机号码发送通知短信，告知该航班时刻调整。当天19时43分，鲁某再次拨打某航客服电话确认航班时刻，被告知该航班已取消。庭审中，鲁某证明其代庞某某购买本案机票并沟通后续事宜，认可购买本案机票时未留存庞某某手机号。某航称庞某某可能为某航常旅客，故某航掌握庞某某此前留存的号码。庞某某诉至法院，主张某公司和某航泄露的隐私信息包括其姓名、尾号××49的手机号及行程安排（包括起落时间、地点、航班信息），要求某公司和某航承担连带责任。

法院判决

本案中，庞某某被泄露的信息包括姓名、尾号××49的手机号、行程安排等，其行程安排无疑属于私人活动信息，应该属于隐私信息，可以通过本案的隐私权纠纷主张救济。从收集证据的资金、技术等成本上看，作为普通人的庞某某根本不具备对某航、某公司内部数据信息管理是否存在漏洞等情况进行举证证明的能力。因此，客观上，法律不能也不应要求庞某某证明必定是某航或某公司泄露了其隐私信息。某航和某公司均未证明涉案信息泄露归因于他人，或黑客攻击，抑或是庞某某本人。法院在排除其他泄露隐私信息可能性的前提下，结合本案证据认定上述两公司存在过错。某航和某公司作为各自行业的知名企业，一方面因其经营性质掌握了大量的个人信息，另一方面亦有相应的能力保护好消费者的个人信息免受泄露，这既是其社会责任，也是其应尽的法律义务。本案泄露事件的发生，是由于航空公司、网络购票平台疏于防范导致的结果，因而可以认定其具有过错，应承担侵权责任。二审判决某公司于本判决生效后十日内在其官方网站首页以公告形式向庞某某赔礼道歉，赔礼道歉公告的持续时间为三天；某航于本判决生效后十日内在其官方网站首页以公告形式向庞某某赔礼道歉，赔礼道歉公告的持续时间为三天。

专家点评

本案是由网络购票引发的涉及航空公司、网络购票平台侵犯公民隐私权的纠纷，各方当事人立场鲜明，涉及的焦点问题具有代表性和典型性。公民的姓名、电话号码及行程安排等事项属于民法典人格权编第1034条规定的个人信息。在大数据时代，信息的收集和匹配成本越来越低，原来单个的、孤立的、可以公示的个人信息一旦被收集、提取和综合，就完全可以与特定的个人相匹配，从而形成某一特定个人详细准确的整体信息，而这些整体信息一般涉及自然人的个人隐私，上述这些全方位、系统性的整体信息，不再是单个的可以任意公示的个人信息。这些整体信息一旦被泄露扩散，则有侵害隐私权之虞。本案中，法院认为基于合理事由掌握上述整体信息的组织或个人应积极地、谨慎地采取有效措施防止信息泄露，这体现了民法典第1038条规定的特殊义务主体，即这些信息的收集、控制者，负有对个人信息进行保护的义务。本案的审理对个人信息保护以及隐私权侵权的认定进行了充分论证，兼顾了隐私权保护及信息传播的衡平，即任何人未经权利人的允许，都不得扩散和不当利用能够指向特定个人的整体信息，而整体信息也因包含了隐私而成为隐私信息，可以通过隐私权纠纷而寻求救济。

第一千零三十九条 国家机关、承担行政职能的法定机构及其工作人员对于履行职责过程中知悉的自然人的隐私和个人信息，应当予以保密，不得泄露或者向他人非法提供。

【条文释义】

本条是对国家机关、承担行政职能的法定机构及其工作人员对自然人隐私和个人信息应当保密的规定。

根据民法典总则编第111条的规定，凡是依法取得个人信息的任何组织和个人，包括自然人、法人和非法人组织，都是负有保护自然人个人信息权的特殊义务主体。具体包括依法取得个人信息的网络服务提供者、其他企业事业单位、在履行职责中取得自然人个人信息的国家机关、承担行政职能的法定机构及其工作人员和其他依法取得自然人个人信息的任何法人、非法人组织和自然人。特殊义务主体承担的特别义务是：确保信息安全，不得非法收集、使用、加工、传输他人个人信息，不得非法买卖、提供或者公开个人信息。本条即对于在履行职责中取得自然人个人信息的国家机关、承担行政职能的法定机构及其工作人员义务的规定。

国家机关、承担行政职能的法定机构及其工作人员有多种渠道收集和知悉自然人隐私和个人信息，如出生登记、查处违章、办理护照或身份证明等，自然人都必须提供个人信息，甚至涉及个人隐私，是个人信息保护的特殊义务主体。可以说，国家机关、承担行政职能的法定机构及其工作人员是掌握个人隐私和个人信息最主要的机构和人员。对此，国家机关、承担行政职能的法定机构及其工作人员对个人负有保密义务，不得泄露或者非法向他人提供，没有尽到这种义务，实施了泄露、篡改、毁损以及出售或者非法向他人提供的行为，国家机关、承担行政职能的法定机构及其工作人员构成侵权行为主体。曾经有一个案例：某男士驾车，某女士乘坐在副驾驶位置上，在高速公路行驶中，男士将手伸进女士的前胸做亲密动作，被高速公路探头拍摄到。高速公路管理部门的管理人员将该视频公布在网上，泄露了个人隐私活动，侵害了个人的隐私权。

本条规定了国家机关、承担行政职能的法定机构及其工作人员对于知悉的个人隐私和个人信息的保密义务，但是没有规定应当承担责任的规范。对此，应当适用本编第 995 条规定，受害人有权依照本法和其他法律的规定请求行为人承担民事责任。有人主张这是国家赔偿责任，这是不对的，这里明确规定的是承担民事责任，不是国家赔偿责任。

【案例评注】

韩某甲等诉天桥执法局一般人格权纠纷案[①]

基本案情

韩某甲系韩某乙、韩某某的父亲。韩某甲曾于 2012 年 5 月 21 日被天桥执法局聘为百姓义务城管队员。其多次向天桥执法局举报、投诉违建情况，天桥执法局对其举报、投诉情况也多次进行回复、反馈。双方为行政执法问题也多次提起行政诉讼。

2012 年 6 月 4 日，济南市公安局天桥区分局堤口路派出所出具证明材料，证实：韩某甲于 2012 年 5 月 20 日 12 时 50 分报警，在其所居住单元处，有人酗酒闹事，并在门口处烧纸。后韩某甲等四人因此事将刘某某、郭某某诉至法院，要求其承担侵权责任，赔偿精神损害抚慰金。法院判决刘某某、郭某某赔偿韩某甲等四人精神损害抚慰金 5000 元。

2017 年 9 月 22 日，济南市公安局天桥区分局堤口路派出所出具报警记录，主要载明：2017 年 1 月 27 日 8 时 54 分接报警人韩某甲电话，称在单元门口发现

---

① 审理法院：山东省济南市天桥区人民法院，案号：（2017）鲁 0105 民初 4882 号。

有陌生人放置花圈，之前个人曾举报过小区内的违章建筑，怀疑是有人故意所为。花圈上有韩某甲全家死光光挽联。原告认为以上事件皆因被告泄露其个人信息所致，遂向法院起诉，请求：1. 判令被告对泄露举报人个人信息赔礼道歉；2. 判令支付原告韩某甲身体健康赔偿4000元；3. 判令支付精神赔偿原告三人共3000元；4. 诉讼费用由被告承担。

法院判决

法院认为，本案系侵权责任纠纷。《中华人民共和国侵权责任法》第二条规定，侵害民事权益，应当依照本法承担侵权责任。本法所称民事权益，包括生命权、健康权、姓名权、名誉权、荣誉权、肖像权、隐私权、婚姻自主权、监护权、所有权、用益物权、担保物权、著作权、专利权、商标专用权、发现权、股权、继承权等人身、财产权益。第六条第一款规定，行为人因过错侵害他人民事权益，应当承担侵权责任。本案中，韩某甲、韩某乙、韩某某要求天桥执法局承担侵权责任，应举证证明天桥执法局存在过错，且过错行为与其造成的损害后果之间具有因果关系。韩某甲、韩某乙、韩某某主张因天桥执法局泄露其举报信息，导致被举报人向其家中送花圈、在家门口烧纸、电话骚扰及短信威胁，其为此住院，并影响到家人的安全，但其提交的证据无法认定上述侵害行为的具体行为人，也无法证实与天桥执法局之间存在关联性及具有因果关系，故其要求天桥执法局承担侵权责任，证据不足且于法无据，不予支持。

专家点评

国家机关、承担行政职能的法定机构及其工作人员对于履行职责过程中可以通过多种渠道知悉的自然人的隐私和个人信息，一旦泄露将会给权利人造成极大的人身财产隐患。民法典人格权编第1039条着重对国家机关、承担行政职能的法定机构及其工作人员的保密义务作出规定，体现了对民事主体个人信息保护的坚定态度。本案裁判最终没有支持原告诉请，并非对民事主体个人信息保护的否定，而是由于原告未能提供证据证明被告存在泄露个人信息的行为。正如案件中原告所指出的，对于国家机关、承担行政职能的法定机构及其工作人员涉嫌泄露公民个人信息的案件，要求公民方举证证明国家机关、承担行政职能的法定机构及其工作人员有泄露公民个人信息的行为的确有一定难度，不利于公民个人信息的保护；考虑采取举证责任倒置或典型行为推定的方式减轻公民举证负担可以成为有益司法尝试。

图书在版编目（CIP）数据

中华人民共和国民法典释义与案例评注. 人格权编 / 杨立新主编 . —北京：中国法制出版社，2020
ISBN 978 – 7 – 5216 – 1089 – 5

Ⅰ. ①中… Ⅱ. ①杨… Ⅲ. ①人格 – 权利 – 法律解释 – 中国②人格 – 权利 – 案例 – 中国 Ⅳ. ①D923. 05

中国版本图书馆 CIP 数据核字（2020）第 080222 号

策划编辑 谢 雯　　责任编辑 谢 雯 赵律玮　　封面设计 杨泽江

中华人民共和国民法典释义与案例评注·人格权编

ZHONGHUA RENMIN GONGHEGUO MINFADIAN SHIYI YU ANLI PINGZHU ·RENGEQUANBIAN

主编/杨立新
经销/新华书店
印刷/三河市国英印务有限公司
开本/730 毫米 ×1030 毫米 16 开　　印张/ 17 字数/ 266 千
版次/2020 年 6 月第 1 版　　2020 年 6 月第 1 次印刷

中国法制出版社出版
书号 ISBN 978 – 7 – 5216 – 1089 – 5　　定价：65. 00 元

北京西单横二条 2 号
邮政编码 100031　　传真：010 – 66031119
网址：http：//www. zgfzs. com　　**编辑部电话：010 – 66071862**
市场营销部电话：66033393　　**邮购部电话：010 – 66033288**

（如有印装质量问题，请与本社印务部联系调换。电话：010 – 66032926）